Joachim Ritter und die Ritter-Schule zur Einführung

Mark Schweda

Joachim Ritter und die Ritter-Schule zur Einführung

JUNIUS

Junius Verlag GmbH
Stresemannstraße 375
22761 Hamburg
www.junius-verlag.de

Umschlaggestaltung: Florian Zietz
Titelbild: © picture alliance
Satz: Junius Verlag GmbH
Printed in the EU 2015
ISBN 978-3-88506-708-5

Bibliografische Information der Deutschen Nationalbibliothek
Die Deutsche Nationalbibliothek verzeichnet diese Publikation in der Deutschen Nationalbibliografie; detaillierte bibliografische Daten sind im Internet über http://dnb.d-nb.de abrufbar.

Zur Einführung ...

... hat diese Taschenbuchreihe seit ihrer Gründung 1977 gedient. Zunächst als sozialistische Initiative gestartet, die philosophisches Wissen allgemein zugänglich machen und so den Marsch durch die Institutionen theoretisch ausrüsten sollte, wurden die Bände in den achtziger Jahren zu einem verlässlichen Leitfaden durch das Labyrinth der neuen Unübersichtlichkeit. Mit der Kombination von Wissensvermittlung und kritischer Analyse haben die Junius-Bände stilbildend gewirkt.

Seit den neunziger Jahren reformierten sich Teile der Geisteswissenschaften als Kulturwissenschaften und brachten neue Fächer und Schwerpunkte wie Medienwissenschaften, Wissenschaftsgeschichte oder Bildwissenschaften hervor. Auch im Verhältnis zu den Naturwissenschaften sahen sich die traditionellen Kernfächer der Geisteswissenschaften neuen Herausforderungen ausgesetzt. Diesen Veränderungen trug eine Neuausrichtung der Junius-Reihe Rechnung, die seit 2003 von der verstorbenen Cornelia Vismann und zwei der Unterzeichnenden (M.H. und D.T.) verantwortet wurde.

Ein Jahrzehnt später erweisen sich die Kulturwissenschaften eher als notwendige Erweiterung denn als Neubegründung der Geisteswissenschaften. In den Fokus sind neue, nicht zuletzt politik- und sozialwissenschaftliche Fragen gerückt, die sich produktiv mit den geistes- und kulturwissenschaftlichen Problemstellungen vermengt haben. So scheint eine erneute Inventur der Reihe sinnvoll, deren Aufgabe unverändert darin besteht, kompetent und anschaulich zu vermitteln, was kritisches Denken und Forschen jenseits naturwissenschaftlicher Zugänge heute zu leisten vermag.

Zur Einführung ist für Leute geschrieben, denen daran gelegen ist, sich über bekannte und manchmal weniger bekannte Autor(inn)en und Themen zu orientieren. Sie wollen klassische Fragen in neuem Licht und neue Forschungsfelder in gültiger Form dargestellt sehen.

Zur Einführung ist von Leuten geschrieben, die nicht nur einen souveränen Überblick geben, sondern ihren eigenen Standpunkt markieren. Vermittlung heißt nicht Verwässerung, Repräsentativität nicht Vollständigkeit. Die Autorinnen und Autoren der Reihe haben eine eigene Perspektive auf ihren Gegenstand, und ihre Handschrift ist in den einzelnen Bänden deutlich erkennbar.

Zur Einführung ist in der Hinsicht traditionell, dass es den Stärken des gedruckten Buchs – die Darstellung baut auf Übersichtlichkeit, Sorgfalt und reflexive Distanz, das Medium auf Handhabbarkeit und Haltbarkeit – auch in Zeiten liquider Netzpublikationen vertraut.

Zur Einführung bleibt seinem ursprünglichen Konzept treu, indem es die Zirkulation von Ideen, Erkenntnissen und Wissen befördert.

Michael Hagner
Ina Kerner
Dieter Thomä

Inhalt

Anhang

1. Einleitung: Zwischen »Neokonservatismus« und »Neuer Bügerlichkeit«

Seit einigen Jahren findet die »Ritter-Schule« in Philosophie, Politikwissenschaft und Geschichtsschreibung zunehmend Beachtung. Der Kreis um den Münsteraner Philosophen Joachim Ritter wird als »ein Zentrum der jüngeren Geistesgeschichte« (Wenzel 2013) entdeckt und in seinen weit verzweigten gedanklichen Verbindungs- und Wirkungslinien unter die Lupe genommen. Insbesondere der Beitrag Ritters und seiner Schüler zur »intellektuellen Begründung der Bundesrepublik« (Hacke 2006: 9) erfährt heute weithin Anerkennung. Inzwischen werden ihre theoretischen Ansätze aber auch verstärkt auf ihre Bedeutung für aktuelle Debatten abgeklopft.[1]

Zweifellos zählt Joachim Ritter (1903–1974) zu den prägenden Gründergestalten und Einflussgrößen im geistigen Leben der Nachkriegszeit. Von ihm gingen wichtige Beiträge zur philosophischen Auseinandersetzung der 1950er und 1960er Jahre aus, etwa zur Deutung der wissenschaftlich-technischen Zivilisation, der Erneuerung der praktischen Philosophie oder der Aufgabe theoretischer Bildung in der modernen Industriegesellschaft. Darüber hinaus hat sein hochschul- und wissenschaftspolitischer Einsatz sowohl den Wiederaufbau universitärer Strukturen nach dem Krieg als auch ihre Reform im Laufe der folgenden Jahrzehnte mit getragen und so auch die institutionelle Verfassung akademischer Forschung und Lehre nachhaltig geprägt. Aus

Ritters Münsteraner »Collegium Philosophicum« sind einige der bedeutendsten Wissenschaftler und Intellektuellen des Landes hervorgegangen. Philosophen wie Hermann Lübbe, Odo Marquard und Robert Spaemann, Juristen wie Ernst-Wolfgang Böckenförde und Martin Kriele, Theologen wie Trutz Rendtorff und Ludger Oeing-Hanhoff, aber etwa auch der Soziologe Wolf Lepenies, der Historiker Rudolf Vierhaus oder der Kunstwissenschaftler Max Imdahl haben die Entwicklung in ihren jeweiligen Fachgebieten maßgeblich mit bestimmt. Mit dem monumentalen *Historischen Wörterbuch der Philosophie* hat der Kreis eine der ambitioniertesten philosophischen Unternehmungen des 20. Jahrhunderts auf den Weg gebracht und so eine mittlerweile unentbehrliche Grundlage geisteswissenschaftlicher Arbeit geschaffen. Einige von Ritters Schülern wirkten als Publizisten und Sachverständige, in politischen Ämtern und hochschulpolitischen Gremien, im Rechtswesen oder in kirchlichem Auftrag zum Teil weit über den akademischen Wissenschaftsbetrieb hinaus und in die breitere Öffentlichkeit hinein.

Lange wurde das Bild der »Ritter-Schule« überlagert von den heftigen politischen Auseinandersetzungen ihrer Zeit, dem Aufruhr der Republik um das Jahr 1968 und seinen Nachbeben in den Kontroversen um »Vergangenheitsbewältigung«, »Systemüberwindung« oder »Tendenzwende«. So sprach Jürgen Habermas mit Blick auf Ritter und seine Schüler von einem rechtshegelianisch fundierten Neokonservativismus, der aus fragwürdigen Traditionsbeständen schöpfe und auch bloß eine »halbherzige Aussöhnung mit der Moderne« (1982: 40) zustande bringe: die »Verbindung der affirmativen Einstellung zur gesellschaftlichen Moderne mit einer gleichzeitigen Abwertung der kulturellen Moderne« (1985: 90). Die Konservativen der Bonner Republik hätten im Unterschied zu denen der Weimarer Zeit zwar ihren Frieden mit dem wissenschaftlich-technischen Fortschritt, der industriekapitalistischen Wirtschaftsdynamik und dem demokratischen Rechtsstaat gemacht. Allerdings hätten sie entsprechende Modernisierungserscheinungen im Bereich der Kultur weiterhin abgelehnt, insbesondere die Auflösung traditioneller sozialer Bindungs- und Integrationskräfte wie Religion und Sittlichkeit mitsamt der einhergehenden gesellschaftlichen Individualisierung und Diversifikation. Damit erschienen die Positionen der »Ritter-Schule« als spezifisch deutsche Spielart eines weltweit an Auftrieb gewinnenden politischen Denkens, das dem Siegeszug von »Thatcherismus« und »Reaganomics« in den 1980er Jahren die theoretische Blaupause für die liberalistische Deregulierung von Wissenschaft, Technik und Ökonomie bei gleichzeitiger Restauration traditioneller Wertorientierungen auf gesellschafts-, kultur- und erziehungspolitischem Gebiet lieferte.[2] Dieses ideologiekritische Schema erwies sich als äußerst einflussreich. Besonders im Umkreis der Kritischen Theorie galt die »Ritter-Schule« als Ansammlung biedermeierlicher Spießbürger und Kalter Krieger, die das öffentliche Bewusstsein auf den Stand von Adenauerära und Wirtschaftswunderzeit zurückzudrehen suchten. In der Folge wurden ihre Positionen als »intellektuell unerhebliches Reaktionsphänomen« (Habermas 1977: 368) abgetan, als Ausdruck eines modernitätsfeindlichen »Neoaristotelismus« (Schnädelbach 1992: 207) beargwohnt oder als Programm der »ethischen Gegenaufklärung« (Tugendhat 1993: 197) gebrandmarkt.

Unterdessen haben sich die Vorzeichen grundlegend gewandelt. Die erhitzten politischen und intellektuellen Gefechte um 1968 gehören der Vergangenheit an. Im historischen Rückblick machen polemisch überzeichnete Feindbilder und Frontlinien einer sachlichen, differenzierten Auseinandersetzung Platz. Im Zuge der ideengeschichtlichen Bilanzierung der »alten« Bundesrepublik finden auch Joachim Ritter und seine Schüler zunehmend Aufmerksamkeit. Dabei wird vor allem die Bedeutung der

»Ritter-Schule« für die »liberalkonservative Begründung der Bundesrepublik« (Hacke 2006) hervorgehoben. In einer Zeit, da die intellektuelle Verachtung des »Provisoriums BRD« noch an der Tagesordnung war – sei es als Verfallsform einer substanzielleren »Volksgemeinschaft« und Staatsordnung aufseiten der Rechten, sei es als Vorstufe einer künftig zu errichtenden herrschaftsfreien und klassenlosen Gesellschaft auf der Linken –, haben Ritter und seine Schüler einen grundlegenden Beitrag zur Selbstverständigung des jungen Gemeinwesens als moderne Industriegesellschaft und demokratischer Rechtsstaat geleistet. Angesichts landläufiger Abwertungen als »Staat ohne geistigen Schatten« (R. Altmann) oder »spätkapitalistisches System« (J. Habermas) haben sie die geistigen Grundlagen der freiheitlich-demokratischen Ordnung durchbuchstabiert und so geradezu die »›Normalphilosophie‹ der Bundesrepublik« (Ottmann 2015: 44) ausformuliert. Mittlerweile finden die dabei entwickelten Ansätze auch zunehmend systematische Beachtung, etwa im Zeichen aktueller Debatten um Zivilgesellschaft und bürgerschaftliches Engagement[3], die Bedeutung der Geschichte[4] oder die »Rückkehr der Religion«[5].

Vor diesem Hintergrund bietet der vorliegende Band eine Einführung zu Joachim Ritter und seinen Schülern. Sein Augenmerk liegt auf den theoretischen Ansätzen und Standpunkten. Allerdings ist das Denken der »Ritter-Schule« eng mit den gesellschaftlich-politischen Entwicklungen und Auseinandersetzungen ihrer Zeit verflochten. Deshalb sind seine systematischen Gehalte stets auch im zeitgeschichtlichen Horizont zu betrachten. Der erste Abschnitt nimmt Ritter selbst in den Blick und umreißt seine philosophische Theorie der Moderne, in der sich theoretische und praktische Philosophie, »Metaphysik« und »Politik« zu einer »Hermeneutik der geschichtlichen Wirklichkeit« verbinden.[6] Die folgenden Kapitel zeichnen an ausgewählten Beispielen einige der Wege nach, auf denen sich die Entwicklung zentraler theoretischer Ansätze und Motive im Kreis seiner Schüler vollzogen hat. Sie zeigen dabei auf, dass deren Bedeutung keineswegs in der staatstragenden Rolle einer liberal-konservativen Verteidigung der Bundesrepublik aufgeht. Zur Affirmation der freiheitlich-demokratischen Grundordnung bei Hermann Lübbe, Odo Marquard, Robert Spaemann, Ernst-Wolfgang Böckenförde und Martin Kriele gehört ihre Kritik unter konservativen bzw. progressiven Vorzeichen bei Günter Rohrmoser oder Bernard Willms auf der einen und Jürgen Seifert oder Hans Jörg Sandkühler auf der anderen Seite. Entsprechend ist der Begriff der »Ritter-Schule« präziser zu fassen und ihre Rolle in der jüngeren Geistesgeschichte differenzierter zu betrachten. Im Zuge dessen ergeben sich auch vielfältige Bezüge zu zeitgenössischen Debatten, etwa um die historische Ortsbestimmung der Gegenwart zwischen Moderne, »Zweiter Moderne« und Postmoderne, die moralischen Grundlagen moderner Gemeinwesen zwischen Liberalismus und Kommunitarismus oder die Zukunft der Philosophie im Zeitalter der modernen Wissenschaften.

2. Joachim Ritter

Joachim Ritter wurde am 3. April 1903 als Sohn eines renommierten Lungenarztes in Geesthacht bei Hamburg geboren. Beide Großväter waren evangelische Theologen, ein Urgroßvater Rechtsprofessor in Halle.[7] Man wird sich das nähere Umfeld gehoben bildungsbürgerlich vorzustellen haben, allerdings mit kulturprotestantisch-progressivem Einschlag. Die Bevölkerung am Industriestandort Geesthacht war durch einen hohen Anteil an Arbeitern geprägt, deren Lage sich infolge der Stilllegung der örtlichen Pulverfabriken nach dem Ersten Weltkrieg dramatisch verschlechterte. Soziale Unruhen und gewalttätige Ausschreitungen nahmen im Laufe der 1920er Jahre stark zu, und auch beim jungen Ritter scheinen das proletarische Elend und die politische Polarisierung einen tiefen Eindruck hinterlassen zu haben.

Ab 1921 studierte Ritter Philosophie, Theologie, Deutsch und Geschichte in Heidelberg, Marburg, Freiburg und Hamburg. Gerade auf dem Gebiet der Philosophie war die Szenerie damals durch eine spannungsreiche Konstellation unterschiedlicher Schulen und weltanschaulicher Strömungen bestimmt.[8] Zum einen war das Fach nach dem »Zusammenbruch des Deutschen Idealismus« (P. Ernst) und dem Siegeszug der modernen, positiven Wissenschaften in eine Identitätskrise geraten, in der sein traditionelles Selbstverständnis und sein angestammter akademischer Stellenwert brüchig zu werden begannen. Zum anderen warfen die Erschütterungen des Krieges und die politischen, gesellschaftlichen und kulturellen Umwälzungen der Folgezeit Fragen auf, die den Rahmen der etablierten, historisch bzw. naturwissenschaftlich ausgerichteten Universitätsphilosophie zu sprengen schienen. In Abkehr vom vorherrschenden Neukantianismus suchte man in anthropologischen, lebens- und existenzphilosophischen Neuansätzen allenthalben den Anschluss an das konkrete, geschichtlich verwurzelte Leben und Erleben und die Ausrichtung auf umfassende metaphysische Sinnhorizonte zurückzugewinnen.[9]

Bereits in seiner Studienzeit bewegte sich Ritter zwischen den Fronten dieser Kontroversen. So kam er in Gestalt von Erich Rothacker, Heinz Heimsoeth und Martin Heidegger früh mit jenen Bestrebungen in Berührung, die im Namen des Seins, des Lebens oder der Geschichte den Aufbruch zu gedanklich neuen Ufern suchten. Zum Abschluss seines Studiums – mit einer Arbeit über Nicolaus Cusanus' *Theorie des Nichtwissens* (DoI)[10] – ging er dagegen zu Ernst Cassirer nach Hamburg, der damals als einer der avanciertesten Vertreter des Marburger Neukantianismus galt. Die legendäre Davoser Disputation zwischen Cassirer und Heidegger im Jahr 1929, die Ritter als Assistent des Ersteren mit protokollierte,[11] markierte so geradezu das Spannungsfeld, in dem sich auch seine eigene philosophische Selbstverständigung vollzog. Wie in einem Brennpunkt schienen sich die antagonistischen Tendenzen der Zeit hier im Aufeinandertreffen zweier in persönlichem Auftreten und theoretischem Standpunkt grundverschiedener Denker zu verdichten: einerseits ein transzendentalphilosophischer Ansatz in der Tradition des Neukantianismus, der stets davon ausgegangen war, dass Wirklichkeit nur durch Vermittlung einer »daseinsunabhängigen logischen Vernunft« (ErG 212) zugänglich wird, und daher die erkenntnis- bzw. wissenschaftstheoretische Analyse dieser Vernunft für philosophisch grundlegend hielt; andererseits die gegenläufigen »metaphysischen Tendenzen«, die die »Frage nach dem Seinsgrund der Erkenntnis« und dem »lebensgebundenen geschichtlichen Ursprung ihrer Prinzipien und Formen« (209) aufwarfen, um die Philosophie in einer anthropologischen, lebens- oder existenzphilosophischen Auffassung menschlichen Daseins neu zu fundieren. Dabei war sich Ritter bewusst, dass beide Positionen im aufgeladenen intellektuellen Klima der späten Weimarer Republik auch zeitdiagnostische und politische Akzente erhielten. So stand die Betonung des Geistigen aus Sicht ihrer Gegner für eine Entfremdung vom Leben, den Zustand einer Kultur, die unter dem »fremden« Einfluss der »westlichen« Aufklärung ihre ursprüngliche Vitalität und Authentizität eingebüßt hatte und in sterilem Rationalismus und Szientismus zu erstarren drohte.[12] Dagegen wurde die Beschwörung des Lebens aufseiten der akademisch etablierten Philosophie als Ausdruck eines regressiven Zeitgeists verurteilt, der geneigt zu sein schien, die formale und prozedurale Rationalität wissenschaftlicher Erkenntnis und technischer Verfahren, aber auch liberaler Rechtsstaatlichkeit und demokratischer Willensbildung, einem Bedürfnis nach weltanschaulich gehaltvoller Sinnstiftung zu opfern.[13]

Tatsächlich blieb Cassirer vielen Beobachtern in Davos bloß als gediegener Repräsentant einer längst zerfallenden bürgerlich-humanistischen Bildungstradition in Erinnerung, der forsch auftretende Heidegger hingegen als Exponent des Neuen, der jungen Generation und ihrer existenziellen Fragen und Anliegen.[14] Ritter selbst stand damals allerdings ganz entschieden auf der Seite seines Lehrers. Er kritisierte Heideggers Ansatz als den einer »anthropologischen Metaphysik« (SiG 45), die die subjektive Perspektive des Einzelnen zum letzten Maßstab erhebt, ohne ihre gesellschaftliche und historische Bedingtheit zu reflektieren. Mit dieser »Absolutsetzung des eigenen Ich« werde wissenschaftliche und philosophische Erkenntnis einer »existentiellen Entscheidung« untergeordnet und so der rationalen Auseinandersetzung entzogen, was »zur Skepsis, zum Subjektivismus und Mystizismus« (58 f.) führe. Im Sinne Cassirers hielt Ritter dagegen, »daß nicht der Geist ein Phänomen des menschlichen *Lebens* ist, sondern umgekehrt das Phänomen des *menschlichen* Lebens auf der Geistigkeit [...] beruht« (ErC 597). Damit wurde der Intellekt auf der Linie der klassischen humanistischen Tradition als der wesentliche Zug des Menschen begriffen und die moderne Wissenschaft zu seiner maßgeblichen zeitgenössischen Ausdrucksform erklärt. Die Philosophie dürfe sich keinesfalls von ihr abwenden, um ihr Heil im Weltanschaulichen zu suchen, forderte Ritter noch im Februar 1933 in seiner Antrittsvorlesung als Privatdozent in Hamburg. Ihre Aufgabe sei es, »gegenüber allem spekulativen, [...] mystischen und subjektivistischen Denken den Sinn der objektiven Erkenntnis, der rationalen Klarheit und die Erweiterung unserer wissenschaftlichen Erfahrung zu sichern« (SiG 61).

Etwa zur gleichen Zeit begann Ritter, diesen Begriff von Philosophie als kritischer Wissenschaftstheorie auf den Spuren von Cassirers *Philosophie der symbolischen Formen* in historische und sozialwissenschaftliche Überlegungen einzubetten.[15] Dabei schien er noch einen Schritt über seinen Lehrer hinauszugehen und so bald auch an gewisse Grenzen der »*idealistischen* Position« (ErC 596) als solcher zu stoßen. War er anfangs mit Cassirer von der »Unableitbarkeit der symbolischen Ausdrucks-, Darstellungs- und Bedeutungsform der geistigen Reflexion aus dem unmittelbaren Wirk- und Lebenszusammenhang« (600) ausgegangen, so räumte er jedenfalls wenig später unter dem Eindruck von Diltheys geistesgeschichtlichen Studien und den sozialwissenschaftlichen Forschungen der Durkheim-Schule ein, dass die »ganze Welt der Bewußtseins- und Wissensformen als konkrete, lebendige, gegenwärtige oder historisch vergangene Zeitlichkeit mit dem gesellschaftlich-geschichtlichen Leben selbst verflochten« (ErG 214) ist. Man müsse »den Bereich des Erkennens selbst überschreiten« und »seine Verwurzelung im Realgeschehen [...] verstehen«, um die Verschiedenheit der Formen menschlichen Weltauffassens zu erklären und die »Frage nach dem Ursprung« und »dem Grund ihrer Ausbildung« (215) zu beantworten. Ein Verständnis der geistigen Welt des Menschen in ihrer Vielgestaltigkeit und Veränderlichkeit erfordere mithin die »genaue und gründliche Erforschung der beobachtbaren Verflechtung von Bewußtsein und Gesellschaft« (232). Im Zuge dieser Verortung des Geistes in seinen gesellschaftlich-geschichtlichen Zusammenhängen stellte sich freilich unweigerlich auch das Problem des historischen und kulturellen Relativismus: Gemäß dem traditionellen Selbstverständnis der Philosophie schien die »Gebundenheit aller Weltanschauung an ihre begrenzte Lebenswelt« auf einen »inneren Widerspruch« ihrer »wesentlich totale Gültigkeit beanspruchenden Systeme« (WiD 22) hinauszulaufen.

Während Ritter die Kontextualisierung des Geistigen weiter verfolgte und dabei den transzendentalen Idealismus seines Lehrers hinter sich ließ, ohne dessen humanistische, rationalistische und universalistische Anliegen preiszugeben, kam er auch mit den Schriften von Karl Marx in Berührung.[16] In Hamburg nahm er 1931 an einem Gesprächskreis über Marx' kurz zuvor aufgetauchte ökonomisch-philosophische Frühschriften teil. Dabei unterstrich er die Kontinuität der Marx'schen Theoriebildung zur philosophischen Tradition, fasste sie jedoch dialektisch: Statt »eine ewige Idee des menschlichen Seins der Wirklichkeit deutend unterzulegen«, habe Marx »den Ursprung, die Funktion und die [...] Machtlosigkeit solcher metaphysischen Anthropologie« offengelegt und an deren Stelle »die Analyse [...] der bürgerlichen Gesellschaft« gesetzt.[17] Was der traditionellen Philosophie als das zeitlose Wesen des Menschen gelte, erweise sich so als gesellschaftlich geprägte und damit veränderliche Seinsweise. Für Ritter selbst lag darin auch eine Möglichkeit, die historische

Bedingtheit allen menschlichen Denkens anzuerkennen, ohne sich in den Fallstricken des Relativismus zu verfangen. Marx eröffnete eine geschichtsphilosophische Perspektive, in der sich die Antithetik von Geist und Leben, Vernunft und Geschichte überwinden zu lassen schien. Er habe »den ewigen Widerspruch der Philosophie auf einen zeitlich-historischen Widerspruch zurückgeführt«, der »durch die menschliche Praxis aufzuheben« sei.[18] Deutlich ging Ritters Interesse dabei über eine rein theoretische Beschäftigung hinaus. Die Marx'schen Thesen werden auch inhaltlich vertreten und auf kulturelle Entwicklungen der eigenen Zeit wie die »›Krise‹ der Bildung« (BiD 661) bezogen. Inwieweit solche Erwägungen mit direktem politischem Engagement einhergingen, ist im Rückblick freilich schwer zu beurteilen. Alfred Sohn-Rethel berichtet jedenfalls von Verbindungen zu illegalen sozialistischen Widerstandsgruppen. Ritter sei damals »ein sehr abenteuerlicher Junge« gewesen, der bis in die 1930er Jahre »auf einem Motorrad herumflitzte« und »engen Kontakt mit den Überresten des Hamburger Aufstands« (1979: 223 f.) von 1923 hielt.

Mit der »Machtübernahme« der Nationalsozialisten begann für den aufstrebenden Akademiker, der noch Ende 1932 von Cassirer mit einer Arbeit zur *Aufnahme und Umwandlung der neuplatonischen Ontologie bei Augustinus* (MuI) habilitiert worden war, ein heikler Balanceakt zwischen innerer Distanz und äußerer Anpassung.[19] Wegen der Nähe zu Cassirer, seiner ersten Ehe mit dessen 1928 verstorbener Verwandten Marie Einstein und Gerüchten um marxistische Umtriebe in Parteikreisen unter Verdacht, sah er sich zunehmend politischen Anfeindungen und Bewährungsproben ausgesetzt. Die Gestapo durchsuchte seine Wohnung und beschlagnahmte Teile der Bibliothek. Gegner im NS-Dozentenbund (NSDDB) versuchten, seine finanzielle Förderung zu unterbinden, und hintertrieben später immer wieder seine Berufung. Doch obwohl wiederholt das Fehlen eindeutiger weltanschaulicher Bezüge beanstandet wurde, blieben Reverenzen an nationalsozialistisches Gedankengut aus. Die Vertiefung des Geschichtlichkeitsgedankens führt zwar zur verstärkten Kritik eines unhistorischen Rationalismus und Szientismus sowie zur Akzentuierung kultureller Eigenarten und Unterschiede. Diese werden aber in die Perspektive einer umfassenden Geschichtsphilosophie gerückt, nach der der historische »Wandel der Anliegen und Motive des fragenden und erkennenden Lebens [...] neben [...] die vorgegebenen Auffassungen und die in ihnen fixierten Seinsordnungen neue Seiten des Seins, neue Phänomene und andere Ordnungen treten« (GeE 189) und so die Welt nach und nach immer vollständiger zur Erscheinung gelangen lässt. In diesem Sinne ist auch schon von einer »Entzweiung des Zeitalters in sich selbst« (188) die Rede, in der »Bereiche, die durch die Verfahren der Wissenschaften nicht erfaßt werden können [...], auf andere Wege der Erfahrung verwiesen werden«, etwa den »der Poesie [...] oder der Innerlichkeit, des Gefühls und Glaubens«, aber auch »der Geisteswissenschaften«, die als »existentielle Antwort« (187 f.) auf den Siegeszug der neuzeitlichen Naturwissenschaften gedeutet werden. Andere Aufsätze aus dieser Zeit verweisen hintergründig auf die Aufgabe der Philosophie, die »Zugehörigkeit des anderen zu der es ausgrenzenden Lebenswirklichkeit sichtbar« (ÜbL 79) zu machen. Daneben ist ein Rückzug auf politisch scheinbar unverfängliches philosophiehistorisches Terrain zu verzeichnen. Im Mai 1937 trat der in prekären Verhältnissen lebende Privatdozent unter dem fortgesetzten Druck des NSDDB in die Partei ein, betätigte sich auch in einigen ihrer Gliederungen, doch der akademische Aufstieg stockte weiterhin. Als man ihn 1941 zum außerordentlichen Professor ernannte und im Mai 1943 ein Ruf nach Kiel erging, befand er sich längst im Kriegseinsatz. Obgleich noch 1944 »uk-gestellt«, konnte er die Professur nicht mehr antreten, da er bald darauf in britische Gefangenschaft geriet.[20]

Im Jahr 1946 übernahm Ritter den Lehrstuhl für Philosophie an der Westfälischen Wilhelms-Universität Münster, an der er bis zu seiner Emeritierung blieb. Hier entfaltete er eine rege Lehrtätigkeit, hielt viel beachtete Vorlesungen zur Gesellschaftstheorie, politischen Philosophie und Ästhetik und begründete sein später berühmtes »Collegium Philosophicum«. Eine Gastprofessur in Istanbul zwischen 1953 und 1955 vermittelte prägende Eindrücke von den kemalistischen Reformen in der Türkei. Wie im Spiegel der »Europäisierung« (EuP 324), also jenes Vorgangs, in dem die gesamte Welt damals in den von Europa ausgehenden Sog der Modernisierung hineingerissen wurde, schien Ritter zu erkennen, »daß die Fortschrittsidee da etwas anderes bedeutet, wo sie nicht das Idol einer leeren Perfektion ist, sondern die Notwendigkeit meint, diejenigen Möglichkeiten menschlichen Seins zu schaffen, die in den europäischen Ländern längst zur selbstverständlichen Voraussetzung eines menschlichen Lebens geworden sind« (330). Er begann, seinen eigenen philosophischen Standpunkt in einer Reihe größerer Abhandlungen auszuformulieren und jenen Kreis von Schülern um sich zu sammeln, der als »Ritter-Schule« später die akademische Landschaft der Republik prägen sollte. Mit Kollegen wie Erich Rothacker, Hans-Georg Gadamer oder Hans Blumenberg verband ihn ein weit gespanntes Netzwerk von Arbeitsbeziehungen, aus dem zahlreiche Projekte und Kooperationen hervorgingen.[21] Daneben entwickelte der Münsteraner Ordinarius auch ein lebhaftes wissenschafts- und hochschulpolitisches Engagement. Er saß in den Gründungsausschüssen der Reformuniversitäten Bochum, Dortmund und Konstanz, war Mitglied der wissenschaftlichen Akademien in Düsseldorf und Mainz und wirkte seit 1965 im Wissenschaftsrat unmittelbar an der Konzeption und Umsetzung der Hochschulreform mit.[22]

Ritters letzte Lebensjahre wurden vor allem von der Arbeit am *Historischen Wörterbuch der Philosophie* in Anspruch genommen, dessen Leitung er 1961 übernommen hatte.[23] Der vom Verlag zunächst ins Auge gefasste Plan einer vierbändigen Neuausgabe von Rudolf Eislers *Wörterbuch der philosophischen Begriffe* war bald fallengelassen worden, um »in monographischen begriffsgeschichtlichen Untersuchungen die geschichtliche Bewegung des philosophischen Gedankens als für die Philosophie konstitutiv zu begreifen« (NeE 707).[24] In dem Maße, in dem die Realisierung des Projektes voranschritt und den ursprünglich gesetzten Zeit- und Umfangsrahmen immer weiter überstieg, trat Ritters eigenes philosophisches Schaffen in den Hintergrund. Er starb während der Vorbereitung des vierten Bandes 1974 in Münster. Nachrufe würdigten ihn als einen der »großen alten Männer der deutschen Gegenwartsphilosophie« (Becker 1974). Er habe im intellektuellen Leben der Nachkriegszeit »Wirksamkeiten entfaltet, die Ihresgleichen suchen« (ebd.). Nichtsdestoweniger sollte man sein Werk in den folgenden Jahren weithin aus den Augen verlieren. Als sich die neuere ideengeschichtliche Forschung im Zuge der Bestandsaufnahme der »alten« Bundesrepublik seinen Schüler zuzuwenden begann und dabei auch ihn selbst wieder in den Blick bekam, konnte sie längst nicht mehr »voraussetzen, dass Kenntnisse über den heute fast vergessenen Philosophen Ritter verbreitet sind« (Hacke 2006: 11).

2.1 Theorie der Moderne im Zeichen der Entzweiung

Nach dem Ende des Krieges und dem Untergang des »Dritten Reichs« bildete der Begriff der Moderne einen zentralen Bezugspunkt historischer Selbstverständigung. Mit ihm ließ sich die Erfahrung der »Stunde Null« in einen umfassenderen geschichtlichen

Horizont rücken und im Rahmen der damit eröffneten zeitdiagnostischen Perspektiven deuten.[25] Dabei erschien die verheerende Lage im Ausland und der Emigration häufig als Endpunkt eines Sonderweges, auf dem die Deutschen hinter den in Humanismus und Aufklärung erreichten Stand moderner zivilisatorischer Errungenschaften zurückgefallen waren in völkischen Irrationalismus und Partikularismus.[26] Dagegen sah die konservative Kulturkritik in der »Deutschen Katastrophe« (F. Meinecke) vielfach nur die äußerste Konsequenz der Moderne selbst und des mit ihr einhergehenden Abfalls des Menschen von Gott und der überlieferten Ordnung der Dinge.[27]

Joachim Ritters eigene Deutung der Moderne geht aus einer intensiven Auseinandersetzung mit Georg Wilhelm Friedrich Hegels *Rechtsphilosophie* (1821) hervor. In ihr wird das theoretische Instrumentarium entwickelt, mit dessen Hilfe die unmittelbare Gegenwart auf den Begriff gebracht werden soll. Dieser Ansatz schien nach dem Krieg keineswegs nahezuliegen. Die *Rechtsphilosophie* galt seinerzeit weithin als philosophisch längst erledigt. Sie war als metaphysisch verbrämter Ausdruck einer politisch rückständigen Gesinnung abgetan und mitunter sogar in die geistige Vorgeschichte des Faschismus eingereiht worden.[28] Einem derart diskreditierten Text wichtige Einsichten zur Verfasstheit der modernen Welt abzugewinnen bedeutete zugleich, ihn selbst von Grund auf neu zu erschließen.[29]

Ritter deutet Hegel im Zeichen der Französischen Revolution. Seine Interpretation ist von der Überzeugung getragen, dass es »keine zweite Philosophie [gibt], die so sehr und bis in ihre innersten Antriebe hinein Philosophie der Revolution ist« (HfR 192). Das gesamte Hegel'sche System sei im Grunde dem Austrag des durch die Revolution aufgeworfenen Problems der »politische[n] Verwirklichung der Freiheit« (196) gewidmet. Da Freiheit dabei nämlich als ein Recht begriffen wird, das allen Menschen von Natur zukommt, scheint »ihre Setzung den Gegensatz gegen alle geschichtlich vorgegebenen Ordnungen und die alte geschichtliche Welt« einzuschließen, sodass »ihre politische Verwirklichung« scheinbar zwangsläufig »das Ende der bisherigen Geschichte herbeiführen« (225) muss. Waren Rechte bis dahin an die gesellschaftliche Stellung ihrer Inhaber gebunden und damit als Privilegien nach historisch gewachsenen, religiös oder metaphysisch legitimierten Hierarchien gestaffelt gewesen, so soll fortan jeder die gleichen Rechte genießen, unabhängig von Geburt, Stand, Konfession oder Nationalität. Er soll gelten, wie Ritter mit Hegel formuliert, »weil er Mensch ist, und nicht, weil er Jude, Katholik, Protestant, Deutscher, Italiener ist« (228). Alle besonderen Merkmale, die der Einzelne seiner jeweiligen Herkunft verdankt, verlieren so politisch mit einem Schlag jede Bedeutung. Was ihn in seiner Eigenart ausmacht, von anderen unterscheidet und in der Welt verortet, etwa die familiäre Abstammung, die Verbundenheit mit einem heimatlichen Landstrich oder die Zugehörigkeit zu einer bestimmten Volksgruppe, religiösen Gemeinde oder beruflichen Innung, bleibt für den revolutionären Freiheitsbegriff notwendig unerheblich und wird im Zuge seiner politischen Durchsetzung nicht berücksichtigt. Die »geschichtlichen Substanzen des menschlichen Daseins« (210) erscheinen aus der Perspektive der Revolution nur mehr als Hindernisse auf dem Weg zur universellen Verwirklichung der Freiheit und sind als solche restlos zu beseitigen. Die Revolution wird, wie Ritter mit Hegel sagt, in der gesellschaftlich-politischen Wirklichkeit zur »›Furie des Verschwindens‹« (225).

Um dieser zerstörerischen Dynamik auf den Grund zu gehen, wendet sich Ritter zunächst dem revolutionären Freiheitsbegriff selbst zu. Dabei führt er die Idee der Freiheit, die sich die Revolution auf die Fahne schreibt, auf das in der philosophischen Tradition ausgebildete Freiheitsverständnis und seine ursprünglich aristotelische Formulierung zurück. Ihr zufolge ist derjenige Mensch frei, »der um seiner selbst willen, nicht um eines anderen willen ist« (198), etwa der Bürger der antiken Polis im Unterschied zum Sklaven, dessen ganzes Sein nach Aristoteles darauf abzielt, seinem Herrn zu dienen. Freiheit besteht demnach im »Selbstseinkönnen des Menschen« (ebd.), also der Möglichkeit, sein eigener Herr zu sein und den eigenen Vorstellungen und Wünschen gemäß zu leben. Sie bezeichnet den »Stand des Menschen, in dem er sein Menschsein verwirklichen und so er selbst sein und ein menschliches Leben führen kann« (ebd.). Allerdings stellt diese Bestimmung das revolutionäre Freiheitsverständnis und seine Wendung gegen die bisherige Geschichte in gleich zweifacher Hinsicht infrage: Zum einen kann die Befreiung des Menschen nun nicht mehr gegen »die für sein eigenes Dasein entscheidenden Ordnungen seiner geschichtlichen Herkunft« (228) ausgespielt werden. Die »Freiheit des Selbstseins« setzt die »für sie wesentlichen geschichtlichen Substanzen« (230) voraus, die der Persönlichkeit des Einzelnen erst ein unverwechselbares Profil und seinem Leben einen konkreten Bedeutungshorizont verleihen. Und zum anderen geht dieses Freiheitsverständnis selbst aus der europäischen Geschichte hervor. Von der ersten, noch durch die Sklaverei belasteten Realisierung des Freiheitsgedankens in der antiken Polis über das mit dem Christentum aufkommende Bewusstsein der Freiheit und Gleichheit aller Menschen vor Gott bis zur revolutionären Forderung, diese Gleichberechtigung auch zur Grundlage von Recht und Staat zu machen, erstreckt sich ein einziger fortschreitender Entwicklungsprozess, in dem sich die »Einheit von Freiheit und Menschsein« (199) nach und nach verwirklicht.

Bis hierher sind Ritters Ausführungen als eine immanente Kritik der Revolution zu verstehen: Sie setzen keinen vor- oder gegenrevolutionären Standpunkt voraus, sondern messen die revolutionäre Bewegung an ihren eigenen Zielen und stellen dabei fest, dass sie ihnen grundsätzlich nicht gerecht zu werden vermag. Obwohl sie in ihrer universalistischen Ausrichtung einen zentralen Aspekt der Freiheit zur Geltung bringt – »Recht – jetzt prinzipiell Menschenrecht – hat die Allgemeinheit der Gattung erreicht« (202) –, blendet sie in der Beschränkung auf ihn doch alle weiteren inhaltlichen Bestimmungen menschlichen Freiseins aus und verfehlt so mit seiner politischen Verwirklichung ihre ureigensten Absichten. Im Bruch mit der Geschichte wird das einseitige, negativ-emanzipatorische Freiheitsideal der Revolution zum Grund ihres politischen Scheiterns. Es schneidet sie von ihren eigenen geschichtlichen Quellen ab und zerstört den kulturellen Nährboden, auf dem sich menschliches Selbstsein überhaupt zu entfalten vermag. Andererseits jedoch kann die Revolution nun keinesfalls mehr als Ende der gesamten bisherigen Geschichte verstanden werden. Zwar schließt die politische Durchsetzung der Freiheit als Menschenrecht den Fortbestand der überkommenen Verhältnisse aus, sodass diese im revolutionären Umsturz zu Recht zunichtegemacht werden. Zugleich jedoch setzt sich damit im Grunde nur mehr der von der antiken Polis ausgehende Entwicklungsgang der abendländischen Geschichte selbst fort: Die Revolution erhebt das Selbstseinkönnen des Menschen zum Prinzip jeder politischen Ordnung und setzt so noch in ihrem faktischen Scheitern die Maßstäbe, unter denen Freiheit künftig zur universellen Verwirklichung gelangen kann. Sofern sich in diesem Vorgang die Moderne politisch konstituiert, kann und muss sie daher »positiv als Epoche der europäischen Weltgeschichte und ihrer Freiheit des Menschseins gelten« (200).

Auf diese Weise gelingt es Ritter, die in die Geschichte einbrechende »Diskontinuität positiv als Form der geschichtlichen Kontinuität und Einheit zu begreifen« (225). Die Moderne konstituiert sich keineswegs im absoluten Bruch mit der abendländischen Tradition und schwebt deshalb auch nicht vollkommen frei – gleichsam selbsttragend – über deren Trümmern. Indem sie sich aus den historisch vorgegebenen Ordnungen löst, macht sich vielmehr zugleich ihr innerer Zusammenhang mit der Herkunftswelt geltend. Ihre Ablösung von der Vergangenheit vollzieht sich in einer Form, in der sie »nicht nur nicht zur Vernichtung der weltgeschichtlichen Kontinuität führen muß, sondern gerade die Bedingung ist, die sie ermöglicht und den Fortbestand der substantialen Ordnungen der Herkunft auf dem Boden der modernen Welt sichern kann« (229). Mit Hegel bezeichnet Ritter diese eigentümliche Verschränkung von Herkunft und Zukunft, Kontinuität und Diskontinuität als »Entzweiung«. Als solche stellt sie für ihn die »Grundverfassung der neuen Zeit« dar, die »Form der modernen Welt und ihres Bewußtseins« (213 f.). Damit treten die fundamentalen Ambivalenzen der Moderne in den Vordergrund: Einerseits impliziert sie die Diskontinuität, die in der Emanzipation aus den Überlieferungen der Vergangenheit zur Geltung kommt. Sie kann den »Menschen nur zum Subjekt des Rechts und des Staates machen [...], indem sie ihn aus seinem in Geschichte und Herkunft geborgenen Sein herauslöst« (AuG 130 f.). Seine traditionalen Lebenszusammenhänge decken sich nicht mehr mit den Verhältnissen, in denen er fortan unter Bedingungen universeller Freiheit als Gleicher unter Gleichen leben wird: Er »gerät äußerlich und innerlich zwischen zwei Ordnungen«, sein ganzes »Leben zerfällt in sich in zwei Bereiche« (EuP 333). Das alltägliche Dasein spaltet sich auf in eine familiär geprägte Privatsphäre, »in welcher der Mensch mit den Seinen durch die persönliche Bindung der Liebe verbunden« ist, und eine anonyme, von sachlich-zweckrationalen »Formen des Wirtschaftens und Arbeitens« (SuG 32) bestimmte Berufs- und Geschäftswelt. Das »alte geschichtliche Gut: Trachten, Einrichtungen, Gerät« wird »aus den Orten des Wohnens und Lebens verdrängt« und

»zieht in die Museen ein« (AuG 133). Das überlieferte Bild der Welt als sinnvoll aufgebauter Kosmos und göttliche Schöpfungsordnung wird durch Naturwissenschaft und Technik »in die tote mechanische Natur verwandelt« (HfR 213).

Die Beschwerlichkeit dieses Vorgangs ist für Ritter keinesfalls »wegzuinterpretieren« (ebd.). Sie erklärt das verbreitete Unbehagen an der Moderne, das in den kulturkritischen Formeln »von der ›Säkularisation‹ der modernen Welt, von der Entpersönlichung und Vermassung des Lebens, von seiner Bodenlosigkeit« (SuG 27) anklingt. Dennoch ist Ritter stets bestrebt, »die Vorstellung fernzuhalten, es sei die Entzweiung mit dem Verfall und dem Ende des substantiellen Lebens identisch« (28). Erst durch sie wird allen Menschen gleichermaßen freigestellt, sich selbst in ihrer historisch gewachsenen Besonderheit zu verwirklichen. Sie steht so für die »Erfüllung der Weltgeschichte im Hervorgang des Bewußtseins der Freiheit« (ArtE 566). Herkunft und Zukunft bleiben in der Entzweiungsstruktur »komplementär aufeinander bezogen«, ergänzen sich also in der Weise, dass diese Struktur selbst »die Form« ist, »in der sich unter der Bedingung der modernen Welt ihre ursprüngliche Einheit geschichtlich erhält« (HfR 214 f.). Diese Ambivalenz unterscheidet den Begriff der Entzweiung auch von dem der Entfremdung: Er beschreibt einen Vorgang, in dem sich eine anfängliche Einheit so ausdifferenziert, dass sie in dem Auseinandertretenden erhalten bleibt und wiederzuerkennen ist. Die moderne Entzweiung als Entfremdung zu deuten heißt für Ritter deshalb, nur die Verlustseite des Vorgangs zur Kenntnis zu nehmen und mit der Moderne als solcher gleichzusetzen. Diese werde so nicht in ihrer Positivität anerkannt, sondern zum bloßen Durchgangsstadium erklärt, das »politisch und geistig in der Herbeiführung künftiger Vollendung [...] überwunden« (ArtE 571) werden soll. Dagegen führen aus Ritters Sicht gerade solche Bestrebungen zu Entfremdung und Totalitarismus, in denen die »Nichtidentität beiseite gebracht und die eine oder die andere Seite zum Ganzen gemacht wird, während die jeweils andere Seite ins Nichtsein verdrängt wird« (HfR 252). Sofern die Moderne im Zeichen der Verwirklichung der Freiheit zu sehen ist, gehört zu ihr notwendig die Entzweiung als diejenige Struktur, »die es möglich macht, aus dem Reichtum der Überlieferung und zugleich in der modernen Gegenwart zu leben« (EuP 339).

Nun tritt die Entzweiung bei Ritter nicht als abstrakte metaphysische Schicksalsmacht auf, sondern geht mit der Entstehung der modernen bürgerlichen Industriegesellschaft einher. Damit erhält seine Deutung der Moderne eine gesellschaftstheoretische Dimension. Nicht im »unsicheren und haltlosen Element bloßer politischer Ideen und Forderungen« (SuG 16) ist die Struktur der Moderne für ihn zu begreifen, sondern durch eine »induktive [...] Theorie der schon vorhandenen, geschichtlich bereits ausgebildeten gesellschaftlichen Realität« (HfR 220). Diese Aufmerksamkeit für die gesellschaftliche »Basis« des Politischen hat bisweilen eine beinahe marxistische Anmutung. Vor »das Bild der wehenden Trikolore« tritt das »der modernen Arbeitsgesellschaft, welche mit ihren Fabriken und Städten, mit ihren Maschinen und ihrem weltweiten Handel das Gesicht der mittelalterlichen und feudalen Welt verändert« (Ottmann 1977: 339). Und tatsächlich werden für Ritter die Wahrzeichen dieser Gesellschaft, werden ihre »Maschinen, Traktoren, Elektrostationen zu Symbolen der Freiheit [...], welche die Leidenschaft der Anteilnahme mehr aufrufen als die isolierten, für sich gesetzten politischen und geistigen Freiheiten« (PeE 273). Das wesentliche Merkmal der modernen Gesellschaft besteht ihm zufolge darin, »daß sie sich allein auf das Naturverhältnis des Menschen beschränkt, das sie zugleich zur Form der rationellen Arbeit in der industriellen Nutzung der Natur entwickelt« (SuG 25 f.). Ihr Subjekt ist der

Mensch als Naturwesen, ihre Strukturen sind die Beziehungen, die er als solches unterhält. Daher bezeichnet Ritter sie auch mit Hegel als das »System der Bedürfnisse«, das allein »die Bedürfnisnatur des Menschen« sowie »ihre Befriedigung in der Form der abstrakten Arbeit und Arbeitsteilung zum Inhalt hat« (HfR 219 f.). Alle Eigenschaften, die den Einzelnen als geschichtlich geprägte Persönlichkeit charakterisieren, und alle Beziehungen, die zu seinen historisch gewachsenen Lebenszusammenhängen gehören, haben hier keine Bedeutung. Indem die Gesellschaft die Menschen auf die »Gleichheit ihrer Bedürfnisnatur« (224) reduziert, ebnet sie sämtliche Unterschiede der Herkunft ein. Indem sie nur die zur Bedürfnisbefriedigung notwendigen Beziehungen gelten lässt, verlieren in ihr alle »politisch oder rechtlich einschränkenden Institutionen« (ebd.) ihren Halt. An die Stelle der alten Ordnung, die die Einzelnen auf traditionell vorgegebene Zugehörigkeitsverhältnisse festlegte und religiös oder metaphysisch sanktionierten Konventionen unterwarf, tritt eine Gesellschaft, deren einziger Zweck die Befriedigung der Bedürfnisse in arbeitsteiliger industrieller Produktion und freiem marktwirtschaftlichen Wettbewerb und Handelsverkehr ist.

Dem entspricht auch die Struktur des modernen bürgerlichen Rechts. Ritter bezeichnet es mit Hegel als »abstraktes Recht«, weil es »alle substantiellen Verhältnisse des Menschseins außer sich« (PeE 266) hat. Es sieht von der Fülle der Bestimmungen ab, die dem Einzelnen in seinem geschichtlichen Lebenszusammenhang zukommen, und hebt einen einzigen Aspekt als den allein relevanten heraus, nämlich das »Verhältnis [...], in dem Freie als Personen über Sachen als Eigentum miteinander verbunden sind« (ebd.). So vermag das Recht gerade in seiner Abstraktheit alle Mitglieder der modernen Gesellschaft zu umfassen, ungeachtet ihrer jeweiligen Herkunft und Eigenart, und ihre natürliche Freiheit und Gleichheit zur Geltung zu bringen. Damit wird im Gegensatz zur Bindung der Freiheit an historisch kontingente Bedingungen »die Rechtsfähigkeit des Menschen als Menschen, d.i. aller Menschen gesetzt und Freiheit uneingeschränkt zum Prinzip und Begriff des Rechts erhoben« (263). In dieser emanzipativ-egalitären Konstitutionsform der modernen Gesellschaft liegt für Ritter auch ihre innere Tendenz zur Ausbreitung über den ganzen Erdball begründet, deren Auswirkungen er selbst während seines Aufenthalts in der kemalistischen Türkei unmittelbar miterlebt. Die Gesellschaft wird »durch ihr eigenes Gesetz dazu bestimmt, zur Weltgesellschaft zu werden« (HfR 222). Mit ihr beginnen sich weltweit Strukturen durchzusetzen, die den Menschen zur Beherrschung der Natur verhelfen und sie aus allen traditionellen Bindungen lösen. Dabei werden »[m]it dem Verkehr [...] im Handel und in der Entsendung von Bürgern auch die für die bürgerliche Gesellschaft konstitutiven, auf Freiheit gegründeten ›rechtlichen Verhältnisse‹ über die Erde ausgebreitet« (SuG 17). Diese Verschränkung der wirtschaftlichen und rechtlichen Entwicklung bedinge, dass »auch der Kolonialismus in dem ihm innewohnenden Widerspruch zu den Prinzipien der Freiheit über sich hinausweise« (ebd.) und im Zuge ihrer politischen Durchsetzung schließlich überwunden werde.

Bis hierher erscheint Ritters Ansatz als der einer liberalen politischen Theorie, die die Verwirklichung der Freiheit in der rechtlich verfassten bürgerlichen Gesellschaft erreicht sieht. Allerdings bildet sich ihm zufolge zeitgleich mit dieser Gesellschaft auch die moderne Kultur der Subjektivität heraus. Sie wird im Anschluss an Hegel als »zweite welthistorische Gestalt« (28) der Entzweiung eingeführt und im Unterschied zu den von Westen ausgehenden Entwicklungen der Aufklärung und der industriellen und politischen Revolution geografisch auf den Norden und historisch auf Luther und die Reformation bezogen. »Subjektivität« bezeichnet die Grundverfassung des Einzelnen »in allem, was sein Sein in sich und für sich in Anlagen, Fähigkeiten, im Empfinden, Wollen, Denken, in Sehnsucht, Liebe, Leiden, Glauben ausmacht« (11). Alle Eigenschaften und Beziehungen, die den Menschen im Rahmen der Gesellschaft erst definieren, etwa seine berufliche Stellung, seine ökonomische Funktion als Arbeiter oder Konsument, sein rechtlicher Status als Eigentümer und Vertragspartner, bleiben ihm in seiner Subjektivität demnach vollkommen äußerlich. Diese umfasst ausschließlich »sein inneres Leben, in dem er in Gefühlen und Gedanken, in der Moralität seines sittlichen Bewußtseins, in Vorsatz und Schuld« (ebd.), allgemein seinem »in der Innerlichkeit des Selbst gegründeten Sein« (23) ganz bei sich selbst ist.

Was das Aufkommen der Kultur subjektiver Innerlichkeit geschichtlich bedeutet, erläutert Ritter zunächst an der Reformation, die das Verhältnis des Einzelnen zu Gott von allen weltlichen Vermittlungsinstanzen löst und allein auf seine innere Glaubensüberzeugung gründet. Denn in diesem Vorgang macht sich ihm zufolge zuerst der Anspruch der modernen Subjektivität geltend, »bei allem als sie selbst dabei zu sein« (33), sich also auf keinem Gebiet des Denkens und Handelns bloß vorgegebenen Autoritäten – Konventionen, Institutionen oder Traditionen – zu fügen, in denen sie sich selbst nicht wiedererkennen kann. Hier erhält mithin die »substantiale Freiheit des Selbstseins« ihr Recht, der gemäß der Einzelne in jedem Lebenszusammenhang den eigenen Überzeugungen und Wünschen gemäß zu leben und so »als er selbst zu bestehen und bei sich selbst zu sein vermag« (31). Entsprechend wird die Subjektivität nach Ritter auf dem Gebiet des Sittlichen von Kant zuerst zur Geltung gebracht, dessen Ethik das Handeln von äußeren Richtgrößen löst und auf die »Selbstbestimmung der Moralität und des Gewissens« (MoS 284) verweist. Fortan dürfen »[w]eder Staat noch Gesetzgebung [...] in die Sphäre der Subjektivität und in die auf diese gegründete

Überzeugung einbrechen« (ebd.). Auch im Bereich des Schönen kommt Kant eine Schlüsselrolle zu, weil er die künstlerische Produktion von überlieferten Vorbildern und erlernbaren Regeln unabhängig macht und das ästhetische Urteil auf »subjektive Begriffe« wie »Urteilskraft, Geschmack, Einbildungskraft, Lust, Unlust, Wohlgefallen« (ArtÄ 565) gründet.

Aus Ritters Sicht kann »nur dann, wenn man den Einzelnen als Subjektivität begreift, positiv bestimmt werden [...], was es heißt, daß mit dem Menschenrecht der modernen Gesellschaft alle Menschen frei werden« (SuG 28). Der Sinn des modernen Rechtsstaats erschöpft sich demnach nicht in der Eröffnung einer abstrakten, von jeglichem historischen Gehalt gereinigten Sphäre, in der Individuen als anonyme, atomistische »Personen« ungehindert schalten und walten können. Er wird erst ersichtlich, wenn vorausgesetzt ist, dass alle Menschen »in ihrer Subjektivität – religiös in ihrem Verhältnis zu Gott, ethisch in ihrem Gewissen und mit allem, was ihr Selbstsein ausmacht, als Freie zu Subjekten der politischen, rechtlichen und gesellschaftlichen Ordnung werden« (HeR 313). Nur dann zeigt sich nämlich, dass diese Ordnung die Aufgabe hat, jedem Individuum in seiner historischen Besonderheit ein Leben nach den eigenen Vorstellungen zu ermöglichen. Mit ihr wird »der einzelne in seiner Subjektivität und im ganzen Reichtum seines religiösen, sittlichen persönlichen Seins in das Recht gesetzt, in seinem Leben bei sich selbst und er selbst zu sein« (SuG 30 f.). So leistet die Subjektivität für Ritter einen entscheidenden Beitrag zur Verwirklichung der Freiheit in der modernen Welt, indem sie die für die »Freiheit des Selbstseins [...] wesentlichen geschichtlichen Substanzen« (HfR 230) im geschichtslosen Rahmen der Gesellschaft, ihres rationell versachlichten Arbeits- und Wirtschaftslebens und ihrer abstrakten Rechtsordnung zur Geltung bringt. Damit bleiben die geistigen, religiösen und sittlichen Gehalte, die die Gesellschaft ausklammern muss, um ihre Mitglieder als Freie und Gleiche zu behandeln, in Gestalt der rechtsstaatlich eingehegten Subjektivität dieser Mitglieder in ihr erhalten. So habe es die Subjektivität »übernommen, religiös das Wissen um Gott, ästhetisch das Schöne, als Moralität das Sittliche zu bewahren und gegenwärtig zu halten, das auf dem Boden der Gesellschaft in der Versachlichung der Welt zu einem bloß Subjektiven wird« (SuG 33). In dieser Vergegenwärtigung der nicht durch die Gesellschaft gesetzten, sondern ihr geschichtlich vorgegebenen Bezüge bestehe allgemein »ihre Größe und ihr weltgeschichtliches Amt« (ebd.).

Hätte zunächst der Anschein entstehen können, dass Ritter die in der modernen Welt verwirklichte Freiheit nur als Recht im Rahmen der freiheitlichen gesellschaftlichen Ordnung fasst, so wird nun deutlich, dass die vollständige Verwirklichung der Freiheit für ihn von Voraussetzungen abhängt, die nicht schon mit der Emanzipation der Gesellschaft und ihrem abstrakten Recht gegeben sind. Der »für sich gesetzte Rechtsbegriff der Freiheit« (21) ist ihm zufolge auf die Freiheit des Selbstseins zu beziehen und durch sie mit Bedeutung zu füllen. Die »Verwirklichung der Freiheit im ganzen Umfang ihrer religiösen, politischen, sittlichen Substanz« (PeE 267) ist erst erreicht, wenn neben der Gesellschaft und in dem durch sie eröffneten Rahmen auch die geschichtlichen Gehalte menschlichen Seins zur Entfaltung gelangen. Die Gesellschaft stellt gleichsam nur die äußere Ordnung der Freiheit dar, die durch die Individuen von innen her mit Leben zu erfüllen ist. Ihre weltgeschichtliche Bedeutung besteht darin, »daß sie in der Form der Entzweiung die in der Subjektivität bewahrte Substanz freigibt und damit als den lebendigen Inhalt der von ihr gesetzten Freiheit erhält« (HfR 232). So gilt für Ritter, dass die moderne Gesellschaft »die Zugehörigkeit der ganzen Bildung des Menschen voraussetzt, die sich in der weltgeschichtlichen Arbeit der Vernunft geformt hat, ohne daß ihre eigene, allein auf das Naturprinzip gestellte Theorie [...] diese Zugehörigkeit geltend machen und zur Sprache bringen kann« (230). Daher bedarf es aus seiner Sicht gewisser Ausdrucksformen und Darstellungsmittel, die auch diese gesellschaftlich vorausgesetzten geschichtlichen Bestände zu vergegenwärtigen vermögen. Und tatsächlich zeigt sich mit Blick auf konkrete Erscheinungen der modernen Kultur, »daß die gleiche Gesellschaft und Zivilisation, die dem Menschen [...] die Freiheit bringt, zugleich den Geist dazu treibt, Organe auszubilden, die den Reichtum des Menschseins lebendig gegenwärtig halten, dem die Gesellschaft ohne sie weder Wirklichkeit noch Ausdruck zu geben vermag« (La 163).

Dazu gehören für Ritter zunächst die Geisteswissenschaften, die »die Geschichte selbst, Sprache, Kunst, Dichtung, Philosophie, die Religionen, aber ebenso auch Dokumentationen persönlichen Lebens in historischer und hermeneutischer Methode zum Gegenstand haben und vergegenwärtigen« (AuG 120). Mit ihnen kommt ein spezifisch modernes Verhältnis zur Vergangenheit zum Tragen, das sich »wesentlich von dem unterscheidet, wie sich die Völker sonst in der Kontinuität ihres geschichtlichen Lebens zum Vergangenen verhalten« (126). Vormals habe man nur erinnert und bewahrt, was auch im eigenen Lebenszusammenhang noch von Bedeutung oder Nutzen war, alles Übrige aber anderen Zwecken geopfert oder dem Vergessen und Verfall überlassen. So seien »die Säulen der griechischen und römischen Tempel, Bildwerke, Grabmäler in die Kalköfen gewandert, als Füllmaterial für Stadtmauern verwendet oder als Baustücke verbaut worden« (127). Dagegen erwache mit dem »historischen Sinn« (ebd.) eine neuartige Sensibilität für das Vergangene als solches: Gebrauchsgegenstände, die keine praktische Verwendung mehr finden, wandern ins Museum; Gebäude, die den Anforderungen ihrer Bewohner längst nicht mehr genügen, werden unter Denkmalschutz gestellt; wissenschaftliche Werke, die im Licht des Forschungsstands keine einzige wahre Aussage mehr enthalten, werden gleichwohl sorgfältig konserviert und studiert.

Nach Ritter ist diese Entwicklung vor dem Hintergrund der modernen Gesellschaft und ihrer Emanzipation aus der Herkunftsgeschichte zu sehen. Sie unterbricht den kontinuierlichen Gang der Überlieferung. An die Stelle der »zum geschichtlichen Dasein gehörigen Einheit von Geschichte und Historie« (128) tritt die »dialektische Einheit realen Entfernens und geistigen Einholens« (132): Mit dem wissenschaftlich-technischen Fortschritt und den gesellschaftlich-politischen Umwälzungen gerät »geschichtlich Gewordenes, in langer Zeit stabile und für ›ewig‹ genommene rechtliche, ethische, religiös sanktionierte Ordnungen [...] des öffentlichen wie des häuslichen Lebens in Fluß« (129). Das seit alters Überlieferte verliert seine unmittelbare praktische Wirksamkeit und Geltung. Es rückt in die Ferne und wird »›das Historische‹« (133), das seine Faszinationskraft in der Glasvitrine eines Ausstellungsraums entfalten kann. So wird der Sinn historischer Bildung und geisteswissenschaftlicher Forschung für Ritter erst im Horizont einer umfassenden Deutung der Moderne verständlich: Die universelle Verwirklichung der Freiheit stellt den Menschen vor die »Aufgabe [...], sein in den sittlichen, religiösen und geistigen Zusammenhängen der je eigenen geschichtlichen Herkunftswelt gegründetes persönliches Sein mit seiner durch die Gesellschaft und ihre überall homogene und geschichtslose Zivilisation gesetzten Existenz zusammenzuhalten« (131). Und diese geschichtlichen Voraussetzungen der Freiheit begründen die Bedeutung der Geisteswissenschaften in der modernen Welt: »Sie werden auf ihrem Boden ausgebildet, weil die Gesellschaft notwendig eines Organs bedarf, das ihre Geschichtslosigkeit kompensiert und für sie die geschichtliche und geistige

Welt des Menschen offen und gegenwärtig hält, die sie außer sich setzen muß.« (Ebd.)

Vonseiten der Frankfurter Schule wurde diese Auffassung als Ausdruck eines »verzweifelten, weil historistisch aufgeklärten Traditionalismus« (Habermas 1985: 91) kritisiert, der lebensweltliche Folgeschäden der entfesselten industriekapitalistischen Fortschrittsdynamik durch die geisteswissenschaftliche Restauration inhaltlich überholter Überlieferungen abzufedern suche. Doch diese Deutung ist schief: Zwar hält Ritter historisch gewachsene Kulturbestände für unentbehrlich für die freie Entfaltung menschlichen Selbstseins in der modernen Gesellschaft. Allerdings führt auch für ihn der einzige Weg zur Erhaltung von Traditionen in der Moderne über die subjektive Anerkennung ihrer Gehalte. Nur sofern die Einzelnen selbst sie aus eigener Einsicht annehmen und so »mit substanziellem Leben erfüllen« (HfRD 64), sind sie fortan zu bewahren. Freilich müssen Überlieferungsbestände überhaupt noch vorhanden, zugänglich und verständlich sein, damit wir sie auf diese Weise überprüfen und uns gegebenenfalls zu eigen machen können. Um zu beurteilen, was etwa Platons Dialoge, Dantes *Göttliche Komödie* oder Bachs *Matthäuspassion* uns heute noch zu sagen haben, müssen wir in der Lage sein, uns ihres Inhalts und Sinns zu vergewissern. In einer Gesellschaft, die im Zuge ihrer rasanten wissenschaftlich-technischen und politischen Entwicklung den Bezug zur Vergangenheit zunehmend zu verlieren droht, bedarf es dazu methodisch disziplinierter, akademisch institutionalisierter geisteswissenschaftlicher Anstrengungen. Nur mit ihrer Hilfe gelingt es, »das im Element einer Bildung des Geistes gegenwärtig zu halten, was ohne ihren Begriff, nicht mehr von der Macht unmittelbarer Erinnerung und Überlieferung getragen, den Halt und seine Gegenwart verlieren muß« (UnA 59). Die Geisteswissenschaften sanieren demnach keineswegs längst erloschene Traditionen. Mit der Aufgabe, die

»von der Auszehrung bedrohten geistigen, sittlichen Substanzen des Menschseins nicht nur begreifend gegenwärtig zu halten, sondern sie auch in der Realität zu retten«, wären sie ohnehin »überfordert« (AuG 138). Sie ermöglichen allerdings ein genuin modernes, wissenschaftlich fundiertes und subjektiv reflektiertes Verhältnis zur Überlieferung.[30] Dank ihrer kann so gerade unsere »posttraditionale« Zivilisation »in einer unmittelbareren und vielleicht sogar reicheren Teilhabe an den Lehren der ›Alten‹ nicht nur der europäischen Welt stehen als irgendeine frühere Epoche der übersehbaren Geschichte« (Ritter, zit. n. Pieper 1958: 49).

Ähnliche Überlegungen stellt Ritter auch mit Blick auf die Ästhetik an. Einer seiner ersten Aufsätze nach dem Zweiten Weltkrieg widmet sich dem Werk des anglo-amerikanischen Dichters T. S. Eliot. Deutlich wirkt der erschütternde Eindruck der zurückliegenden und noch immer allgegenwärtigen Verwüstungen nach. In den Ruinen jahrhundertealter Städte scheint die moderne Entzweiung die Gestalt eines gewaltsamen und endgültigen Bruchs mit der Herkunftswelt angenommen zu haben: »Die Bindungen sind zerrissen, der Mensch steht vor den Trümmern. In der realen Zerstörung erscheint der innere Verlust.« (DiG 96) Unter diesen Vorzeichen steht für Ritter »die Aktualität der Dichtung Eliots« (104). Sie erwächst aus der »Erkenntnis, daß das weltliche Dasein in seinem Reichtum an Einsicht und in der Herrschaft über die Dinge genau um jene Schicht ärmer bleibt, die für die Religion und in ihrer Sprache das mysterium veritatis ist« (94). Die moderne Industriegesellschaft beschränkt sich »auf jenen Bereich der Wirklichkeit, der durch ihre Zwecke und die ihren Zwecken dienende Begrifflichkeit ausgesondert« (93) wird. Deshalb existiert für sie im wahrsten Sinne keine Transzendenz. Das Seiende verliert jeglichen Eigenwert und jede übergeordnete Bedeutung. Es wird zur Sache, über die der Mensch frei verfügt, um sie als Rohstoff, Werkzeug oder Ware zu eigenen Zwecken zu gebrauchen. Max Weber hatte dies als »Entzauberung« beschrieben: Die religiösen oder metaphysischen Sinnzusammenhänge, in denen die Dinge einst standen und ihre je eigene Würde und Bedeutsamkeit erhielten, etwa der wohlgeordnete Kosmos der antiken Philosophie oder die göttliche Schöpfungsordnung des Christentums, treten in den Hintergrund. »Die Wissenschaft übernimmt das Erbe der Metaphysik, des alten Glaubens und der alten Weisheit« und macht diese »überflüssig« (95). Der heilige Hain wird, wie Ritter mit Hegel sagt, zum Holz, das sich anstandslos verheizen lässt, die geweihte Kultstätte zur schnöden Ansammlung von Steinen, die als Baumaterial dienen können. »Wenn die Götter gestorben sind und der Glaube, der sie ehrte, nichts mehr ist, dann werden auch die Tempel, die ihnen gehörten, aus einem denkwürdigen Schönen zu bloßem Gestein und Gemäuer.« (AuG 127).

Vor diesem Hintergrund wird die Bedeutung der Kunst in der Moderne verständlich: Weil »die moderne Welt [...] durch die Versachlichung aller Lebensbezüge [...] gekennzeichnet« ist, fällt in ihr »dem Kunstwerk die universale Aufgabe zu, das in den sachlichen Bezügen der Nutzung und des Gebrauchs vergessene Wesen der Dinge zu bewahren« (ExW 94). Kunst vergegenwärtigt einer Gesellschaft, die die Wirklichkeit nur unter zweckrationalen Aspekten erfasst und traktiert, diejenigen Merkmale und Beziehungen der Dinge, die ihnen nicht als Rohstoffe, Gebrauchsgegenstände oder Konsumgüter, sondern als »›Seiendes‹« und »›Geschöpf‹« (93 f.) zukommen. Im Medium sinnlichen Empfindens eröffnet sie Wirklichkeitsdimensionen, die dem objektivierenden, instrumentellen Zugriff von Wissenschaft, Technik und Industrie entgehen. So erweist auch sie sich als ein »Organ, das der Geist auf dem Boden der Gesellschaft ausbildet, um das, was die Gesellschaft in der für sie notwendigen Verdinglichung der

Welt zu ihrem Objekt außer sich setzen muß, dem Menschen zurückzugeben und für ihn einzuholen« (La 162). Indem Subjektivität in der Moderne zum Ursprung aller künstlerischen Hervorbringung wird und diese so aus dem Dienst des religiösen Kultes und der politischen Repräsentation löst, kann die nunmehr autonome Kunst dem subjektiv bewahrten Bewusstsein von den umfassenden Sinnzusammenhängen der Realität Ausdruck verleihen. Neben die logische Wahrheit der objektiven Wissenschaften tritt bei Baumgarten die »ästhetische Wahrheit« (ArtÄ 558) von Gefühl und Poesie.

Diese Sicht der Kunst wurde als »rückwärtsgewandte Ästhetik« kritisiert, die alles Kulturelle »in die Perspektive des erinnernden Bewahrens« rückt und so »die explosiven Gehalte der modernen Kultur entschärft« (Habermas 1985: 93). Sie scheint den Kultursektor auf den Ausgleich modernisierungsbedingter Verluste festzulegen und ihm damit jede aktuelle Bedeutung und kritische Sprengkraft abzusprechen. Der sonntägliche Opern- oder Ausstellungsbesuch hat nur mehr schöngeistige Entlastung von den Zumutungen des entfremdeten Arbeitslebens und erbarmungslosen Konkurrenzkampfs der modernen Industriegesellschaft zu bieten. Die verstörenden Vorstöße der Surrealisten, das dadaistische Spiel mit dem Absurden oder die grafische Abstraktion von aller Gegenständlichkeit bei Kandinsky scheinen ihr Recht zu verlieren. Nun begreift Ritter Kunst jedoch keineswegs als rückwärtsgewandte Beschwörung von geschichtlich Überholtem. Stets wendet er sich gegen die romantische Vorstellung, sie solle die moderne Entzweiung überwinden und etwa in der Schöpfung eines neuen, umfassenden und sinnstiftenden Mythos den alten Zauber erneuern. In solchen Bestrebungen versuche die moderne Subjektivität, »eine Einheit zu gewinnen [...], die sie doch als eine Vergangene, nicht Gegenwärtige nur ästhetisch halten« (ArtÄ 577) kann. Sie enden so letztlich im nostalgischen Kitsch und ästhetizistischen Eskapismus der »Ohnmacht der Flucht« (ebd.). In der totalitären Ästhetisierung des Politischen zeigen sich aber auch »die im Ästhetischen enthaltenen extremen Möglichkeiten und Gefahren« (VoÄ 63). Demgegenüber dient Kunst nach Ritter gerade nicht der Erzeugung ästhetischer Scheinwelten, sondern ist »Organ der Hinweise des im Gegenwärtigen verborgenen Gegenwärtigen« (DiG 101). Sie eröffnet Sinndimensionen der Wirklichkeit, die in der wissenschaftlich-technischen und industriellen Praxis der Gesellschaft ausgeblendet bleiben. Das zwingt sie auch »zum Bruch mit den alten Formen des Bildes, zur Preisgabe des vertrauten Aussehens der Dinge und zum Experiment des Abstrakten, des Ungegenständlichen und des Fremden« (ExW 95). Der Wandel der Wirklichkeitserfahrung im modernen Großstadtleben, die Beschleunigung aller Abläufe in Fabrikarbeit und Schnellverkehr und die durch Mikroskop oder Teleskop eröffneten Wahrnehmungsbereiche erfordern neue Ausdrucksmittel und Darstellungsformen. Indem die Kunst das »Sein« auch in dieser veränderten Welt aufzuweisen sucht, wird sie »in die gegenwärtige Wirklichkeit hineingetrieben und gerät damit notwendig auch auf den Weg des Experiments und der Neuerung«, um »das in der Gegenwart und ihrer überlieferungslosen Wirklichkeit verborgen und unentdeckt anstehende Wesen der Dinge zu entdecken« (97).

Neben der Kunst erläutert Ritter die Bedeutung des Ästhetischen in der Moderne auch mit Blick auf die Natur und gibt so einen wichtigen Anstoß zur Erneuerung der Naturästhetik. In Petrarcas Besteigung des Mont Ventoux am 26. April 1336 erkennt er das Aufkommen einer neuartigen Beziehung des Menschen zur Natur, in der diese nicht theoretisch erforscht oder praktisch genutzt, sondern als etwas Schönes und Beeindruckendes angeschaut und bewundert wird. Mit ihr beginnt »die Entdeckung der Natur als Landschaft« (La 185). Als »Landschaft«

gilt Ritter dabei »Natur, die im Anblick für einen fühlenden und empfindenden Betrachter ästhetisch gegenwärtig ist« (150). Sie wird damit gewissermaßen konstruktivistisch gefasst, als ein Phänomen, das bestimmte kulturelle Einstellungs- und Verhaltensmuster voraussetzt. So wird aus schneebedeckten Gebirgszügen, zerklüfteten Cañons oder bewaldeten Hügeln und Tälern erst Landschaft, »wenn sich der Mensch ihnen ohne praktischen Zweck in ›freier‹ genießender Anschauung zuwendet« (151). Weder die Bearbeitung von Feldern in der Landwirtschaft noch die Vermessung eines Geländes in Straßenbau und Raumplanung sind demnach geeignet, einen Sinn für Landschaft zu erwecken. Dieser entspringt überhaupt nicht der »an die Werkwelt gebundene[n] Natur« (175), sondern kommt erst in der freien Betrachtung der Welt als Gegenstand ästhetischen Wohlgefallens zum Tragen, also etwa im Genuss der Aussicht vom Gipfel eines Berges auf die umliegende Gegend oder im bewundernden Blick von den Steilklippen der Küste hinaus auf die offene See.

Nach Ritter wird dieser ästhetische Sinn für Landschaft erst in der Neuzeit »universal« (150). Ließ sich die Erfahrung eines übergreifenden Zusammenhangs des Weltganzen zuvor im metaphysischen Denken zum Ausdruck bringen, so wird dies durch das »Aufkommen der neuen Wissenschaft und ihrer Verdinglichung und Objektivierung der Natur« (155) zunehmend erschwert. Es kommt zur »Trennung der Welt und Natur in ihrem kopernikanischen ›objektiven‹ Begriff von dem, was Welt und Natur in ihrer sinnfälligen Gegenwart sind« (ArtÄ 558). An die Stelle der »ganzen Natur«, die den Menschen als göttliche Weltordnung umfängt, tritt eine fremde, nur noch in abstrakten mathematischen Formeln erfassbare Objektwelt. »Der Lauf der Sonne durch die Sternbilder im fortgehenden Jahre, wie ihn der Hirte vor Augen hat, kommt in dem Begriff nicht vor, in dem ihn der Astronom als Physiker und Mathematiker denkt.« (Ebd.) Doch im »Ge-

genspiel« dazu eröffnet die moderne Landschaftserfahrung zugleich eine Möglichkeit, »das Naturganze und den ›harmonischen Einklang im Kosmos‹ zu vermitteln und ästhetisch für den Menschen gegenwärtig zu halten« (La 153). Auch sie gehört somit »zur Entzweiungsstruktur der modernen Gesellschaft« und ihrer Verwirklichung der Freiheit: »Wo die Entzweiung der Gesellschaft und ihrer ›objektiven‹ Natur von der ›umruhenden‹ Natur die Bedingung der Freiheit ist, da hat die ästhetische [...] Vergegenwärtigung der Natur als Landschaft die positive Funktion, den Zusammenhang des Menschen mit der umruhenden Natur offen zu halten und ihm Sprache und Sichtbarkeit zu verleihen« (161).

In Habermas' Spuren wurde dies als »nostalgisches Ritual« bürgerlicher Naturverbundenheit kritisiert: »Am Feierabend der Emanzipation kehren die Täter wehmütig an den Ort ihrer entzaubernden Tat zurück und überlassen sich dem Schein, alles sei ungeschehen.« (Seel 1991: 227) Allerdings geht es bei der Entdeckung der Landschaft nach Ritter gerade nicht um Vergangenes, sondern um »das Gegenwärtige« (La 162): die gesellschaftlich ausgeblendeten Dimensionen der Natur. Diese werden »ästhetisch in Form der Landschaft zum Inhalt der Freiheit, deren Existenz die Gesellschaft und ihre Herrschaft über die zum Objekt gemachte Natur zur Voraussetzung hat« (ebd.). Im Gegenzug zu ihrer industriellen Unterwerfung entsteht zugleich eine Kultur beispielloser Wertschätzung der Natur, die vom Spaziergang im Naherholungsgebiet bis zum Wanderausflug im imposanten Nationalpark vielfältige Formen freier Selbst- und Welterfahrung ermöglicht. Dies erklärt auch Ritters Absage an jede regressive Naturromantik. Stets kritisiert er die von Rousseau bis Heidegger reichende Tendenz, »die moderne Zivilisation als ›totale Vernutzung der Erde‹ und ›Entmenschlichung des Menschen‹« (163) zu schmähen und die »Rückkehr in die ursprüngliche Einheit mit der Natur« (161) anzutreten. Auch ein radikal ökologisches »Zurück zur Natur« hätte in seinem Denken keinen Platz. Die »Trennung des Menschen von der ihn ursprünglich umruhenden Natur« ist für Ritter »nicht als Verlust eines im Ursprung noch heilen Daseins« anzusehen, sondern bildet die »notwendige und unaufhebbare Bedingung der [...] Freiheit« (159 f.). Freisein bedeutet »Dasein über der gebändigten Natur« (162). Dagegen kommt der Wunsch, »in den Ursprung als in eine noch heile Welt zurückzugehen«, einem »(tödlichen) Traum« (ebd.) gleich: »Wo Natur zu der Gewalt wird, die ihre Ketten zerbricht und den Menschen [...] fortreißt«, verbreitet sie nur mehr archaischen »Schrecken« (ebd.).

2.2 Bürgerliches Leben und praktische Philosophie

Anfang der 1960er Jahre setzte in der Philosophie der Bundesrepublik eine verstärkte Beschäftigung mit moralischen, politischen und rechtlichen Fragestellungen ein. Schon die juristische Aufarbeitung der nationalsozialistischen Verbrechen und die Aufgaben des gesellschaftlichen und staatlichen Wiederaufbaus nach dem Krieg hatten in diese Richtung gewiesen.[31] Darüber hinaus warf die schubhaft anwachsende Dynamik der wissenschaftlich-technischen und industriellen Entwicklung im Laufe der 1950er Jahre neuartige Probleme auf, die die Lebensperspektiven des Menschen und die Reichweite seiner Verantwortung in der modernen wissenschaftlichen Zivilisation betrafen.[32] In Auseinandersetzung mit der eigenen Tradition, einschlägigen sozial- und politikwissenschaftlichen Forschungen sowie dem aktuellen Zeitgeschehen wandte man sich nun auf breiter Linie Fragen der Moral, Gesellschaft und Politik sowie den Grundlagen, Aufgaben und Methoden ihrer philosophischen Erörterung zu.[33]

Joachim Ritters Beitrag zu dieser »Rehabilitierung der praktischen Philosophie« (M. Riedel) greift bis auf ihre ursprüngliche Begründung bei Aristoteles zurück.[34] Ihm zufolge hat die moderne Entzweiung auch auf diesem Gebiet eine tiefe Spaltung hinterlassen, die sich in einer »Trennung von Sollen und Sein, von Norm und Wirklichkeit« (NaA 142) manifestiert: Auf der einen Seite steht eine Moralphilosophie, die der menschlichen Lebenswirklichkeit ideale, in reiner Reflexion und abstrakten Werten und Normen fundierte Sollensforderungen entgegenhält, auf der anderen eine »wertfreie« Sozial-, Politik- und Rechtswissenschaft, die mit nüchternem Blick objektive Struktur- und Funktionszusammenhänge untersucht. Demgegenüber lässt sich durch Vergegenwärtigung der aristotelischen, Ethik, Ökonomie und Politik umfassenden Tradition der *philosophia practica universalis* ein Bewusstsein dafür wiedergewinnen, »daß das, was jetzt in der Entzweiung sich wechselseitig zum Nichtsein bestimmen will, [...] nur miteinander besteht« (GrP 500).

Nach Ritters Darstellung ist bereits die Welt des Aristoteles durch eine tiefe »Krise [...] der Tradition und der Autorität der Väter und Alten« (PoE 121) geprägt. Mit der Entstehung einer von Künsten und Wissenschaften bestimmten rationalen Kultur, der Ausweitung politischer Teilhabe in demokratischen Verfahren und dem Austausch mit anderen Gemeinwesen haben die seit alters überlieferten Lebensordnungen der antiken Polis ihre auf Herkommen und Gewohnheit beruhende Selbstverständlichkeit verloren und damit den Anschein eingebüßt, etwas Allgemeines, Notwendiges und Naturgegebenes zu sein. Die Frage nach den normativen Grundlagen der Ordnung bricht auf. Es erscheint nicht mehr ausgemacht, »was Grund und Wahrheit des von alters gewordenen Rechten [...] sei« (GrP 490). Aus der aristotelischen Auseinandersetzung mit dieser »Legitimitätskrise« (PoE 124) geht nach Ritter die praktische Philosophie hervor. Während die Sophisten die fragwürdig gewordenen sittlichen und politischen Normen auf bloße Setzungen und Konventionen zurückführen und Platon sie im Gegenzug in geschichtsenthobenen Vernunftprinzipien zu verankern sucht, erkenne Aristoteles, dass in demselben Prozess, in dem der Einzelne aus der unreflektierten Einheit mit den überlieferten Ordnungen heraustritt und nach ihrem Grund zu fragen beginnt, zugleich dieser Grund selbst zum Vorschein kommt. In der Krise der Traditionen zeigt sich nämlich, dass »der Mensch als Mensch zum Subjekt und Maß der ethischen und politischen Ordnung in der Stadt geworden ist« (GrP 491). Von nun an kann nichts mehr Geltung beanspruchen, was ihm nicht entspricht: Wo das Menschsein sich realisiert, »zieht es alles in seinen Bann. Es wird zum einzigen Richtmaß, an dem Neues und Altes, gesatztes Gesetz wie ehrwürdig überlieferter Brauch ihr Recht zu erweisen und zu bewähren haben.« (497)

Ritters Ausführungen zum Verhältnis von Menschsein, Polis und praktischer Philosophie setzen beim aristotelischen Praxisbegriff an. Dabei betont er, »daß Praxis [...] zum Wesen alles Lebendigen und nicht nur des Menschen gehört, weil alles Lebendige seine Natur und das, was es von Natur sein kann, im tätigen Lebensvollzug verwirklicht. Das aktuale Leben des Lebendigen ist ›Praxis‹, Tätigkeit und Betätigung von Möglichkeiten und Anlagen, so daß der Begriff der Praxis allgemein mit dem Begriff der Lebensweise [...] zusammenfällt« (BüL 59). Damit wird ein ausgesprochen weit gefasster Praxisbegriff zugrunde gelegt. Er macht geltend, dass menschliche Handlungen im engeren Sinne stets auch als besondere Fälle eines allgemeinen Naturgeschehens zu sehen sind. Als Lebewesen ist der Mensch Teil der Natur und sein Handeln darum – was auch immer es dann als spezifisch *menschliches* Handeln kennzeichnen mag – zunächst eine Vollzugsform jenes natürlichen Vorgangs, in dem alles Lebendige seine naturgegebenen Anlagen zu der ihm gemäßen Lebensweise entfaltet. Ersichtlich ist hier ein teleologisches Verständnis der Natur im Spiel, das die »Bewegung von der Möglichkeit zur Wirklichkeit und so die Bestimmtheit des als Zweck wirkenden Endes« (60) in Anschlag bringt: Alles von Natur Seiende ist darauf angelegt, die ihm eigentümlichen Möglichkeiten zu betätigen, um das, was von Natur »in ihm steckt«, praktisch zu entfalten und zu verwirklichen. Die besondere Natur des Menschen wird vor diesem Hintergrund sodann mit Aristoteles durch die Anlage zur Vernunft bestimmt. Sie ist »das unterscheidende Kennzeichen des Menschen« (GrP 493), die spezifische Differenz, die seinen Artbegriff konstituiert und ihn dem Umfang nach aus der umfassenderen Gattung der Lebewesen heraushebt. Entsprechend unterscheidet sich auch die menschliche Praxis darin von der aller übrigen Lebewesen, dass sie Vernunft einschließt und auf ihre vollständige Verwirklichung in einem vernunftgemäßen Leben gerichtet ist. Vernunft ist das, was der Mensch im Rahmen seiner Tätigkeiten zur Entfaltung bringen muss, um seine Naturanlagen zu verwirklichen. Ein gelingendes Leben besteht für ihn in einer vernünftigen Praxis.

Mit der Bestimmung der Natur des Menschen durch Vernunft geht die Untersuchung seiner Praxis über die Naturlehre hinaus. Sie wird zur Beschäftigung mit der Polis. Diese zeichnet sich nach Ritter dadurch aus, dass erst in ihr »die Vernunft des Menschen zum Zuge kommt« (BüL 76). Sie kann als »der Ort des Menschseins« gelten, »weil sie selbst auf der Vernunft beruht und vernünftige gesellschaftliche Ordnung ist« (ebd.). In diesem Sinne ist der Mensch als Vernunftwesen (*zôon logon echôn*) zugleich ein politisches Wesen (*zôon politikon*). Die Erfüllung seines Daseins liegt im Leben des Bürgers einer politisch verfassten Gemeinschaft (*bios politikos*). Deshalb kann Ritter die Polis auch schlicht die »Aktualität der menschlichen Natur« (77) nennen:

Sie ist der »großgeschriebene Mensch« (Platon), an dem sich erst vollständig ablesen lässt, was bereits in jedem Einzelnen von Natur angelegt ist. Auf der Ebene der politischen Anthropologie sind damit weit reichende Bestimmungen getroffen. Sie liegen einerseits quer zu antiken perfektionistischen Ansätzen, die Politik an »höheren Zwecken« wie dem göttlichen Willen oder der kosmischen Ordnung ausrichten und das menschliche Leben so »der abstrakten Vollendung des Staates« (98) unterordnen. Andererseits steht der Gedanke der politischen Verwirklichung des Menschseins aber auch in einer gewissen Spannung zum modernen Kontraktualismus, der »Staat und Gesellschaft [...] als eine Notwendigkeit« fasst, »die zwar durch die Bedürftigkeit des Menschen gefordert wird, aber für ihr [sic!] eigenes Sein keine positive Bedeutung hat« (94). Das richtet sich nicht nur gegen »Theorien des Notstandes« (ebd.) wie Hobbes' Konfliktmodell des Sozialen als eines machtvoll zu bändigenden »Kampfes aller gegen alle«. Es betrifft auch die auf Rousseau zurückgehende Tradition der »Stadtflucht« (GrS 346), nach der der Mensch als ursprünglich selbstgenügsames Wesen mit dem Eintritt in die Gesellschaft seiner Natur entfremdet und korrumpiert wird. Darin liegt nicht zuletzt eine Absage an die romantische Sehnsuchtsgestalt des »edlen Wilden« und alle von ihr ausgehenden zeitgenössischen Aussteigerfantasien. »Der Einzelne ohne seine ethisch-politische Welt in der reinen Unmittelbarkeit seines Fürsichseins« ist für Ritter »nicht der Mensch in seiner Natur, sondern Mensch in der absoluten Isolierung und ohne Wirklichkeit seiner Natur« (PoE 128). Immer wieder betont er, dass der Mensch »auf die Stadt [...] verwiesen ist, wenn seine Natur als Möglichkeit und als Seinkönnen zur Aktualität des Seins kommen soll« (BüL 76).

Vor diesem Hintergrund erscheint der antike griechische Stadtstaat aus Ritters Sicht als diejenige »Gesellschaft, die das Menschsein des Menschen – zum ersten Male in der Geschichte

– zum Inhalt hat« (71). Erst in dem durch ihn eröffneten Rahmen des bürgerlichen Lebens in einer politisch verfassten Gemeinschaft vermag sich die vernünftige Natur des Menschen vollständig zu entfalten und zu verwirklichen. Dahinter steht der Gedanke, dass die menschliche Vernunftanlage nur dann als wahrhaft verwirklicht gelten kann, wenn sie nicht bloß sporadisch und akzidentell in einzelnen Handlungen aufscheint, sondern sich systematisch zu allgemeinen, dauerhaften Vollzugsformen seiner Praxis entwickelt. Die menschliche Vernunft hat nicht schon in den individuellen »Akten des Menschen in der Unmittelbarkeit des je eigenen Denkens, Erkennens, Wahrnehmens, Wollens und Fühlens« (85) Wirklichkeit. Sie muss vielmehr »zur Form der vernünftigen gesellschaftlichen Praxis gebildet und in ihr wirksam« (86) werden. Nur in ihr »wirkt die Natur des Menschen [...] nicht unbestimmt, sondern in der Macht der allgemeinen und über die Zufälligkeit und Einzelheit hinausgehobenen Vernunft« (84).

Zu diesen Formen gesellschaftlicher Praxis gehört nach Ritter zunächst jene Kunstfertigkeit, die die alten Griechen »*technê*« nannten. Sie umfasst »alle Handwerke, Ackerbau, Schiffahrt, Kriegführung, die Verwaltung des Hauses wie des Staates, die Heilkunst, die schönen Künste, die Politik als Staatskunst in allen ihren Bereichen« (78). Der Stellenwert all dieser Künste beruht auf ihrem *methodischen* Charakter. Als Kunst stellt menschliches Handeln kein spontanes, aus dem Stegreif improvisiertes Tun dar, das immer anders ausfällt, um zuweilen per Zufall sein Ziel zu treffen. Stattdessen ist es »an die Methode gebunden« und bildet so ein »geregeltes und in seinen einzelnen Schritten festgelegtes Verfahren« (79). Es folgt erlernbaren Regeln, die einen zweckmäßigen und erfolgreichen Handlungsvollzug gewährleisten. Dabei gründen diese Regeln ihrerseits auf jener wissenschaftlichen »Einsicht in das Wesen der Dinge, die dadurch auch über die Erfahrung hinausgeht, daß sie dies Wesen aus Gründen und Ursachen begreift« (80). Kunst ermöglicht vernünftige Praxis, weil sie auf Wissenschaft und damit auf der Erschlossenheit der Wirklichkeit durch Vernunft beruht. Damit bringt sie nach Ritter auch die gesamtgesellschaftliche Praxis in eine vernünftige Ordnung. Da sich diese nämlich in einer Vielzahl verschiedener Künste vollzieht, in denen jeweils andere Güter erzeugt und Leistungen erbracht werden, muss in ihr »nicht jeder alles selbst tun« (79). Der Einzelne ist nicht darauf angewiesen, was er zum Leben braucht erst in mühsamer und behelfsmäßiger Arbeit herzustellen oder zu besorgen, um so ganz von den Erfordernissen bloßer Daseinsfristung und Bedürfnisbefriedigung in Anspruch genommen zu werden. Schon die antike Polis ist vielmehr eine »arbeitsteilige Gesellschaft« (ebd.): Sie gliedert sich in ein System spezialisierter Berufsstände, in denen jeder seine professionellen Fähigkeiten und Zuständigkeiten hat, wobei seine Bedürfnisse durch die Arbeit aller anderen in ihren je eigenen Gebieten befriedigt werden. So ermöglichen die Künste ein vernünftig koordiniertes Miteinander, in dem jeder zum sinnvollen Funktionieren des Ganzen beiträgt. Ihre Vernunft »bringt die Allgemeinheit hervor, in der die Einzelheit der Dinge, der Bedürfnisse und der Zwecke durchbrochen und in den vernünftigen Zusammenhang einer gemeinsamen Welt aufgehoben wird« (81).

Dass Ritter der *»technê«* eine derart zentrale Bedeutung im bürgerlichen Leben zuschreibt, wurde im Anschluss an Habermas als Ausdruck eines technokratischen Ansatzes kritisiert.[35] Tatsächlich unterscheidet sich sein politisches Denken in diesem Punkt etwa von dem Hannah Arendts, die den aristotelischen *»bios politikos«* im Sinne direkter politischer Betätigung fasst und im – gemessen daran – weitgehend unpolitischen Leben des modernen Staats- und Wirtschaftsbürgers daher in erster Linie einen Verfall republikanischer Kultur erblickt.[36] Auch hebt sich

Ritters Perspektive von der zivilisationskritischen Sichtweise Martin Heideggers oder der älteren Kritischen Theorie ab, die in der Technik bloß einen untergeordneten Zug menschlichen Denkens und Handelns erkennen, sodass das Leben in einer von ihrer »instrumentellen Vernunft« bestimmten Welt für den Menschen vor allem auf »Seinvergessenheit« und Entfremdung hinausläuft.[37] Andererseits unterscheidet sich seine Auffassung aber auch unverkennbar von einem technokratischen Ansatz wie dem Arnold Gehlens, der das Technische vorrangig unter dem Aspekt des Ausgleichs mangelnder natürlicher Umweltpassung und der Begrenzung politischer Willensbildung durch objektive Sachzwänge betrachtet.[38] Aus Ritters Sicht stellt die Technik für die Selbstentfaltung des Menschen weder ein Hindernis noch einen bloßen Notbehelf dar. Sie bildet vielmehr ihr wesentliches Betätigungsfeld, die »grundlegende und allgemeine Form, in welcher der Mensch handelnd und schaffend sein Leben und sein menschliches Sein verwirklicht« (LeU 25). Das *animal rationale* entfaltet seine Natur als *homo faber*.

Eine weitere Bedingung für die Verwirklichung der menschlichen Vernunftnatur liegt nach Ritter in den sittlichen Lebenszusammenhängen der Polis. Sie werden mit Aristoteles auch als »Ethos« bezeichnet und umfassen »die gewohnt-herkömmliche Lebensordnung, [...] Brauch, Sitte und alles, worin das Leben die rechte Ordnung hat, aber auch die in Herkommen und Brauch gegründeten ›gewohnten‹ Institutionen als solche, Haus und Sippe, Kult der Götter, welche die Stadt verehrt, die Vielfalt der Gemeinschaften, Bünde, Freundschaften, Nachbarschaft, Genossenschaften der Totenbestattung und der Feste: insgesamt die durch die Polis gegebene gewohnte, institutionelle Lebenswelt der in ihr als Bürger Wohnenden« (GrP 486). Für Ritter bildet dieses Geflecht tradierter Sitten, Gebräuche und Einrichtungen die Grundlage für eine tugendethische Betrachtungsweise praktischer

Vernunftverwirklichung im bürgerlichen Leben. In seinem Rahmen ist der Mensch in der Regel nicht »auf an sich seiende Normen und Werte verwiesen«, um sich richtig zu verhalten, sondern nur mehr auf die »›gewohnte‹ institutionelle Lebenswelt« und die »mit ihr gesetzten herkömmlichen Formen des Redens und Handelns« (PoE 110). Indem der Einzelne in ein solches »ethisch« vorstrukturiertes Umfeld hineingeboren wird und die darin üblichen Handlungsweisen übernimmt, geht die sittliche Ordnung des Gemeinwesens in seine eigene Persönlichkeit ein. Er bildet einen gefestigten Charakter aus, der ihn befähigt, in jeder Lebenslage zuverlässig das Gute und Richtige zu tun. Sein Handeln wird »ethisch, indem er im lernenden Eingewöhnen in die gegebene Sitte hineinwächst und ihre Tugend ihm so zur eigenen, ihn prägenden Haltung wird« (GrP 486). In diesem Sinne lässt sich die menschliche Vernunft nach Ritter auf dem Gebiet des Sittlichen nur vermittels der »Standfestigkeit einer Haltung« verwirklichen, »die das zu tun weiß, was vernünftigerweise unter gegebenen Umständen getan werden muß« (ArtA 577). Wer etwa erkennt, dass eine Situation Mut erfordert, diesen aber nicht aufzubringen vermag, weil er nie Vorbild und Anlass zu mutigen Handlungen fand und so selbst keine mutige Haltung ausbilden, keine mutige Person werden konnte, wird seine Einsicht in das sittlich Richtige kaum praktisch realisieren können. Seine Vernunft bleibt »in der reinen Innerlichkeit verhaltene Möglichkeit« (BüL 89), die mangels charakterlicher Disposition nicht in seinem tatsächlichen Tun zur Geltung kommt. Erst die »ethische Habitualisierung von Handeln und Leben« (Ine 61) ermöglicht über gute Vorsätze und ihre von günstigen Befindlichkeitslagen und Rahmenbedingungen abhängige Einlösung hinaus eine wahrhaft gute, vernünftige Praxis. Sie ist die »Voraussetzung dafür, daß der Mensch in seinem Geschick nicht von Innen her dem Ungefähr und dem Zufall ausgeliefert bleibt« und bringt ihn »innerlich wie äußerlich in den Stand, in dem er er selbst sein kann« (BüL 91).

Auch mit Blick auf die Polis im Ganzen schreibt Ritter dem Ethos eine ähnliche Rolle zu. Auch die politische und rechtliche Ordnung lässt sich nicht unabhängig von den in ihr vorfindlichen Sitten und Gebräuchen betrachten. Es gibt kein »abgesondertes und für sich bestehendes Rechtsprinzip« (NaA 160), mit dem der Gesetzgeber wie ein Architekt am Reißbrett Gesetze entwerfen und kurzerhand per Beschluss in die gesellschaftliche Wirklichkeit übertragen könnte. Er muss vielmehr von dem ausgehen, was in der Polis schon als richtig anerkannt und in ihren Bräuchen und Institutionen als Recht gelebt wird. Gesetze haben »keine Selbständigkeit«, sondern »ordnen ein in sich bereits ethisch in Sitte und Gewohnheit verfaßtes [...] Leben nach Normen, die nicht erst durch den Gesetzgeber gesetzt werden, sondern ihm ›ethisch‹ vorgegeben sind« (163). In diesem Sinne gilt, dass »eine geschriebene politische wie gesetzliche Satzung als solche nur im Gedanken existiert« und erst »aktual« wird, »wenn sie in das Handeln und Tun der Bürger übergeht«, das sich als »das in ethischen Ordnungen und Institutionen verfaßte Tun« (163 f.) vollzieht. Das positive Gesetz erhält also nur im Medium einer ethisch auf Dauer gestellten Praxis reale Existenz. Verfassungen können noch so vernünftig und gesetzliche Regelungen noch so ausgeklügelt sein – wenn sie sich über die Lebensweise der Menschen hinwegsetzen, um ihr von außen eine vollkommen neue Struktur aufzuzwingen, verfehlen sie diejenigen, die ihnen in ihrem Handeln allein Wirklichkeit verleihen können. Die ihnen eigene Vernunft bleibt abstrakte Möglichkeit, die in der Praxis des Gemeinwesens nicht zum Tragen kommt. »[W]ie alles Allgemeine, so sind auch Gesetze, Rechte, Verfassungen nicht in der Allgemeinheit ihres Begriffs [...] sondern im politischen Vollzug und d.h. im Handeln der Einzelnen wirklich« (BüL 92).

Diese Betonung des Ethos wurde aufseiten der Frankfurter Schule als Ausdruck eines gegenaufklärerischen »Neoaristotelismus« (Schnädelbach 1992) kritisiert, der die universelle moralische Autonomie des modernen Individuums den kontigenten Traditionen einer partikularen Gemeinschaft unterordnet. Allerdings betont Ritter stets, dass schon Aristoteles seine praktische Philosophie an »der vollendeten und fertig gewordenen Polis« entwickelt, in der »der Mensch zum Subjekt und die menschliche Natur zur Substanz der ethischen Institutionen und damit zum Richtmaß allen politischen Handelns und aller rechtlichen Satzung geworden ist« (PoE 126 f.). Es handelt sich mithin bereits um ein »posttraditionales« Gemeinwesen, dessen Ordnung nicht mehr in der Überlieferung als solcher gründet, sondern in der Angemessenheit an den Menschen, das heißt in der Anerkennung aus vernünftiger Einsicht. Entsprechend ist auch das Ethos hier nicht mehr mit dem kompakten, ungebrochenen Brauchtum früher Gemeinschaften gleichzusetzen. Es hat die »Gestalt eines über die archaische Form und Begründung hinausgekommenen Ethos« angenommen, das »Freiheit zur Substanz und den Freien als Bürger zu seinem Subjekt hat« (Ine 63). Vor diesem Hintergrund kann Ritter den aristotelischen Ansatz sogar gegen Arnold Gehlen ins Feld führen. Dieser verkenne den positiven Sinn des Institutionellen für die Gegenwart, indem er es vornehmlich am »Modell archaischer und primitiver Gesellschaften« in der für sie kennzeichnenden »unreflektierten Identität der einzelnen mit den Institutionen ihres Kollektivs« (62) entwickle.[39] Denn in einer solchen Perspektive kommen moderne Errungenschaften wie »Reflexion, Freiheit, Kritik, die Selbständigkeit und Autonomie individuellen Handelns« von vornherein nur »als Elemente« in den Blick, durch die »notwendig die institutionelle Verfaßtheit menschlichen Handelns [...] destruiert wird« (ebd.).

Demgegenüber entwirft Ritter im Ausgang von Aristoteles ein Bild des bürgerlichen Lebens, das in zentralen Hinsichten bereits auf die Lebenswirklichkeit des Bürgers in der modernen Industriegesellschaft vorausweist. Dazu gehört zum einen ein System wissenschaftlich fundierter, technisch professionalisierter Berufsstände, die arbeitsteilig aufeinander verweisen, und zum anderen ein Geflecht habitualisierter und institutionalisierter freiheitlich-demokratischer Praktiken und Einrichtungen, die fest in individuellen Einstellungen und kollektiver Überlieferung verwurzelt sind. Erst in diesem Rahmen wird der Einzelne »als mit Vernunft begabtes Wesen actu Mensch, indem er seine Praxis zu einem von Vernunft und Einsicht geleiteten Tun bildet und in einer Gemeinschaft lebt, die in Sitte und Gesetz, in Institutionen und Lebensordnungen das zu seiner Vernunft gebrachte menschliche Leben zu ihrer Substanz hat« (NaA 172). Angesichts der modernen Entzweiung von Subjektivität und Gesellschaft und der ihr innewohnenden Gefahr einer vollständigen Trennung beider Seiten fällt der Erinnerung an diese Bedeutung des bürgerlichen Lebens eine wichtige Aufgabe zu: Sie kann »die moderne Ethik aus ihrer abstrakten Erstarrung zu neuem Leben wecken [...], in die sie die Entfremdung des Einzelnen und der Gesellschaft und d.h. der Verlust der Vermittlung gebracht hat« (BüL 85). Aus Sicht des in die Innerlichkeit der Subjektivität zurückgezogenen Einzelnen mag sich der gesellschaftliche Lebenszusammenhang wie etwas Fremdes, Äußerliches ausnehmen, das seine Freiheit beschränkt und seine Selbstentfaltung behindert. Dagegen lässt sich mit Aristoteles vergegenwärtigen, dass alles, was er sein kann, »in der isolierten Subjektivität bloße Möglichkeit« bleibt und erst wirklich wird, »wenn es zu der Form der vernünftigen gesellschaftlichen Praxis gebildet und in ihr wirksam wird« (86). In diesem Licht erscheint die Gesellschaft nicht als Sphäre der Entfremdung von einem vermeintlich freieren, erfüllteren Dasein in ursprünglicher Übereinstimmung mit sich selbst, sondern als Betätigungs- und Verwirklichungsfeld wesentlicher menschlicher Anlagen und Fähigkeiten, die ohne sie verkümmern müssten oder von vornherein unentwickelt blieben. »Was der Subjektivität als das ihr Äußerliche erscheint«, erweist sich als »der Stand, in dem das Selbst zu seinem Sein kommt« (87).

Hier liegt letztlich das eigentlich moralische Motiv, das tragende Ethos von Ritters »Ethik«: Der Mensch gelangt nicht in Absonderung vom äußeren, gesellschaftlichen Leben, im Rückzug ins Private und in die subjektive Innerlichkeit zu sich selbst. Nicht das Sich-Entziehen, die Weigerung, sich festzulegen, Ablehnung von oder Ausstieg aus bestehenden Verhältnissen in utopistischer Erwartung des »ganz Anderen« verheißen Freiheit und Erfüllung. Stattdessen kommt es darauf an, dass der Einzelne »mit seinem Handeln und seinen geistigen Gaben in der Welt steht, in der das Gute und Rechte im Zusammenhang des gemeinsamen menschlichen Seins gefordert werden« (89). Er muss einen Platz in der Gesellschaft einnehmen und sich auf die damit verbundenen Aufgaben und Verpflichtungen einlassen. Deshalb ist es nach Ritter auch »an der Zeit [...], daß wir damit aufhören, uns in das Innere zurückzuziehen [...] oder immer noch als Romantiker eine wahre und eigentliche Existenz zu erdenken« (SuG 35). Das Individuum muss vielmehr seine eigenen Potenziale im beruflichen Kontext und seinen sach- und fachlichen Anforderungen sowie in der Übernahme von Verantwortung in den institutionellen Zusammenhängen des privaten und öffentlichen Lebens, in Familie, Freundes- und Bekanntenkreis, aber auch in gesellschaftlichen Organisationen wie Vereinen oder Verbänden, praktisch betätigen, entfalten und bewähren. Dann wird auch die Moral, die aus Sicht subjektiver Innerlichkeit als etwas den eigenen Neigungen und den bestehenden Verhältnissen Entgegengesetztes erscheint, als ein zentraler Zug gesellschaftlicher »Selbstverwirklichung« erkennbar: »Wenn die sittlichen Normen unmittelbar auf die Subjektivität bezogen werden, dann stehen sie ihr als Postulate gegenüber und als ein Sollen, abgetrennt von dem, was ist; es fehlt die Mitte, in der das Allgemeine und das Eigene des Einzelnen einander durchdringen. Um diese Mitte geht es Aristoteles; sie ist das bürgerliche Leben mit allem, was zu ihm gehört; in ihm hängen die sittliche Tugend und die bürgerliche Tüchtigkeit mit dem aktualen Menschsein zusammen.« (BüL 89)

Ersichtlich hat diese Erinnerung an das bürgerliche Leben der antiken Polis »nichts mit einer Idealisierung und Verklärung der griechischen Welt in einer Rückkehr zu ihr als zu dem ursprünglich Heilen zu tun« (MoS 295). Mit ihr wird keineswegs das substanzielle Ethos der Antike gegen die moderne Subjektivität und Freiheit ausgespielt. Stattdessen wird der an ihm entwickelte Gedanke, dass die menschliche Natur sich gesellschaftlich-politisch verwirklichen muss, mit Hegel auf die moderne, durch die Entzweiung geprägte Lebenswirklichkeit bezogen. Wie Aristoteles die ethische Verfasstheit des Lebens in der Polis als Verwirklichung der Freiheit ihrer Bürger ansah, so sind mit Blick auf die Gegenwart die »objektiven und allgemeinen Institutionen, Gesetze, Gewohnheiten in einem Staate, der auf Freiheit gegründet ist, als die Wirklichkeit subjektiver Freiheit« (305) zu begreifen. Diese freiheitlich-demokratische »Sittlichkeit« bildet gleichsam das Ethos der Moderne. Sie stellt – im Verhältnis zur modernen Welt, also in der Ausweitung auf alle Menschen im ganzen Umfang ihrer jeweiligen persönlichen Besonderheit – im gleichen Sinne die »institutionelle Wirklichkeit menschlichen Selbstseins« (304) dar. In ihr haben rationale und universalistische Prinzipien eine objektive Gestalt gewonnen, sodass sich auch das moderne Individuum in seiner Subjektivität und moralischen Autonomie darin anerkannt und aufgehoben fühlen kann: »Wo [...] Freiheit zur Substanz von Einrichtungen, Institutionen, von Sitte und Brauch geworden ist, da haben Reflexion und Kritik ihren Ort in den sittlichen Institutionen« (Ine 64). Und umgekehrt sind diese Institutionen ihrerseits »keine äußeren dinglichen Gegebenheiten wie Gehäuse« (63), sondern verkörpern die »Wirklichkeit der sich in ihrer Innerlichkeit und Moralität bestimmenden Subjektivität« (64).

Auch methodologisch hat der aristotelische Gedanke der politischen Verwirklichung der menschlichen Vernunft weit reichende Konsequenzen für Ritters praktische Philosophie. Wenn nämlich allgemein »die Natur lebendiger Wesen als aktuale Natur erkannt werden muss« (GrP 493), kann auch das Wesen des Menschen erst philosophisch erfasst werden, *nachdem* es geschichtlich in der Polis oder einem nach ihrem Muster »politisch« verfassten Gemeinwesen Wirklichkeit erlangt hat. Was von Natur an Möglichkeiten »in ihm steckt«, verrät demnach allein seine historisch gewachsene gesellschaftlich-politische Lebensform. »Die vernünftige Natur des Menschen wird als diese erst erkennbar, wenn mit der Polis die vernünftige Gesellschaft in die Geschichte getreten ist.« (BüL 77) Aus diesem Grund lässt sich nach Ritter auch nicht von der menschlichen Natur als solcher ausgehen, um aus ihr unmittelbar »naturgemäße« moralische Normen oder rechtliche Ordnungen abzuleiten. Stattdessen ist umgekehrt bei der gesellschaftlich-politischen Wirklichkeit anzusetzen, um die Natur des Menschen an ihr abzulesen und auf den Begriff zu bringen. »Sie kann nicht deduziert werden, sie muß als ein Gewordenes vorgegeben sein; aus ihm wird der Begriff hervorgebracht.« (Ebd.) In diesem Sinne muss auch die Philosophie »in jedem ihrer Schritte hermeneutisch verfahren als die Reflexion dessen, was geworden ist« (ebd.). Dazu gehört die für Aristoteles kennzeichnende »hypoleptische Anknüpfung« an »das, was gesagt wird«.[40] Denn obwohl die Natur den Menschen als Vernunftwesen »nicht unmittelbar bestimmt«, beeinflusst sie doch sein gesamtes Handeln »als das in seinen Möglichkeiten und Anlagen vorgezeichnete Gute und als Zweck in den Vorstellungen, in denen er sich selbst sein Ziel und das Bild des höchsten Guts entwirft, dem er nachjagt« (63). Und wenn der objektive menschliche Naturzweck auf diese Weise in den subjektiven Zielvorstellungen der Einzelnen wirksam wird, dann »muß man den Begriff dieses Zwecks auch aus diesen Vorstellungen herauslesen können; er muß sich in ihnen spiegeln« (ebd.). Damit gewinnen die in einem politisch verfassten Gemeinwesen verbreiteten Ansichten und Zielsetzungen der Menschen für Ritter eine über ihre bewussten und ausdrücklichen Absichten hinausweisende Aussagekraft. Ihr »Nennen ist nicht begreifen, aber es ist auch nicht leeres Vorstellen und Reden; in dem, was alle meinen, nennen und sagen, muß sich das anzeigen, was in ihnen allen nach Erfüllung und Verwirklichung drängt« (64). Die praktische Philosophie hat demnach keinen objektiven Begriff der menschlichen Natur zugrunde zu legen. Sie setzt bei den kulturellen Zeugnissen menschlichen Denkens und Strebens an, um »das begrifflich herauszuheben, was in allen [...] Vorstellungen und Meinungen als ihre gemeinsame Natur wirkt und als der in ihnen allen treibende Zweck in ihrem Nennen zu Wort kommt« (65).

So weisen aus Ritters Sicht bereits die antike Polis und die an ihr gewonnenen »politischen« Begriffe des Aristoteles »in sich selbst über sich hinaus auf den substantiellen Grund menschlichen Seins, dessen Verwirklichung sich in ihnen formiert« (92). Deshalb ist auch die hermeneutische Ausrichtung der aristotelischen praktischen Philosophie für ihn keinesfalls als eine »bloße Orientierung an den gegebenen Verhältnissen der Polis« (PoE 124) aufzufassen. Sie gilt ihm vielmehr als »Theorie der gegenwärtigen Zeit und Wirklichkeit in der Erkenntnis, daß ihr einwohnend ein Universales zum Grunde und zur Substanz geworden ist« (130). Dabei steht der Gedanke der politischen Verwirklichung des Menschseins zugleich quer zur modernen Trennung von Ethik als normativer, auf innere Motive oder transzendente Werte und Normen bezogener Moralphilosophie und Politik als deskriptiver Wissenschaft von der Struktur und Funktionsweise äußerer Praktiken und institutioneller Gegebenheiten. Aus der mit ihm eröffneten Perspektive besteht eine innere, in der Sache selbst begründete Verbindung zwischen beiden Seiten, »gehören Ethik und Politik [...] zusammen« (PoE 114). Denn einerseits verweist die ethische Frage nach der praktischen Verwirklichung und Erfüllung des Menschseins letztlich auf die Strukturen der politisch verfassten Gemeinschaft. Die Ethik »impliziert in der Begründung individuellen Handelns aus den Verhältnissen, in denen sich der Mensch in einem Gemeinwesen findet, eine Beziehung [...] zum Politischen, zu ›Staat‹, Verfassung und Recht« (112). Und andererseits kann ein angemessenes Verständnis der politischen Verhältnisse keinesfalls von deren vorpolitischer Substanz menschlichen Seins absehen. Die Politik »setzt in Führung und Satzung in sich ethische Institutionen voraus, in denen der Mensch im Handeln und Leben Wirklichkeit hat« (130). Aus der Perspektive von Ansätzen, die die Entzweiung von Subjektivität und Gesellschaft als eine vollständige Trennung auffassen, rückt eine Vermittlung zwischen der subjektiven Innerlichkeit des Einzelnen und den äußeren gesellschaftlichen Gegebenheiten in weite Ferne. Sie kann entweder nur in der Rückkehr zur »unreflektierten Identität der einzelnen mit den Institutionen ihres Kollektivs« (Ine 62) angestrebt oder umgekehrt »als Resultat einer Versöhnung gedacht werden, mit der einmal künftig das in der Innerlichkeit befehlende Sollen auch zum Grunde und Richtmaß des Seins und der politischen Wirklichkeit zu werden vermöchte« (PoE 113). Demgegenüber gibt Ritters aristotelische Konzeption praktischer Philosophie den Blick auf die historisch gewachsene Praxis eines modernen bürgerlichen Lebens frei, in dem »die freie Selbständigkeit des Einzelnen« immer schon auf mannigfaltigen Wegen und Ebenen – verstetigten Handlungs- und Lebensweisen, festen Haltungen und Formen des Umgangs miteinander, gemeinschaftlichen Sitten, Gebräuchen und Einrichtungen – »mit dem Allgemeinen zur Einheit vermittelt« (120) ist.[41]

2.3 Hermeneutik der geschichtlichen Wirklichkeit

Mit dem Niedergang des Deutschen Idealismus und dem Aufstieg der modernen Wissenschaften war die Philosophie im Laufe des 19. Jahrhunderts in eine tiefe Identitätskrise geraten.[42] Im Horizont der modernen wissenschaftlich-technischen Zivilisation wurden ihr traditioneller Stellenwert und ihre gesellschaftliche Bedeutung zunehmend fragwürdig.[43] Sie schien vor der Wahl zu stehen, sich entweder ganz dem Methodenideal der positiven Wissenschaften zu verschreiben wie im Logischen Positivismus und der Sprachanalyse oder in Abkehr von der modernen wissenschaftlich-technischen Rationalität eine »höhere«, an Kunst und Dichtung ausgerichtete Wahrheit geltend zu machen wie bei Heidegger oder Adorno. Auf beiden Wegen schien sie freilich zugleich den Bezug zu ihrer eigenen Überlieferung und dem in ihr ausgebildeten Selbstverständnis und Problembewusstsein preiszugeben.[44]

Dagegen fasst Joachim Ritter die Philosophie stets ganz ausdrücklich im Sinne dieser großen, aus dem antiken Griechenland herkommenden Überlieferung. Dementsprechend wird sie als »theoretische Wissenschaft vom Sein des Seienden« (HfR 186) bestimmt und in dieser Bestimmung auf die aristotelische Grundlegung der Metaphysik als Ontologie zurückgeführt. In der Auseinandersetzung mit ihr ist nicht nur »der ursprüngliche Sinn der mit der Philosophie heraufkommenden Wissenschaft« verständlich zu machen, sondern auch der geschichtliche »Grund, der sie hervortreibt« (LeU 9). Dabei betont Ritter, dass die heute vollkommen geläufige »Gleichsetzung von Theorie und Wissenschaft« (10) noch zur Zeit des Aristoteles als ein im Grunde »paradoxer Vorgang« erscheinen musste, in den zwei »durchaus heterogene Momente« (22) eingehen: der ursprünglich in der religiösen Sphäre verwurzelte Begriff der Theorie auf der einen und der zuerst im praktischen Leben ausgeprägte Begriff von Wissenschaft auf der anderen Seite.

Einerseits nimmt Ritter an, dass die »Theorie [...] als Begriff philosophischer Erkenntnis auf eine ursprünglich religiöse Bedeutung des Begriffs zurückgeht« (16). Der Ausdruck bezeichne im antiken Griechenland zunächst jene »Festgesandtschaft« (ebd.), die eine Polis zur »anschauenden Teilhabe an den Spielen zu Ehren der Götter« (FrF 146) aussandte. Demnach gehört das Theoretische in der griechischen Frühzeit gerade nicht zur Wissenschaft, sondern zum »abgesonderten Bereich des feiernden Dichtens und des Mythos« (LeU 23). Seine Träger sind »vom Gott erfüllte Dichter« (VoÄ 115), die in Anknüpfung an die mythische Überlieferung die umfassende göttliche Weltordnung betrachten und kundtun, welche sowohl alle Abläufe in der Natur als auch das gesamte gesellschaftlich-politische Leben der Menschen bestimmt. Auf dieser Grundlage weisen sie »den Weg der Tugend und des rechten, im Maße der göttlichen Ordnung geführten Lebens« (ArV 39) und offenbaren »das Gesetz, das der König rechtsprechend wahrt« (46). Diese religiöse Herkunft wird nach Ritter auch für die philosophische Theorie maßgeblich. Auch sie wendet sich in Abkehr vom praktischen Leben dem »Seienden im Ganzen der es umgreifenden und auf Gott weisenden Weltordnung zu« (45). Sie betrachtet die Dinge als solche und den in ihnen zutage tretenden umfassenden Sinnzusammenhang und nimmt mit ihm auch den »Grund« in den Blick, in den »das menschliche Dasein gestellt ist« (LeU 17). Das begründet ihren Rang und ihre Würde als höchste, keinen anderweitigen Zwecken untergeordnete Betätigung, erklärt aber auch das Befremden, auf das sie im alltäglichen Dasein immer wieder stößt. Philosophische Theorie lässt sich nicht aus praktischen Interessen und Absichten ableiten, sondern trägt ihren Zweck in sich selbst und erfüllt ihn in ihrem bloßen Vollzug. Damit erscheint sie gegenüber dem praktischen Leben als »zweckfreie und aus dem Dienst der Notwendigkeit gelöste Anschauung« (ArV 44 f.).

Auf der Verbindung mit diesem Theoriebegriff beruht aus Ritters Sicht »bis heute die Vorstellung, daß akademische [...] Wissenschaft mit ihren Institutionen durch Freiheit definiert ist« (ebd.). Damit erhält die Annahme einer religiösen Verwurzelung des Theoretischen historisch ausgesprochen weit reichende Konsequenzen. Sie betreffen letzten Endes noch die Auseinandersetzungen um die Bildungs- und Hochschulreform in der Bundesrepublik der 1960er und 1970er Jahre und schlagen sich auch in Ritters eigenen bildungs-, hochschul- und wissenschaftspolitischen Beiträgen aus dieser Zeit nieder: Sein unbedingtes Bestehen auf der Freiheit akademischer Forschung und Lehre im Sinne einer »Abschirmung der Wissenschaft gegen alle Ansprüche politischer Weisung und alle Versuche, [sie] in den Dienst von Weltanschauungen und Ideologien zu nehmen« (UnA 57); zugleich die hohe Wertschätzung, persönliche Unterstützung und politische Förderung der für die »Universität als wissenschaftliche Hochschule« konstitutiven »Form akademischer Selbstverwaltung mit den in sie eingeschlossenen Rechten der Promotion, Habilitation und des Berufungsverfahrens« (52); des Weiteren die Verteidigung freier akademischer Bildung gegen zeitgenössische Bestrebungen zu ihrer Gleichsetzung mit praktischer Berufsausbildung und die entsprechend abwägende Haltung gegenüber der universitären Lehrerbildung; schließlich das gesamte Plädoyer für die Geisteswissenschaften als nicht durch technische Nutzanwendung definierbare theoretische Wissenschaften – all diese Stellungnahmen werden letztlich an die grundlegende Bedingung gebunden, dass der ursprünglich religiöse Sinn des theoretischen Weltbezugs gewahrt bleibt: Die »theologische Begründung der Theorie« spricht »den Grund aus, der vorausgesetzt werden muss, wenn freie Wissenschaft als Selbstzweck zum menschlichen Dasein und zur menschlichen Bildung gehören soll« (LeU 21).

Demgegenüber bildet sich die Wissenschaft selbst nach Ritter ursprünglich im Zusammenhang der menschlichen Praxis heraus. Sie gehört »zunächst nicht zur Theorie, sondern zur praktischen Welt und zu den Künsten des schaffenden Lebens« (22) als die sie tragende und leitende Form des Wissens. Die Philosophie ist demnach keineswegs die »Mutter der Wissenschaften«. Lange vor ihr hat sich in den kleinasiatischen Küstenstädten in Herstellung und Handel, auf Plantagen, Fertigungsstätten und Umschlagplätzen bereits eine hoch entwickelte gesellschaftliche Praxis herausgebildet, zu deren kunstgerechtem Vollzug immer auch wissenschaftliche, etwa biologische, meteorologische oder mathematische Kenntnisse gehörten. Schon die »Herrschaft im Staat, die Ökonomie, die Führung des Hauses, die Künste des Handwerks [...] fordern jeweils die Wissenschaft, die sie trägt und das Können des Handelnden ermöglicht« (11). Dabei stehen diese Wissenschaften aufgrund ihrer praktischen Entstehungszusammenhänge nach Ritter zunächst ganz »im Dienst des Schaffens und Herstellens von Dingen des Gebrauchs und der Nutzung« (10). Ihr Wissen ist rein instrumenteller Natur, »den Zwecken und Aufgaben als Mittel zugeordnet, die sich die Einzelnen und die Gesellschaft setzen« (WdP 67). Deshalb bleibt auch ihr Horizont stets auf das Nächstliegende und Nutzbringende beschränkt: Man befasst sich mit Mechanik, soweit sie in Herstellung oder

Bauwesen eine Rolle spielt, treibt Algebra in dem Maße, wie es kaufmännische Berechnungen erfordern, und erkundet den Sternenhimmel, soweit es für die Seefahrt von Nutzen ist. In diesem Sinne gibt es im Rahmen der frühen Wissenschaften »keine Fragen, die über die praktischen Interessen und Zwecke hinausführen; ihre Erkenntnis der Dinge und Zusammenhänge beschränkt sich auf das Notwendige und das, was für ihre Anwendung und Nutzung Bedeutung hat« (ebd.).

Das wesentliche Strukturmerkmal all dieser praktischen Wissenschaften ist nach Ritter eine die »Wahrnehmung und Erfahrung zusammenfassende und sie zugleich überschreitende [...] Erkenntnis der Dinge und ihrer allgemeinen Zusammenhänge aus Gründen und Ursachen« (66). Während die Wahrnehmung sich auf Einzeldinge richtet und diese so erfasst, wie sie dem Betrachter in der jeweiligen Situation gerade erscheinen, und die Erfahrung auf der Basis wiederholter Wahrnehmungen allgemeine Vorstellungen bildet, verfügt allein die Wissenschaft über »kausale Erkenntnis« (ebd.): Sie weiß nicht nur, *dass*, sondern auch, *warum* etwas geschieht, und besitzt damit ein *begründetes* Verständnis der Wirklichkeit, das sich auch anderen erklären und so einsehbar und verständlich machen lässt. Dieser Begriff von Wissenschaft als vernünftig begründetem Wissen wird in der Folge auch für Ritters Verständnis von Philosophie als theoretischer Wissenschaft maßgeblich. Sie stellt für ihn keine höhere Einsicht dar, über die nur erleuchtete Einzelne oder ein erlesener Kreis von Eingeweihten verfügen. In der Wissenschaft werden die Dinge vernünftig begriffen und damit allen Menschen gleichermaßen zugänglich. Sie bricht den geschlossenen Horizont auf, in dem sich jeder seinen eigenen Reim auf die Wirklichkeit macht, und eröffnet eine gemeinsam geteilte menschliche Welt: »Weil Vernunft in der Allgemeinheit ihres Begriffs und ihres Begriffenen jenseits aller Partikularität und Besonderheit sich auf den Menschen als Gattung bezieht«, ist die »Welt, die die Vernunft erschließt, eine Welt, die alle Menschen umgreift und die alle Menschen begreifen können« (BüL 81). Tatsächlich bildet diese Wertschätzung der Wissenschaft eine zentrale Konstante in Ritters gesamtem Schaffen. Schon in seiner von der nationalsozialistischen »Machtergreifung« überschatteten Antrittsvorlesung in Hamburg macht er die »wissenschaftliche Funktion« der Philosophie »als Förderin und Helferin entwicklungsfähiger, die bloßen Subjektivismen einschränkender Erkenntnis« (SiG 60) stark. Und noch in einem der letzten zu Lebzeiten veröffentlichten Texte warnt er nachdrücklich vor zeitgenössischen Tendenzen zum Rückzug ins Subjektive, in denen »die Wissenschaften und die an sie gebundene Vernunft im Irrationalismus verspielt« (VoS 10) zu werden drohen.

So fließt in die Philosophie als theoretische Wissenschaft aus Ritters Sicht sowohl das theologische Erbe der Dichtung als auch das wissenschaftliche Denken des tätigen Lebens ein: »Als Theorie bleibt sie das freie Anschauen des Göttlichen und der göttlichen Ordnung [...]. Indem sie aber Wissenschaft wird, nimmt sie die Form der das praktische Dasein leitenden Einsicht an« (LeU 24). Sie übernimmt den poetisch überlieferten Diskurs über die allumfassende Weltordnung und verleiht ihm dadurch einen wissenschaftlichen Ausdruck, weil die »Weisheit des göttlichen Dichters« im Zuge der historischen Entwicklung der Polis »in eine Welt geraten ist, die nicht mehr dichterisch in Geschichten von Göttern und Helden, sondern in dem Sachverstand der Künste gewusst wird« (VoÄ 105). Im Horizont dieser Welt verliert die Dichtung mit ihrem autoritativen Gestus göttlicher Weisung und der bildhaften Darstellung mythischer Gestalten und genealogischer Beziehungen ihre Überzeugungskraft und erscheint als Überbleibsel einer längst untergegangenen sagenumwobenen Vorzeit. Darum streift die Philosophie den in ihr überlieferten Gehalten ihre mythisch-poetische Ausdrucksgestalt ab und überführt sie in die rationale Form einer wissenschaftlichen Auseinandersetzung. Sie vergegenwärtigt dem politischen Gemeinwesen seine überlieferten Grundlagen, indem sie sie wieder in ein Verhältnis zu seiner veränderten, durch Vernunft geprägten Lebenswirklichkeit setzt. Insofern gehört Philosophie als theoretische Wissenschaft zu einer rational begriffenen und gestalteten Welt, weil »da, wo es durch Wissenschaft geleitete vernünftige Praxis gibt, auch die Theorie ihre ursprünglich theoretische Aufgabe als Wissenschaft zu erfüllen hat« (LeU 31). Nur in dieser wissenschaftlichen Form vermag sich ein von Vernunft und Freiheit getragenes Gemeinwesen angemessen über das ihm zugrunde liegende Wirklichkeitsverständnis klar zu werden. In seinem Horizont kann mithin auch »das Ganze selbst nur vernünftig in der Form der Wissenschaft begriffen werden, weil es so selbst vernünftig und für die begreifende Vernunft in ihrer Wahrheit gegenwärtig ist« (VoÄ 107).

Auf der anderen Seite tritt die Philosophie damit im gleichen Zuge als *theoretische* Wissenschaft zu den praktischen Wissenschaften des bürgerlichen Lebens in der Polis hinzu, um die in ihnen nur im Hinblick auf menschliche Bedürfnisse und Zielsetzungen erfasste Wirklichkeit aus ihren Zweckbezügen zu lösen und als sie selbst zu betrachten. Das bedeutet, »daß die freie theoretische Erkenntnis das Wissen der Welt heraushebt und freisetzt, das schon in allem praktischen und poietischen Wissen eingeschlossen und angelegt ist« (LeU 28). Sie erhebt das »Wahre als es selbst zum Gegenstand, das sich auch in den Künsten und ihrer praktischen Wissenschaft erschließt, ohne daß sich das der Notwendigkeit des Lebens dienende Erkennen ihm ausdrücklich und unmittelbar zuwendet« (31). Damit rückt die Philosophie gleichzeitig in ein spezifisches Verhältnis zur vor- und außerwissenschaftlichen Welt der menschlichen Praxis. Was sie für die Polis und jede in ihrer Tradition »politisch« verfasste Gemeinschaft leistet, ist die reflexive Vergegenwärtigung ihrer bereits praktisch erschlossenen Wirklichkeit. In dieser hermeneutischen Bestimmung liegt auch der Sinn ihrer platonischen Deutung als *»anamnesis«*: Als »theoretische Wissenschaft tritt [sie] zur praktischen hinzu, um das begreifend zu ›erinnern‹, was diese notwendig auslassen und ›vergessen‹ muß« (AuG 111). Sie entbindet das grundlegende Verständnis der Wirklichkeit, das schon im tätigen Leben und seinen ethisch-politischen Zusammenhängen eingeschlossen ist, indem sie es ausdrücklich macht und in vernünftigen Begriffen und Argumenten darlegt. In diesem Sinne gehört sie als theoretische Wissenschaft »positiv zur Praxis [...] und übernimmt in ihrem Zusammenhang die Funktion, den in ihr an sich vorausgesetzten und implizierten Weltbezug ausdrücklich zum Gegenstand zu machen« (ebd.).

Im Lichte dieses Philosophieverständnisses verliert die landläufige Unterscheidung von Theorie und Praxis, Metaphysik und Politik für Ritter an Bedeutung. Wenn die menschliche Vernunft sich stets zunächst praktisch zu einer rational begriffenen und gestalteten Welt entfaltet, steht die philosophische Theorie dieser Welt in der reflexiven Thematisierung ihrer grundlegenden Kategorien und Strukturen nicht wie einer fremden, undurchdringlichen Objektwelt gegenüber. Die von ihr betrachtete »göttliche Ordnung« ist vielmehr zugleich »die Ordnung der Welt, in welche der in einer praktischen Kunst und ihrer Wissenschaft gebildete Mensch als ein sie Wissender eingestellt ist« (LeU 26). Die Metaphysik wendet sich mithin keiner transzendenten Sphäre hinter oder über der menschlichen Lebenswelt zu. Ihr Bezugspunkt ist »nicht im Verhältnis zur Welt der Praxis ein Jenseitiges« (UnA 57). Entsprechend kann sie sich auch nicht als höhere, den gewöhnlichen Verstand übersteigende Einsicht über die Realitäten des praktischen Lebens hinwegsetzen, um ihm von außen seinen Weg zu weisen. Stets bleibt sie vielmehr auf die Entwicklung der Praxis und des sich in ihr entfaltenden Weltverständnisses bezogen. In diesem Sinne ist für Ritter »die Vernunft der Zeit [...] in dem, was ist, vorhanden und die Theorie hat sie aus der Zeit selbst als ihren Begriff hervorzubringen« (HfR 218). Sie ist »auf die Analyse der konkreten, geschichtlichen Bewegung verwiesen«, wenn sie die »Vernunft und Substanz der Zeit in dem, was ist, begreifen und sich nicht im [...] entwerfenden Vorstellen verlieren will« (223).

Gemäß diesem hermeneutischen Ansatz kann das Vorgehen der Philosophie auch nicht im gleichen Sinne durch historische Voraussetzungslosigkeit bestimmt werden wie die Methode der modernen Natur- und Geisteswissenschaften. In ihrem Rahmen zielt der Begriff der Methode gerade nicht auf die Befreiung von ungeprüft übernommenen Ansichten ab, sondern hat noch die anschauliche Bedeutung eines in der eigenen Überlieferung vorgezeichneten Weges, »der zu der gleichen Wahrheit hinführt, um die sich schon die Alten philosophierend gesammelt haben« (ArV 40). Diese Auffassung trennt Ritters Philosophieverständnis von allen positivistischen Versuchen, im Zeichen des wissenschaftlichen Methodenideals mit der bisherigen Geschichte zu brechen, um einen unabhängigen, rein systematischen Ausgangspunkt zu gewinnen. Die Philosophie kann für ihn nicht von der eigenen Entwicklung absehen wie die positiven Wissenschaften. Die Tradition steht in ihr gerade nicht für das »Ungesicherte, durch welches das Denken in sich selbst getrübt und in die Gefahr gebracht wird, von dem in ihm selbst angelegten Weg abgelenkt zu werden«, sondern verkörpert »das von alters Gültige, das es zu bewahren und gegenwärtig zu halten gilt« (41). Dieses »allgemeine Traditionsprinzip der Philosophie« (43) unterscheidet seinen Ansatz andererseits auch von einem »dekonstruktiven« Denken in den Spuren Nietzsches und Heideggers, für das der Rationalismus der metaphysischen Überlieferung nur eine ursprüngliche, vorrationale Wahrheit überlagert. Nach Ritters Auffassung hat der Blick zurück nicht den Sinn, »daß der Geist aus der Gegenwart fliehen und in die Vergangenheit zurückkehren will, um durch die Destruktion [...] des Gewordenen im Ursprung eine zur Gegenwart beziehungslose Erneuerung zu suchen« (49). Im Zuge der philosophischen Überlieferung wird die Wahrheit gerade nicht verdeckt, sondern gewinnt eine immer klarere, differenziertere und reichhaltigere Gestalt. In diesem Sinne hat die Tradition »in der Kontinuität des Weges vom Anfang zum Ende nicht die Bedeutung des Zurücklaufens, sondern vielmehr der Weitergabe in der Bestimmung der Entfaltung des Anfänglichen« (PoE 123).

Aus diesem Traditionsverständnis ergibt sich letztlich auch eine unauflösliche Verbindung von historischer und systematischer Perspektive. Die »Scheidewand zwischen System und Philosophiehistorie [wird] durchlässig« (NeE 706). Einerseits wird die Entwicklung der Philosophie von geschichtlichen Vorgängen bestimmt, die sich zur inneren Logik des philosophischen Diskurses kontingent verhalten und im Horizont seiner bisherigen Überlieferung nicht vorauszusehen sind. Darum lässt sich der Stand des philosophischen Bewusstseins auch nicht historisch voraussetzungslos, etwa als Ergebnis logisch notwendiger Folgebeziehungen rekonstruieren. Was im Verlauf der Geschichte zutage getreten ist, könnte man »nicht erkennen, wenn man versuchen wollte«, seinen Sachgehalt »aus den Elementen des Anfangs deduktiv herauszuentwickeln« (Ritter, zit. n. Fetscher 1973: 218). Stattdessen lässt es sich erst im Rückblick nachvollziehen, in der hermeneutischen »Reflexion dessen, was geworden ist« (BüL 77). Zugleich formuliert die Philosophie dabei jedoch keineswegs ein beliebiges Weltbild, das nur mehr als relativer Ausdruck seiner jeweiligen Zeit anzusehen und aus ihrem historischen Kontext zu verstehen wäre. Was sich in ihrer Tradition entfaltet, ist für Ritter vielmehr die Vernunft selbst und das durch sie geprägte vernünftige Weltverständnis. Dass der äußere Verlauf dieses Prozesses keiner rationalen Notwendigkeit folgt, besagt nichts über die Vernünftigkeit der in ihm entfalteten Inhalte, deren »Weitergabe [...] konstitutiv Tradition der Vernunft ist und ihre Einsicht in die Gründe und Ursachen der Dinge voraussetzt« (Ritter, zit. n. Pieper 1958: 47).

So verbinden sich in Ritters Verständnis von Philosophie zuletzt historisches und systematisches Denken zu einer »Hermeneutik der geschichtlichen Wirklichkeit« (PMG 313): Sie verfolgt die historische Entwicklung des gesellschaftlich-politischen Lebens ihrer Zeit und legt das darin praktisch entfaltete Wirklichkeitsverständnis im Horizont ihrer eigenen theoretischen Überlieferung aus. Auf diese Weise bringt sie zugleich »im Wandel ihrer geschichtlichen Positionen und in der Entgegensetzung der Schulen und Richtungen [...] das ihr immanente Prinzip vernünftigen Begreifens zu immer reicherer Entfaltung« (NeE 707). Ganz in diesem Sinne kennzeichnet Ritter die Beziehung der Philosophie zur Geschichte auch positiv als »Mnemosyne, das erinnernde Behalten, das nicht zulässt, daß Gegenwart und Zukunft die Fülle des Wesens verlieren« (ArV 49). Ihr kommt es dabei nicht in erster Linie auf eine möglichst getreue Rekonstruktion überholter Lehrmeinungen in ihrem jeweiligen historischen Kontext an. Sie sucht vielmehr den Anschluss an das in ihnen entfaltete Weltverständnis, weil nur im Nachvollzug seiner Entwicklung verständlich zu machen ist, um was es in der philosophischen Auseinandersetzung der Gegenwart überhaupt geht und was in ihr letzten Endes auf dem Spiel steht. In diesem Sinne bleibt »[h]istorisches Erinnern« für Ritter hier »nicht auf die Frage beschränkt, wie es gewesen ist«, sondern hat »immer auch die Aufgabe, das in die Gegenwart vergegenwärtigend einzuholen, dessen sie bedarf, um, was sie ist, begreifen zu können« (GrS 351).

Damit schließt sich am Ende der Kreis: Indem Ritter die gesellschaftlich-politische Lebenswirklichkeit der Zeit im Lichte der großen philosophischen Überlieferung betrachtet, werden ihre grundlegenden Strukturen als Ergebnis eines umfassenden geschichtlichen Entwicklungsprozesses erkennbar und verständlich. Sie erweisen sich als Resultat der sukzessiven Entfaltung und Verwirklichung der menschlichen Vernunft im Zuge der Ausbildung immer höher entwickelter Formen vernünftiger gesellschaftlicher Praxis, in den rationalen Zusammenhängen industrieller Arbeit und marktwirtschaftlichen Austauschs wie in den freiheitlich-demokratischen Haltungen, Praktiken und Einrichtungen moderner Sittlichkeit. Dazu gehört allerdings konstitutiv die Entzweiung als das Auseinandertreten der naturwissenschaftlich-technisch und rechtlich bestimmten Welt der bürgerlichen Industriegesellschaft und der historisch und ästhetisch geprägten Kultur subjektiver Innerlichkeit. In ihr »hat sich [...] das Ganze der Vernunft zur vollen Entfaltung des Subjektiven und Objektiven gebildet« (ArtE 570). Erst sie ermöglicht so die vollständige Verwirklichung der menschlichen Vernunft und Freiheit zu einer vernünftig begriffenen und gestalteten Welt, birgt allerdings auch die Gefahr des Abgleitens in Totalitarismus und Barbarei. Stets betont Ritter diese tiefe Ambivalenz der Moderne und die Kontingenz und Zerbrechlichkeit ihrer zivilisatorischen Errungenschaften. Das »Problem« der Entzweiung, das »im Prozeß der Modernisierung ausgetragen wird«, ist »schwierig, an die Gründe des Daseins rührend, ungelöst, auf gefahrvolle Weise offen« (GrS 351 f.). Darum warnt er auch immer wieder davor, die geschichtlich gewachsene Vernunft der Gegenwart in dem Versuch zu verspielen, »die Einheit des Menschseins dadurch zurückzugewinnen, daß je eine Seite der Entzweiung zum Nichtsein gesetzt wird« (ebd.). Indem er die Entzweiung entgegen solchen totalitären Utopien als die »Erscheinung der in der gegenwärtigen Wirklichkeit vorhandenen Vernunft« (ArtE

570) zu verstehen sucht, übernimmt seine Deutung der Moderne die seit alters überlieferte »Aufgabe« der Philosophie, »die Einheit der sich äußerlich entgegensetzenden Mächte und so die unserer Welt an sich einwohnende Vernunft zu begreifen« (La 163).

3. Das »Collegium Philosophicum« und die »Ritter-Schule«

Die Wirkung Joachim Ritters hat sich zunächst weniger im Zuge einer direkten und frontalen Auseinandersetzung mit seiner Philosophie selbst entfaltet als vermittelt über deren Aufnahme und Aneignung im Kreis seiner Schüler. Das von Ritter begründete Münsteraner »Collegium Philosophicum« bildete die »Keimzelle« der später so genannten »Ritter-Schule«. Aus ihm sind einige der bedeutendsten Wissenschaftler und einflussreichsten Intellektuellen der späteren Bundesrepublik hervorgegangen. Hier wurden auch die Weichen für die Entwicklung jener philosophischen Gedankenfiguren und zeitdiagnostischen Motive gestellt, die im akademischen Diskurs und der intellektuellen Landschaft der Zeit auf breiter Linie wirksam geworden sind.[45]

Das Collegium entstand aus dem 1947 begründeten Philosophischen Oberseminar der Universität Münster und hatte über zwei Jahrzehnte Bestand. Die Runde war ausgesprochen heterogen zusammengesetzt: Sie versammelte nicht nur Anhänger verschiedenster philosophischer Strömungen von der Sprachanalyse über die Hermeneutik bis zur Metaphysik, sondern umfasste auch Vertreter anderer Fachrichtungen wie Theologie, Mathematik und Jurisprudenz. Zu den Teilnehmern gehörten u. a. Günther Bien, Ernst-Wolfgang Böckenförde, Wilhelm Goerdt, Karlfried Gründer, Max Imdahl, Friedrich Kambartel, Martin Kriele, Hermann Lübbe, Odo Marquard, Reinhart Maurer, Ludger Oeing-Hanhoff, Willi Oelmüller, Günter Rohrmoser, Hans Jörg Sandkühler, Gunter Scholtz, Jürgen Seifert, Robert Spaemann, Ernst Tugendhat, Rudolf Vierhaus und Bernard Willms.[46] Darüber hinaus bestanden Verbindungen zu Münsteraner Kollegen Ritters wie Helmut Schelsky, Hans Freyer, Josef Pieper, Hans J. Wolff und Benno von Wiese. Gelegentlich wurden auch auswärtige Vortragsgäste eingeladen, etwa Julien Freund, Arnold Gehlen, Gabriel Marcel oder Carl Schmitt.[47]

Angesichts der kriegsbedingten Zerstörung vieler Universitätsgebäude traf man sich anfangs in Ritters Privatwohnung in der Sertürnerstraße, später dann in den so genannten Baracken, nüchternen Zweckbauten neben dem barocken Münsteraner Schloss. Der äußeren Form nach waren die Zusammenkünfte von der Tradition informeller Studiengruppen und exklusiver Oberseminare geprägt. Hier sollte unter zwölf bis zwanzig von Ritter ausgewählten Studenten und Doktoranden »ein wissenschaftliches Gespräch in Gang gebracht werden, das die Ebene von Ausbildung [...] überschritt und etwas von dem konstituierte, was Universität ausmacht und von bloßen Hochschulen unterscheidet« (JoR 190). Dabei ging es um die Schaffung eines von gesellschaftlichen Nützlichkeitserwägungen und politischer Instrumentalisierung gleichermaßen abgeschirmten Raumes inmitten des entstehenden Massenbetriebs, in dem sich Bildung noch in einer gemeinschaftlichen Teilhabe am Forschungsprozess selbst vollziehen konnte. Man befasste sich jedes Semester mit einem klassischen philosophischen Werk, etwa Kants *Kritik der reinen Vernunft* oder Hegels *Rechtsphilosophie*. Daneben wurden seit 1956 in einem kleineren Kreis auch aktuelle Neuerscheinungen besprochen, z. B. Hans Freyers *Theorie des gegenwärtigen Zeitalters*, Herbert Marcuses *Triebstruktur und Gesellschaft* oder Leo Strauss' *Naturrecht und Geschichte*.[48] Im Anschluss wurde das Gespräch nicht selten in einem Münsteraner Wirtshaus fortgesetzt.

Die Sitzungen des Collegiums zeichneten sich dadurch aus, »daß Ritter zwar den Rahmen setzte, aber eine Vielfalt unterschiedlicher Positionen zu Wort kommen ließ. [...] Er konnte sich selbst zurücknehmen und war in besonderer Weise fähig, andere Auffassungen zu rezipieren [...]. Fremdartiges zu ertragen und es zu ermöglichen, daß jeder im Collegium sich selbst und eigenen [sic] Fragen einzubringen vermag, [...] machte Ritter zum Garanten eines Freiraumes des Denkens.« (191) Dass Ritters Auftreten im Collegium in der Tat von einem ausgeprägten Ethos geistiger Offenheit und Liberalität geprägt war, wird immer wieder hervorgehoben. Er habe »seine Schüler nicht auf seine eigenen Thesen« (AbP 7) verpflichtet. Seine Art zu lehren folgte dem Gedanken einer theoretischen Betrachtung der geschichtlichen Wirklichkeit, in der nicht Belehrung oder Indoktrination wirksam wird, sondern allein die Evidenz der historisch zutage tretenden Sache selbst.[49] Unter diesen Bedingungen konnte sich im Münster der 1950er Jahre eine für das geistige Leben der Zeit beispiellose Kultur regen intellektuellen Austauschs entfalten. Ernst Tugendhat berichtet, der »Kreis um Joachim Ritter« sei »damals wohl der lebendigste in Deutschland« (1992: 9) gewesen. Während andernorts vielfach noch grundsätzliche Vorbehalte gegenüber der modernen Welt gepflegt wurden oder die historische Wiederaneignung der Klassiker im Vordergrund stand, wurde philosophische Lektüre hier unmittelbar auf das Zeitgeschehen bezogen und für sein Verständnis fruchtbar gemacht. Dabei begannen viele der Schüler Ritters auch früh, philosophisch eigene Wege einzuschlagen. Einige setzten sich mit der Hegelinterpretation ihres Lehrers und der in ihr entwickelten Zeitdiagnose auseinander und akzentuierten andere, beispielsweise theologische, religionsphilosophische oder staatstheoretische Gesichtspunkte.[50] Manche wandten sich weiteren Philosophen der Aufklärung und des Deutschen Idealismus zu, mit deren Hilfe sich

Ritters hegelianische Perspektive ergänzen, einschränken oder gar anfechten ließ.[51] Auch die Deutung des Aristoteles als Ausgangspunkt eines hermeneutischen Ansatzes ethischen und politischen Denkens wurde systematisch weiter ausgebaut[52], mitunter aber auch aus einem platonischen Blickwinkel konterkariert.[53] Daneben bildete insbesondere Carl Schmitt für viele Schüler Ritters einen wichtigen Bezugspunkt.[54] Auch zu Ernst Forsthoffs Ebracher Seminaren bestanden enge Verbindungen.[55] In begriffsgeschichtlichen Arbeiten am *Historischen Wörterbuch* ergaben sich überdies Beziehungen zu Hans-Georg Gadamer und seinen Schülern, die später in der Forschungsgruppe Poetik und Hermeneutik wirksam wurden.[56]

Wann die Bezeichnung »Ritter-Schule« für eine kaum trennscharf umrissene engere Gruppe von Teilnehmern des Collegium Philosophicum aufkam, lässt sich nicht mehr genau ausmachen. Fest steht jedenfalls, dass sie weder innerhalb des Kreises selbst entstand noch zunächst dem Selbstverständnis seiner Teilnehmer entsprach. So fühlte sich Hermann Lübbe bereits 1976 in seiner Laudatio auf den verstorbenen Lehrer herausgefordert, die Bezeichnung als unzutreffend zurückzuweisen. Es sei aufgrund der heterogenen Zusammensetzung des Münsteraner Collegiums sowie des liberalen Charakters der in ihm geführten Diskussionen »nicht richtig, von einer Ritter-Schule zu sprechen, die man durch einen disziplinären Positions-Namen charakterisieren könnte« (Lau 20). Auch Jürgen Seifert erblickt im Collegium rückblickend eher ein »Forum offenen Denkens«, das sich als solches wesentlich »von einer philosophischen Schule unterscheidet« (JoR 190). Nach Robert Spaemann waren es in erster Linie »die Fragestellungen Ritters«, die prägend auf seine Schüler wirkten, wobei deren »Antworten ganz verschieden ausfielen« (KiS 182). Allerdings beobachtete Odo Marquard Anfang der 1980er Jahre eine Art »Schulkonvergenz als langfristige Spätwirkung« (AbP

8): Zeitlich versetzt sei es zu einer gewissen inhaltlichen Annäherung unter Mitgliedern des Collegiums gekommen, wobei vor allem das politische Zeitgeschehen ausschlaggebend gewesen sei. Insbesondere die »durch das Jahr 1968 symbolisierte Infragestellung der demokratischen Struktur der Bundesrepublik« habe bei vielen eine »sehr ähnlich absolvierte Form der Replik« (17) ausgelöst.

In der Tat scheint das inhaltliche Zusammenrücken einiger Ritter-Schüler damals mit einer Abgrenzung gegen die erstarkende und sich radikalisierende Linke im Laufe der 1960er und 1970er Jahre einhergegangen zu sein.[57] Es muss so vor dem Hintergrund einer allgemeinen Polarisierung des bis dahin politisch weitgehend homogenen, von einem breiten antitotalitären Nachkriegskonsens geprägten intellektuellen Milieus der Bundesrepublik in ein eher konservatives und ein eher progressives Lager gesehen werden. Unter dem Eindruck der Studentenbewegung, der anwachsenden außerparlamentarischen Opposition und des entstehenden Linksterrorismus der 1970er Jahre wurden dabei aus aufstrebenden Jungordinarien, die sich in den 1950er und 1960er Jahren durchaus als progressiv verstanden und politisch auch entsprechend positioniert hatten, »liberale Sezessionisten« (Hacke 2006: 25). Es war eine Reihe von Streitpunkten, an denen sich die Geister damals zu scheiden begannen: Zunächst entspann sich im Fortgang der Bildungs- und Hochschulreform der 1960er Jahre eine Kontroverse um die Grundsätze und Zielsetzungen der westdeutschen Bildungspolitik.[58] Während Regierung und Administration den weiteren Aus- und Umbau der Hochschulen auf der Linie der bereits eingeleiteten Bildungsexpansion betrieben, postulierte die seit 1967 anwachsende Studentenbewegung darüber hinaus auch eine »emanzipatorische« Aufgabe von Bildung und forderte eine Öffnung und Demokratisierung sämtlicher Bildungseinrichtungen von den Universitäten und wissenschaftlichen Hochschulen bis hin zum Schulwesen.[59] Gleichzeitig bahnte sich eine grundsätzliche Auseinandersetzung um das Selbstverständnis der Bundesrepublik als »Offene Gesellschaft« und demokratischer Rechtsstaat an, wobei mit Blick auf die nationalsozialistische Vergangenheit auch Konflikte zwischen den Generationen ausgetragen wurden.[60] Dabei stellte die eine Seite im Geist der zeitgenössischen Losung »mehr Demokratie wagen« (W. Brandt) den Gedanken demokratischer Teilhabe in den Vordergrund und suchte die Mitbestimmungsmöglichkeiten der Bürger auf verschiedenen gesellschaftlichen und politischen Gebieten und Ebenen gegen verbliebene autoritäre Strukturen durchzusetzen. Demgegenüber strich die andere Seite das liberale Anliegen einer rechtsstaatlichen Sicherung individueller Freiheitsspielräume gegen erneut erstarkende totalitäre Tendenzen zur gesellschaftlichen und politischen Vereinnahmung des Einzelnen heraus.[61]

Im Zuge dieser allgemeinen politischen Lager- und Frontenbildung erhielt auch der Begriff der Ritter-Schule als nachträglich angeeignete Fremdzuschreibung seine Prägnanz und Virulenz. So überrascht es nicht, wenn Odo Marquard bereits 1992 unter veränderten zeitgeschichtlichen Vorzeichen zu der Einschätzung kam, »daß dieser Zeitraum der späten Schulkonvergenz [...] schon wieder vorbei ist« und »die Ritter-Schüler [...] wieder [...] auf verschiedenen Wegen« (ZuH 18) wandeln. Tatsächlich hatte sich im Rahmen des Münsteraner Collegiums entsprechend der inneren Liberalität des Kreises, der Verschiedenartigkeit der vertretenen Temperamente, Interessen und Standpunkte und der Vielfalt an intellektuellen Anregungen bereits früh ein breites Spektrum an philosophischen Perspektiven eröffnet. Dabei scheinen vor allem grundsätzliche Divergenzen in der Einschätzung der zeitgenössischen Lebenswirklichkeit ausschlaggebend geworden zu sein. So verfasste Odo Marquard zum zehnjährigen

Bestehen des Collegiums 1957 eine »Fundamentalkantate für Solostimme und Chor mit gemischten Gefühlen«, die in ironischen Versen bereits gewisse Vorbehalte gegenüber der Zeitdiagnose des Lehrers widerspiegelt. Darin heißt es: »Und wir streichen nicht die Segel, / selbst in noch so dürft'ger Zeit, / denn wir haben ja den Hegel, / und der Hegel weiß bescheid: / [...] die Entzweiung ist Versöhnung, / Illusion, daß man sich quält; / denn dem Menschen fehlt fast gar nichts, / nur die Einsicht, daß nichts fehlt.« (Fuk 182 f.) Es dürfte mit dem hier bereits anklingenden Ungenügen an Joachim Ritters Deutung der Moderne im Zeichen des positiv gewendeten Entzweiungsbegriffs zusammenhängen, dass einige seiner Schüler später den Weg einer realen (Wieder-)herstellung der verlorenen Einheit einschlugen. So begann sich auf der einen Seite seit den späten 1960er Jahren eine »Ritter'sche Rechte« zu formieren, die gegenüber der Konzentration Ritters auf Entzweiung und bürgerliche Gesellschaft an den zentralen systematischen Stellenwert erinnerte, der bei Hegel selbst der Kategorie der Versöhnung und damit Staat, Religion und Philosophie zukommt. Auf der anderen Seite zeichneten sich in den 1960er und 1970er Jahren zeitweise auch Ansätze einer »Ritter'schen Linken« ab, die an Ritters Deutung der modernen bürgerlichen Industriegesellschaft den kritischen Stachel und das auf praktische Veränderung ausgerichtete Geschichtsbewusstsein vermisste und die Auseinandersetzung mit ihr daher unter umgekehrten geschichtsphilosophischen Vorzeichen suchte. Zwischen diesen beiden Polen eröffnet sich eine breite »Ritter'sche Mitte«, die sich Ritters zustimmende Deutung der Moderne im Zeichen der Entzweiung ausdrücklich zu eigen machte und sie mit Blick auf die freiheitlich-demokratische Grundordnung der Bundesrepublik zu einer liberal-konservativen »Philosophie der Bürgerlichkeit« (Hacke 2006) ausbaute.

3.1 Die »Ritter'sche Rechte«: Versöhnung durch Religion und Nation

Nachdem die Entzweiung der modernen Gesellschaft von den Traditionen der Herkunftswelt in Ritters Deutung der Gegenwart in gewisser Hinsicht das letzte Wort zu bilden schien, begannen einige seiner Schüler bald nach Möglichkeiten einer Wiederherstellung der substanziellen Einheit menschlichen Seins zu fragen. Dabei ließ sich auch an kulturkritische Züge in Ritters eigenem Werk anknüpfen, um auf gewisse Verlusterfahrungen und Verfallserscheinungen der modernen Zivilisation aufmerksam zu machen und zu einer entsprechenden Umkehr und Erneuerung aufzurufen. Insbesondere Günter Rohrmoser und Bernard Willms loteten in der vorgezeichneten Richtung gedankliche Perspektiven aus, angesichts der anscheinend nihilistischen Implikationen von Aufklärung und Liberalismus und der auf sie zurückgeführten Krisensymptome der zeitgenössischen Industriegesellschaft die Versöhnungspotenziale von Religion und Nation zu aktualisieren. Dabei wurde Rohrmoser zur mahnenden Stimme eines christlich-abendländischen Konservativismus, Willms hingegen zum schneidigen Verfechter eines strammen neuen Nationalismus.

Günter Rohrmoser wurde am 29. November 1927 als Sohn eines Schriftsetzers in Bochum geboren. Er studierte von 1947 bis 1955 Philosophie, evangelische Theologie, Geschichte, Germanistik und Nationalökonomie in Tübingen und Münster, wo er bei Benno von Wiese über Friedrich Gundolfs Shakespeare-Deutung promovierte. Schon die Doktorarbeit offenbart einen gewissen genialischen Zug, schwankend zwischen weit ausholendem geistesgeschichtlichen Ausgriff und um philologische Einzelheiten eher unbekümmerter Zuspitzung und Dramatisierung.[62] Im Verlauf des Promotionsverfahrens kommt es »zu einem Eklat« (Wiese 1982: 237). Während der Doktorvater die eigenwillige Arbeit mit der Höchstnote bewertet sehen will, droht das Verfahren an Vorbehalten der Anglisten zu scheitern, denn »Rohrmoser konnte offensichtlich nicht genügend Englisch, zitierte falsch und kümmerte sich um die Shakespeare-Forschung überhaupt nicht« (238). Nichtsdestoweniger hatte er in den Augen von Wieses eine »geistig überragende, sehr originelle und selbständige Leistung« vorgelegt; »seine Redegabe [...] und sein starkes Interesse an Ideologien und Ideologiekritik hätten ihn auch für eine politische Laufbahn prädestiniert« (239).

Stattdessen verfolgte Rohrmoser den akademischen Weg weiter, nicht ohne sich freilich immer wieder auch mit leidenschaftlichen Stellungnahmen ins politische Geschehen einzumischen. In den Spuren Joachim Ritters wandte sich der junge Philosoph zunächst der Auseinandersetzung mit Hegel zu. Dabei arbeitete er gegenüber der Auslegung seines Lehrers den religionsphilosophischen Zug des Hegel'schen Denkens stärker heraus. Das Christentum, zumal in seiner protestantischen Ausprägung, erscheint als systematischer Ausgangspunkt und Kerngehalt von Hegels Philosophie der Moderne und rettende Macht in der prekären Entzweiungssituation der modernen Gesellschaft.[63] Auch im Rahmen der eigenen Zeitdiagnose sollte Rohrmoser in der Folge eine dezidiert christliche Perspektive auf die Gegenwart entfalten. Nach der Habilitation bei Ludwig Landgrebe an der Universität Köln 1961 wurde er zunächst Ordinarius für Philosophie an der Pädagogischen Hochschule Münster und Honorarprofessor in Köln, wo er zur Zeit der Studentenunruhen fulminante Vorlesungen vor überfüllten Hörsälen hielt. Auch wenn in seiner Auseinandersetzung mit der modernen Gesellschaft eine vollkommen andere geistesgeschichtliche Prägung und politische Stoßrichtung zum Tragen kam, schien sie bei den Anhängern der zeitgenössischen Protestbewegung doch einen gesellschaftskritischen Nerv zu treffen. Mit kämpferischer Wortgewalt wurden hier der Verlust der Werte und die Gefährdung der Humanität in der modernen Zivilisation angeprangert und zu einer umfassenden »Kulturrevolution zur geistigen und ethischen Erneuerung unserer Gesellschaft« (GeW 86) aufgerufen.[64]

Nachdem eine Berufung in Köln an politischen Widerständen gescheitert war, erhielt Rohrmoser auf Betreiben des damaligen baden-württembergischen Ministerpräsidenten Hans Filbinger 1976 einen wohl eigens für ihn eingerichteten Lehrstuhl für Sozialphilosophie an der Universität Hohenheim, einer ehemaligen landwirtschaftlichen Hochschule bei Stuttgart. Gemeinsam mit Filbinger gründete er 1979 auch das Studienzentrum Weikersheim, das sich in der Folgezeit zu einer einflussreichen christlich-konservativen Denkfabrik entwickelte.[65] Anfang der 1980er Jahre unterstützte er die von dem damaligen CDU-Vorsitzenden Helmut Kohl ausgerufene »geistig-moralische Wende«, von der er sich nach dem kulturrevolutionären Kahlschlag der 68er-Bewegung und der sozialliberalen Reformpolitik der 1970er Jahre eine Rückbesinnung auf christlich-abendländische Werte und Traditionen erhoffte. Das Ausbleiben einer grundlegenden politischen Kursänderung nach den Bundestagswahlen 1983 enttäuschte ihn tief und machte ihn zum erbitterten Kritiker der »politischen, geistigen und moralischen Knochenerweichung« (IdZ 44) der Christdemokraten. Zunehmend erschien ihm die aus seiner Sicht intellektuell entkernte, stromlinienförmig weichgespülte Programmatik der etablierten Parteien als Symptom einer umfassenden »Krise unserer liberalen Republik« (ErK), ja, letztlich einer »Krise der Moderne« (RePo) als solcher.

Schon die Habilitationsschrift zum Verhältnis von Theologie und Gesellschaft beim frühen Hegel stellt mit der Akzentuierung des christlich-theologischen Grundzugs der Hegel'schen Philosophie auch die Weichen für Rohrmosers eigene Betrachtungsweise der modernen Gesellschaft. Zwar zeigt er sich hier stärker von Joachim Ritters Hegeldeutung beeinflusst als die meisten Ritter-Schüler. Im Collegium wurde sogar gespöttelt, er habe »aus Ritters Vorlesungen einfach ein Buch gemacht« (KiS 190). Tatsächlich fasst auch Rohrmoser die Hegel'sche Philosophie »als eine Hermeneutik der vorhandenen geschichtlichen Realität, der Welt, wie sie ist, und nicht, wie sie sein soll« (SuV 85). Ihr Ausgangspunkt sei »das Phänomen der Zerrissenheit, der Veräußerung, der Entfremdung des geschichtlichen Daseins des Menschen« (25). Mit Ritter wird zudem allen negativen Deutungen dieser Lage entgegengehalten, dass die gesellschaftliche Entfremdung zugleich »die Bedingung der Möglichkeit des Freiseins des Menschen bedeutet« (17) und daher zunächst einmal prinzipiell zu bejahen ist. Aus Rohrmosers Sicht bleibt Ritter hier allerdings auf halbem Wege stehen: Seine »Grundthese« laufe darauf hinaus, »daß die Entzweiung selbst die Versöhnung sei«, während Hegels »Dialektik des Begriffs das Moment der Synthesis des Entzweiten in sich einschließt« (86).[66] Damit treten gemäß der Hegel'schen Systematik Staat und Religion als Mächte der Vermittlung und Versöhnung in den Vordergrund. Die in subjektive Innerlichkeit und gesellschaftliche Objektivität zerfallende Existenz des modernen Menschen bedarf des einigenden Bandes einer lebendigen, das gesamte private wie öffentliche Leben durchdringenden christlichen Religiosität. In dem durch sie vermittelten Bewusstsein der Teilhabe am Absoluten kann »das Dasein in der zerrissenen Welt ganz, im Verlust der schönen und unmittelbaren Sittlichkeit frei und im Bestehen der Geschichte bei sich selbst« (92) sein. Nur ein substanzieller Staat, der die Entfaltung des religiösen Lebens gewährleistet, vermag die gesellschaftlich freigesetzten Einzelnen zwanglos zum übergreifenden Ganzen einer freien politischen Gemeinschaft zu verbinden und damit die moderne Gesellschaft zusammenzuhalten. Die »vollständige Rückkehr aus der totalen Entäußerung in das gesellschaftlichverdinglichende Sein« vollzieht sich so letzten Endes erst »in der Religion«, sie »ist der Ort der Versöhnung« (113).

Hier zeigen sich bereits die grundlegenden Erwägungen, aus denen heraus Rohrmoser das Christentum und seine theologisch-kulturtheoretische Reflexion in der Folge auch zum Ausgangspunkt der eigenen Zeitdiagnose macht. In Auseinandersetzung mit Luthers Theologie und Hegels Religionsphilosophie wird die christliche Religion als wesentliche Voraussetzung für die politische Verwirklichung menschlicher Freiheit im modernen Staat begriffen. Dabei spielt die protestantische Zwei-Reiche-Lehre und die in ihr vorgezeichnete Trennung von geistlicher und weltlicher Macht eine entscheidende Rolle: Einerseits wird »die Versöhnung, die sich im Staate als weltliche Wirklichkeit darstellt, nicht durch den Staat selbst gesetzt«, sondern verweist auf die Religion: »Der christliche Glaube in der Gestalt der Gemeinde ist der geschichtliche Ort, an dem das versöhnende Handeln Gottes aktuell wird.« (HeL 399) Andererseits jedoch wird das religiöse Heilsversprechen nicht mehr unmittelbar politisch wirksam. Erst der moderne Staat stellt »die faktisch-geschichtliche Ermöglichung dar, die in der religiösen Innerlichkeit entstandene Freiheitsanforderung an den Tag geschichtlicher Gegenwart heraustreten zu lassen« (ebd.). Dieses dialektische Spannungsverhältnis verbietet jede Gleichsetzung von Religion und Politik im Sinne vormoderner theokratischer Herrschaft oder totalitärer politischer Heilslehren. Es steht aber auch einer vollständigen Trennung beider Seiten nach Art der liberalistischen Neutralisierung und Privatisierung des Religiösen entgegen. Der moderne Rechtsstaat und seine Freiheit beruhen auf einer in ihnen vorausgesetzten und zugleich erst selbst zur vollen Entfaltung gelangenden christlichen Sittlichkeit. Daraus ergibt sich die »Aporie [...] für den modernen emanzipativen Staat [...], daß er die in ihrem Grunde religiöse sittliche Gesinnung von sich ausschließt, auf die er doch gleichzeitig zu seinem geschichtlichen Bestand angewiesen bleibt« (400). Diese aporetische Lage erscheint bis heute »ungelöst und macht die Unruhe aus, die allen modernen staatlichen Veränderungen zugrunde liegt und sie hervortreibt« (ebd.)

Angesichts des wechselseitigen Bedingungsverhältnisses von substanziellem religiösem Leben und moderner politischer Freiheit muss der öffentliche Bedeutungsverlust des Christentums in Rohrmosers Augen freilich als Anzeichen einer existenziellen Krise der Moderne selbst erscheinen. Schon mit dem neuzeitlichen Siegeszug von Wissenschaft und Technik war ihm zufolge ein Prozess fortschreitender Emanzipation und Säkularisation einhergegangen, des »Abfalls oder [...] Aufstandes gegen die [...] vom Christentum bestimmte und geprägte mittelalterliche Welt« (EmF 10). Die voraussetzungslose wissenschaftlich-technische Rationalität der Neuzeit begann sich gegen die überlieferte Offenbarungswahrheit zu wenden und sie aufzulösen. In der Folge wurde »das Sein des Menschen [...] ortlos« und »grundlos« (26). Er verließ seinen vorgegebenen Platz innerhalb der göttlichen Schöpfungsordnung und beanspruchte die autonome Herrschaft über die gesamte Wirklichkeit. Im Zuge von Aufklärung und Französischer Revolution wird dieses Ziel eines durch uneingeschränkte rationale Selbstbestimmung und Naturbeherrschung ermöglichten, vollkommen kontingenzfreien und entfremdungslosen Daseins zur Grundlage neuer politischer Ideologien und Heilslehren. In ihnen kommt der moderne säkulare »Wille« zum Ausdruck, »die Geschichte aus und durch sich selbst zu vollenden« (15). Erst wenn »der Mensch nur noch in einer durch sich selbst gesetzten [...] Welt lebt, [...] hat die Aufklärung ihr Ziel erreicht« (34). In diesem Sinne begreift der moderne Liberalismus die Befreiung des Einzelnen aus allen traditionellen Bindungen und insbesondere den Ausschluss der Religion aus der öffentlich-politischen Sphäre als Voraussetzung vollständiger menschlicher Selbstentfaltung und Bedürfnisbefriedigung. In dem von ihm gesetzten rechtlichen Rahmen bleibt das »Sein in der Religion, im Glauben, in der Geschichte mit und unter Gott prinzipiell gleichgültig« (206). Der Marxismus überbietet diesen emanzipatorischen Anspruch noch in der Verheißung, die »religiöse Selbstentfremdung des Menschen« durch Umwälzung ihrer gesellschaftlichen Bedingungen zu überwinden und die Religion so in der innerweltlichen Einlösung ihres Heilsversprechens endgültig überflüssig zu machen. Sie erscheint nur noch als eine »Macht, die verschwindet, wenn das Ziel der Geschichte erreicht ist« (208).

Mit dieser Wendung gegen die christliche Herkunftsreligion beginnt sich das emanzipatorische Projekt der Moderne aus Rohrmosers Sicht in letzter Konsequenz gegen seine eigenen Grundlagen zu richten. Es zerstört die religiöse Substanz und Bindung politischer Freiheit und überlässt sich einer leerlaufenden Bewegung permanenter Selbstüberholung. Nachdem »die theologische Bestimmtheit der Emanzipation verneint« ist, erweist sich »die total gewordene Emanzipation als Herrschaft nun unbedingt gewordener Negativität« (15). In den faschistischen und stalinistischen Terrorregimen des 20. Jahrhunderts treten die totalitären Konsequenzen dieser Bestrebungen eigenmächtiger innerweltlicher Erlösung und Versöhnung offen zutage: »Der Versuch, die bisherige Geschichte aufzuheben und sie der rationalen Kontrolle und Planung einer von ihrer Last befreiten Menschheit zu unterwerfen«, führt zuletzt nur »zur Wiederkehr und Intensivierung ihrer katastrophalsten Strukturen« (364). Doch auch das Scheitern des Totalitarismus zieht nach Rohrmoser keine Rückbesinnung auf die religiösen Grundlagen der Moderne nach sich. Mit der neomarxistisch inspirierten 68er-Bewegung setzt sich in seinen Augen vielmehr eine umfassende »Kulturrevolution« (HuV 9) in Gang, die noch die letzten Restbestände traditioneller christlicher Sittlichkeit aufzulösen droht. In der Frankfurter Schule suche der westliche Marxismus seinen enttäuschten emanzipatorisch-revolutionären Anspruch von der ökonomischen Basis in den Überbau, auf die Ebene von Bewusstsein und Kultur zu retten. Insbesondere Adorno und Marcuse beschwören demnach die utopische Vision einer ästhetisch-sensualistischen Versöhnung des menschlichen Daseins, die im Zuge der Protest- und Alternativbewegung und ihres massiven Vordringens in Kunst- und Kulturbetrieb, Erziehungs- und Bildungswesen sowie Medienlandschaft tief greifende und weit reichende Wirkungen entfaltet. Die Kritische Theorie wird zum »schockierenden Spiegel von Veränderungen, die bereits eingetreten sind« (EkT 9). In der kulturevolutionären Umwälzung hergebrachter Wertvorstellungen und Einstellungsmuster drohe sich das ziel- und maßlos gewordene Emanzipationsstreben schließlich in sexueller Enthemmung, bewusstseinserweiterndem Drogenrausch und kriminell-terroristischer Grenzüberschreitung zu verlieren, die Idee der Versöhnung zuletzt in regressivem Hedonismus und »neuen Formen kollektiver Barbarei« (HuV 147) zu versinken. Die in den 1970er Jahren einsetzende Liberalisierung des Schwangerschaftsabbruchs und das »Abschlachten von Millionen ungeborener Kinder« erscheinen aus diesem Blickwinkel als Menetekel einer »barbarischen Gesellschaft« (WdG 222).

So ist die am Ende des Jahrhunderts allseits diagnostizierte »Krise der Moderne« aus Rohrmosers Sicht nicht als gesellschaftliche Struktur- oder Steuerungskrise zu fassen, sondern als »eine religiöse Krise, die Krise eines Glaubens« (RePo 12): Nach dem Scheitern der großen geschichtsphilosophischen Entwürfe und politischen Utopien der Neuzeit beginnt sich als »Konsequenz einer in ihr Ende getretenen Bewegung der Emanzipation« die bereits von Nietzsche vorausgesehene Bewusstseinslage des »Nihilismus« (NiE 9) abzuzeichnen. In ihr hat das moderne Ziel einer fortschreitenden Verwirklichung von Vernunft, Freiheit und Humanität zuletzt jede Überzeugungskraft eingebüßt. Diese »Erosion der auf dem Boden der Aufklärung gewachsenen Ideologien« (RePo 12) wirkt sich bis in alle geistig-politischen Strömungen der Zeit aus. Der kulturrevolutionär gewendete westliche Sozialismus verlegt sich auf die breitenwirksame Ermöglichung »konflikt- und enttäuschungsfreier, lustbetonter Selbstverwirklichung« (ZeB 269) durch sozialpolitische Umverteilung wirtschaftlichen Wohlstands und sozialpädagogische Absenkung traditioneller Wertmaßstäbe. Der Liberalismus lässt dem allgemeinen Sittenverfall mit der systematischen Ausklammerung der Frage nach dem substanziellen Gehalt und Sinn individueller Freiheit ungehinderten Lauf. In seiner »Pervertierung zum libertären Liberalismus« (ErK 27 f.) ist Freiheit zu maßlosem Individualismus, Toleranz zu relativistischer Beliebigkeit verkommen. Das Ergebnis ist die »Herrschaft des Hedonismus« und die »Parzellierung und Fragmentierung der Gesellschaft« (28). Doch auch der zeitgenössische Konservativismus hat dem Verfall aus Rohrmosers Sicht nichts Substanzielles mehr entgegenzusetzen. Was eine um ihre kulturelle Hegemonie bangende Linke als »Neokonservativismus« verdammt, ist in seinen Augen in Wahrheit bloß eine Schwundstufe des klassischen Liberalismus, eine Form »modernitätsaffirmativen Kompensationsdenkens« (KoD 84), das mit sozialtechnologischem Verweis auf den gesellschaftlichen Nutzen für die Bewahrung von religiösen Traditionen und sittlichen Konventionen eintritt, an deren Gültigkeit es letztlich selbst nicht mehr glaubt.

So zeigt sich für Rohrmoser in der Krise der Gegenwart, »dass die Moderne im erfolgreichen Vollzug der kritischen Auflösung des Christentums [...] dabei ist, sich selber den Boden unter den eigenen Füßen wegzuziehen« (GeW 7). Entsprechend ist die Lage für ihn nur durch eine Rückbesinnung auf die christliche Herkunft und Substanz der modernen Zivilisation zu bewältigen, eine »Wende im Geist des Christentums als Antwort auf die anarchistisch-nihilistische Kulturrevolution der 68er Jahre« (381). Soll die zeitgenössische Gesellschaft nicht jedes geistige Zentrum und einigende Band verlieren und ihr Liberalismus nicht zu libertärer Willkür und Zügellosigkeit entarten, muss sie sich ihrer Grundlagen in der abendländischen Überlieferung vergewissern. Das erfordere zunächst die Bekämpfung der »christlichen Dekadenz« (ChD 55), die sich innerhalb von Kirche und Theologie selbst ausbreite. Das Christentum müsse seine eigenen Wurzeln und dogmatischen Kerngehalte ernst nehmen und im Kulturkampf um die Moderne offensiv zur Geltung bringen, statt opportunistisch den sozialistisch-libertären Strömungen der Zeit nachzulaufen oder den Weg in die Beliebigkeit privater Spiritualität und so »in die Katakomben zurück« (GeW 106) anzutreten. Daneben unterstreicht Rohrmoser »die Notwendigkeit eines starken, mit geistiger Autorität versehenen Staates« (361), der nicht nur das reibungslose Funktionieren der Wirtschaft und die Befriedigung von Partikularinteressen regelt, sondern sich um die geistig-sittlichen Fundamente gesellschaftlichen Lebens, den »einen freiheitlichen Pluralismus tragenden [...] Konsens der [...] Grundwerte« (363) kümmert. Das schließt den Kampf gegen die »innere Auflösung der bürgerlich-christlichen Familie« (KaM 225) als Grundlage der Gemeinschaft ein, gegen die Emanzipation aus traditionellen Geschlechterrollen im Zeichen individueller Selbstverwirklichung und die »Gleichstellung« alternativer Lebensweisen, »unehelicher Verhältnisse« oder gar »Lesben- und Schwulenverbindungen« (245). Schließlich muss die christliche Substanz der modernen freiheitlichen Gesellschaft nach Rohrmoser auch in der Auseinandersetzung um das Verhältnis zu anderen Kulturen, um Einwanderung, Integration und Multikulturalismus angemessen zur Geltung gebracht werden. Dabei werden für ihn im so genannten »Kruzifix-Urteil« des Bundesverfassungsgerichts oder im Streit um das islamische Kopftuch im Schulunterricht die Irrwege einer an einem falsch verstandenen Neutralitätsgebot ausgerichteten liberalen Politik und Rechtsprechung deutlich. Einen Staat, der das Kreuz aus dem Klassenzimmer verbannt, aber zugleich das Kopftuch zulässt, »würden die Menschen nicht mehr als neutral empfinden, sondern als einen Staat, der gegen ihre Identität und gegen die elementaren Formen ihres Selbstverständnisses und Lebensinteresses entscheidet« (GeW 331).

In seinen eindringlichen Warnungen vor dem modernen Sitten- und Werteverfall und den inbrünstigen Aufrufen zur religiösen Umkehr und Erneuerung propagiert Günter Rohrmoser den »Begriff eines Modernen Konservativismus« (KaM 92), der aus seiner Sicht im linksliberalen Mainstream der bundesrepublikanischen Politik- und Medienlandschaft nicht mehr angemessen zur Geltung kommt. Nach dem Ende des Kalten Krieges und dem Untergang des »real existierenden Sozialismus« schien ihm das »geistige Vakuum« (269) des westlichen Liberalismus nur umso offener und unverstellter zutage zu treten. Zuletzt wandte er sich in einer »Zwiesprache der metaphysischen Völker« verstärkt dem postsowjetischen Russland zu, in dessen von vergangener Größe und orthodoxem Glauben getragener »gelenkter Demokratie« er einen substanziellen Gegenentwurf zur liberalen Dekadenz des Westens zu erblicken schien.[67] Akademisch weitgehend an den Rand gerückt, hielt Rohrmoser im schwäbischen Hohenheim gleichwohl bis ins hohe Alter gut besuchte Vorträge vor gediegenem bürgerlichen Stadtpublikum und veröffentlichte in rascher Folge wuchtige, aufrüttelnd betitelte Aufsatzbände zum »Ernstfall« und der »Zeitenwende« der Gegenwart sowie der Notwendigkeit eines erneuten religiösen Aufbruchs. In immer neuen Abwandlungen werden darin bis heute maßgebende Schlagworte und Gedankenfiguren christlich-abendländischer Krisendiagnosen und Erneuerungsbestrebungen ausgebreitet. Wo immer mit Blick auf die moderne Gesellschaft der »Untergang des Abendlandes« an die Wand gemalt, der Zerfall gemeinsamer Werte und Sitten sowie die kulturelle »Überfremdung« beklagt und echte geistige Führung, wahrhafte politische Alternativen oder die Anerkennung einer allgemein verbindlichen »Leitkultur« angemahnt werden, liegt die hier entfaltete Kritik der Gegenwart aus dem Geist des Christentums nicht fern.

Wie Rohrmoser gegenüber Joachim Ritters zustimmender Deutung der Moderne im Zeichen der Entzweiung an den religionsphilosophischen Zug des Hegel'schen Systems und die versöhnende Kraft des christlichen Glaubens erinnert, so bringt der Bochumer Philosoph und Politikwissenschaftler Bernard Willms im Ausgang von Johann Gottlieb Fichte und Thomas Hobbes die Idee der Nation und das Bild eines starken deutschen Nationalstaates gegen die vermeintliche Leere des modernen Liberalismus und der sich nach seinem Muster deutenden freiheitlich-demokratischen Gesellschaft des Westens in Stellung. Damit erhält die aufseiten der »Ritter'schen Rechten« eröffnete Versöhnungsperspektive hier eine politisch radikale Stoßrichtung, die letzten Endes geradewegs in die Nachbarschaft von Nationalismus und Rechtsextremismus führt. In teils geharnischten Wendungen tritt Willms in seinen späteren Aufsätzen und Reden vehement für die »Wiederherstellung der Nation« ein, die aus seiner Sicht die »minimale Voraussetzung für erfahrbaren Sinn« (DeN 324) darstellt.

Bernard Willms wurde am 7. Juli 1931 in Mönchengladbach geboren. Er wuchs in einem katholischen Umfeld auf, machte eine Ausbildung zum Buchhändler und studierte ab 1957 Philosophie,

Soziologie, Germanistik, Neuere Geschichte und Öffentliches Recht in Köln und Münster. Im Jahr 1964 promovierte er bei Joachim Ritter mit einer Arbeit über Fichte und wurde 1965 Assistent von Helmut Schelsky an der Dortmunder Sozialforschungsstelle. Nach der Habilitation mit einer Studie über Hobbes' politische Theorie 1969 wurde er 1970 Professor für Politische Wissenschaft an der Ruhr-Universität Bochum. Ausgehend von Ritters Deutung der Moderne gelangt Willms in Auseinandersetzung mit der Krise des bürgerlichen Bewusstseins und der modernen bürgerlichen Gesellschaft im Laufe der 1970er Jahre zu dem Schluss, dass das in der Französischen Revolution aufgeworfene Problem der politischen Verwirklichung der Freiheit letzten Endes allein im »Konkret-Allgemeinen« der Nation zu bewältigen sei. Mit dem entsprechend offensiven Eintreten für einen selbstbewussten deutschen Nationalstaat avancierte er Anfang der 1980er Jahre zum Vordenker der Neuen Rechten und »führenden Theoretiker des westdeutschen Neonationalismus« (Klönne 1986: 6). Akademisch zunehmend isoliert, privat wie beruflich verkracht, zuletzt auch vom Verlauf und Ergebnis der deutschen Wiedervereinigung enttäuscht, nahm Willms sich 1991 das Leben. Schüler und Anhänger legten ihm das Frontispiz des Hobbes'schen *Leviathan* und seinen an Cato den Älteren angelehnten Wahlspruch mit ins Grab: »Ceterum censeo Germaniam esse restituendam« (ÜbZ 108).

Willms' Dissertation geht zunächst von einer Problemstellung aus, die bereits in Joachim Ritters Deutung der Moderne vorgezeichnet ist: der in der Französischen Revolution angestrebten politischen Verwirklichung der Freiheit. An Fichtes philosophischem Weg vom flammenden Verfechter der revolutionären Ideale universeller Freiheit und Gleichheit bis zum rigoristischen Konstrukteur des »geschlossenen Handelsstaats« und nationalpädagogischen Lehrmeister des deutschen Volkes zeichnet er nach, wie »ein Denken, das als Ganzes als ein Denken der Freiheit sich bestimmt, in sich zu einer politischen Theorie kommt, deren Konsequenz zum Totalitarismus [...] führt« (ToF 12 f.). Dabei tritt der innere Widerspruch eines Ansatzes zutage, der das »Prinzip der Freiheit der bürgerlichen Gesellschaft, das Freiheitspostulat der Französischen Revolution und der Menschenrechte als solches zum Prinzip seiner selbst [...] gemacht hat« und doch »ebensowenig wie die bürgerliche Gesellschaft die Konsequenz des Totalitarismus vermieden hat« (13). Entsprechend lassen sich von hier zugleich Parallelen zur eigenen Gegenwart ziehen und »das Phänomen des [...] Totalitarismus als eine mögliche Konsequenz der bürgerlichen Gesellschaft« (12) begreifen. Willms zufolge resultiert das Umschlagen des Postulats universeller Freiheit in totalitären Despotismus aus dem ungelösten »Problem der Vermittlung« (75) zwischen allgemeinem Prinzip und partikularer Wirklichkeit. Mit der Proklamation eines Rechts auf absolute, uneingeschränkte Selbstbestimmung wird ein umfassender Anspruch erhoben, in dessen Licht jede konkrete, geschichtlich gewachsene Wirklichkeit als äußere Begrenzung und Fremdbestimmung erscheinen muss. In ihm ist so die radikale Negation alles Vorgegebenen zugunsten einer »Diktatur der Vernunft und der Freiheit« (77) schon im Ansatz angelegt. An die Stelle des Bestehenden muss eine aus vernünftigen Prinzipien deduzierte Einrichtung der gesellschaftlich-politischen Verhältnisse treten. Unter diesen Vorzeichen führt Fichtes kompromissloser »Wille, über die Entzweiung hinauszukommen« (127), nach Willms nur zu immer totalitäreren Visionen einer direkten politischen Umsetzung abstrakter Vernunftentwürfe. Im Namen der Verwirklichung absoluter, entfremdungsloser Freiheit wird der ideale Staat schließlich zu einer einzigen riesigen Zwangs- und Erziehungsanstalt, die jede freie Entfaltung des Einzelnen im Keim erstickt. Dieses »endgültige Aufgeben des Versuches der Vermittlung zugunsten der Utopie kennzeichnet das Ende eines Denkweges, der, im Banne seines eigenen großen Anfanges stehend, diesen in sich selbst ad absurdum führte« (163).

Die Analyse dieses Ausgangsproblems wird in den Arbeiten der Folgezeit weiter verfolgt, historisch von der Frühen Neuzeit bis zur Gegenwart ausgeweitet und systematisch ins Grundsätzliche vertieft. In Auseinandersetzung mit den »politischen Ideen von Hobbes bis Ho Tschi Minh« (PoI) geht Willms den geschichtlichen Gestalten nach, in denen sich ein ums andere Mal das unvermittelte Umschlagen des erhabenen Universalismus von Aufklärung und Revolution in ideologisches Weltbürgerkriegsgemetzel und totalitären Terror wiederholt. Dabei wird die Spannung zwischen universalem Anspruch und partikularer Wirklichkeit schließlich als grundlegende Problematik modernen bürgerlichen Denkens selbst erkennbar. Der »Glanz des bürgerlichen Subjekts« ist nach Willms »seine weltgeschichtliche Allgemeinheit« (RePr 90), sein umfassender menschheitlicher Alleinvertretungsanspruch und sein triumphales historisches Sendungsbewusstsein: »Der Bürger machte seine Revolution als Mensch [...], seine Allgemeinheit legitimierte ihm ebenso die Liquidierung der alten Feudalität wie den späteren kolonialistischen und imperialistischen Ausgriff« (9). Zugleich jedoch bleibt dieses sich universalistisch gebärdende bürgerliche Bewusstsein doch stets zuinnerst geprägt durch seine partikulare Verfassung und Lage, die auch auf alle historischen Stadien und Formen seiner gesellschaftlich-politischen Verwirklichung durchschlägt. Sein »Elend ist die nicht begriffene Partikularität« (90), die immer wieder zu totalitärer Herrschaft und Unterdrückung führt. Allerdings trifft der allumfassende Anspruch des bürgerlichen Denkens nach Willms im Machtblock des real existierenden Sozialismus, vor allem aber in den zur Unabhängigkeit strebenden Ländern der Dritten Welt inzwischen auf reale, unüberschreitbare Grenzen und sieht sich so unausweichlich mit der eigenen Partikularität konfrontiert. Die dadurch ausgelöste »Krise des bürgerlichen Bewußtseins« (Pha 90) ist weder durch das technokratische Projekt optimaler wissenschaftlich-technischer Planung der gesellschaftlichen Entwicklung noch durch die (neo-)marxistische Utopie einer revolutionär herbeizuführenden herrschaftsfreien Gesellschaft zu bewältigen. Beide überspringen die gegenwärtige Lage im Grunde nur in vorwärts gerichteten Projektionen und stehen so letztlich für eine »zweifache Flucht in die Zukunft« (PlU).

Etwa zur gleichen Zeit beginnt Willms, sich eingehender mit Thomas Hobbes zu beschäftigen und dabei mit Blick auf die Frage der Vermittlung von universellem Anspruch und konkreter geschichtlicher Wirklichkeit »die Antwort des Leviathan« (AnL) herauszuarbeiten. Ihm zufolge weisen die Wirren des konfessionellen Bürgerkriegs im England des 17. Jahrhunderts, angesichts deren Hobbes seine politische Philosophie und ihre Staatskonzeption entwickelt, bereits auf den großen zerstörerischen »Weltbürgerkrieg« des 20. Jahrhunderts voraus: Auch sie waren »erfüllt von ideologischen Kämpfen«, in denen »bis zur extremsten Dissoziation« (21) eine blutige Auseinandersetzung um die Geltung letzter Wahrheiten und oberster Werte ausgetragen wurde. Doch anders als Fichte und seine geistigen Nachfolger in den umfassenden totalitären Großideologien des 20. Jahrhunderts gelangte Hobbes noch zur Vermittlung der neuzeitlichen bürgerlichen Autonomieansprüche in einer konkreten politischen Ordnung: der im mythischen Bild des gewaltigen Seeungeheuers verdichteten vertragstheoretischen Konstruktion des absoluten Staates. Ihm gelingt die Bändigung des Naturzustandes eines erbarmungslosen »Kampfes aller gegen alle« in der kontraktualistischen »Figur der Freiheit, die sich selbst bindet« (37), mithin der vernünftigen »Selbsteinschränkung der ursprünglich abstrakt unendlich gedachten Freiheit« (120). Zwar kann die auf ein christliches Glaubensbekenntnis gestützte politische Theologie des Ansatzes nach Willms in der Gegenwart keine tragfähige Grundlage mehr für eine politische Herrschaftsgewalt bilden, die die nunmehr global aufbrechenden, mit nuklearem Droh- und Vernichtungspotenzial aufgeladenen ideologischen Gegensätze noch einmal wirksam zu bannen vermöchte. Allerdings mag Hobbes' Werk doch immerhin »ein Muster hergeben, an dem politisches Denken der Gegenwart sich sowohl mißt als orientiert« (220). Insbesondere lässt sich im Ausgang vom Staatsentwurf des *Leviathan* als dem »mit großer Macht verhinderten Bürgerkrieg« (ReL 165) die bleibende Einsicht gewinnen, dass es politisch »unvernünftig ist, einander entgegengesetzte Absolutheitsansprüche aufrechtzuerhalten«, sodass »eine Lehre, ein Bewußtsein, ein Alleinvertretungsanspruch, der dem Frieden zuwider läuft, nicht wahr sein kann« (Pha 142 f.).

So ergibt sich aus der Beschäftigung mit Hobbes, später auch mit Carl Schmitt, eine vom Anspruch der Rechtfertigung durch sittliche Ideale und humanitäre Universalismen befreite »Auffassung von Politik als Politik, und das heißt, ihrer Selbständigkeit [...] gegenüber Theologie und [...] Moral« (ReL 18). In ihrem Rahmen wird das Politische zunächst als die konkrete »Verwirklichung der gesellschaftlichen Existenz der Menschen« (SeA 16) in Form einer eigenständigen, von innen her integrierten und nach außen hin abgegrenzten Gemeinschaft gefasst. In diesem durch Außenverhältnisse vermittelten inneren Selbstbezug liegt der konstitutive Subjektcharakter politischer Gemeinschaften begründet. Ihre zeitgemäße Gestalt erhalten sie in den historisch entstandenen, territorial umrissenen souveränen Staaten der Neuzeit. Sie sind die eigentlichen Subjekte der modernen Politik. Diese bedarf so »nicht der ausschweifenden Dimensionen irgendwelcher Ideologien noch der geborgten Krücken aus irgendwelchen moralischen Systemen« (24). Ihre Bestimmung besteht in der »Ermöglichung der gesellschaftlichen Existenz eines bestimmten historisch und territorial fixierten Landes und Volkes im Sinne einer durchgehaltenen Selbstbehauptung, [...] der Bewahrung seiner historischen Identität, [...] der Abgrenzung als Voraussetzung der Bedingung des Subjektcharakters und [...] der Überwindung des bloß abstrakten Selbstbezugs durch eine Orientierung an einem weltweiten System politischer Anerkennung« (ebd.). Die wesentliche Dynamik des Politischen ist damit durch die grundlegende dialektische Spannung von »Selbstbehauptung und Anerkennung« (201) im Verhältnis der verschiedenen politischen Subjekte untereinander gekennzeichnet. Einzelne Individuen wie ganze Staaten sind darauf angelegt, ihre je eigene Identität im Rahmen wechselseitiger Anerkennung politisch zu behaupten. Auf der Ebene der internationalen Politik ist deshalb jeder kosmopolitischen Vision einer universalen bürgerlichen Weltgesellschaft und Weltpolitik eine klare Absage zu erteilen. Ihr steht »die unübersteigbare Realität der konkreten Pluralität der Staaten« (EnK 175) entgegen, in denen allein sich rechtliche Ansprüche überhaupt durchsetzen lassen. Sofern die Politik als Verwirklichung der menschlichen Existenz damit den letzten, nicht mehr zu überschreitenden Wirklichkeitshorizont des Menschen bildet, hat ihre Reflexion schließlich auch philosophisch als grundlegend zu gelten: »Politische Philosophie ist ›Erste Philosophie‹« (OfD 48).

Seit Ende der 1970er Jahre laufen diese gedanklichen Fäden zusammen in der Idee der Nation und dem Programm eines »neuen Nationalismus« (DeN 15). In Willms' Augen hat die Nation die Grundlage und den Ausgangspunkt allen politischen Denkens zu bilden. In ihr vollzieht sich die politische Verwirklichung der menschlichen Existenz. »Was [...] für Aristoteles die Polis war«, heißt es in Anspielung auf Ritter, »ist uns die Nation« (32). Im Unterschied zu »bloßen« Idealen, Werten und Normen stehe sie nicht für eine abstrakte, nur gedachte und daher letztlich immer bestreitbare Konzeption. In ihr komme keine optionale, beliebig wählbare Orientierungsgröße zum Tragen, sondern eine schicksalhafte Seinsbestimmung, »eine historische und politische Wirklichkeit«, die »auf den Begriff gebracht werden und zu politischem Selbstbewußtsein und zielsicherer Selbstbehauptung aufgeschlossen werden muß« (16). Der dabei zugrunde gelegte Nationalitätsbegriff ist weniger biologisch als kulturell gefasst: Als Nation gilt »ein Volk, das in Bezug auf einen bestimmten Raum in der Geschichte hindurch das Bewußtsein eines Wir, eines Ganzen, eines Selbst entwickelt hat, das als dieses Selbst einen gemeinsamen politischen Willen, das heißt einen Staat, ausbilden will und das in unablässiger Bemühung seine Selbstbestimmung und seine Selbstbehauptung politisch geltend macht und geschichtlich durchhält« (EoS 36). Unter diesen Vorzeichen scheint Willms im modernen Nationalstaat zugleich jene Einheit des Besonderen und Allgemeinen verwirklicht zu sehen, in der sich die mit der Neuzeit aufbrechende Spannung zwischen umfassenden Ansprüchen und partikularen geschichtlichen Realitäten aufheben lässt. Er stellt das »aufgelöste Rätsel des Vertragsdenkens« (DeN 31) dar, »ein Allgemeines, das als Bestimmtes, als Besonderes erfahren und bewußt wird« (98). Deshalb gibt es auch »keinen politischen Begriff, der dem des Nationalstaats theoretisch oder praktisch übergeordnet sein könnte« (109). Universalistische Ideale von »›Menschheit‹, ›Weltstaat‹, ›Menschheitsgesellschaft‹« erscheinen ihm gegenüber bloß als »abstrakte Konstruktionen« (ebd.). Auch auf weltpolitischer Ebene lässt sich die Nation nach Willms »nur plural denken« (314), im Sinne eines durch jeweils nationale Selbstbehauptung und wechselseitige Anerkennung bestimmten Nebeneinanders souveräner Nationalstaaten. So verkörpert sie für ihn schließlich den »letzten Wertmaßstab« (119) der Politik, die »einzig erkennbare Logik der Geschichte« (114), ja, geradezu die »Materialisierung des kategorischen Imperativs« (250).

Die besondere Lage der Deutschen muss dem Bochumer Politikwissenschaftler vor diesem Hintergrund freilich Anlass zu größter Besorgnis geben. Aus seiner Sicht noch immer wesentlich durch das »Ereignis der totalen Niederlage« im Zweiten Weltkrieg bestimmt, erscheint sie als »Lage der Geschlagenheit, der Fremdbestimmung und der Demütigung« (IdN 9 f.). Nach der bedingungslosen Kapitulation sozio-ökonomisch wie geistig-moralisch am Boden, der politisch-territorialen Einheit und Souveränität beraubt und von einem positiven, identitätsstiftenden Verständnis der eigenen Geschichte abgeschnitten, habe man sich vollständig dem politisch-ideologischen Welt- und Geschichtsbild der Siegermächte ergeben. Das habe zunächst die einseitige moralische Verdammung des eigenen Anteils am Krieg und die entsprechende Deutung seines Ausgangs als verdiente Niederlage und »Vollzug einer höheren Gerechtigkeit [...], Vollstreckung eines welthistorischen Strafgerichts« oder »Durchsetzung eines höheren moralischen Prinzips« (12) zur Folge gehabt. In der Bundesrepublik habe sich daran die im Zuge der Reeducation verbreitete Überzeugung von der definitiven moralisch-politischen »Überlegenheit« des »westlichen Liberalismus« (DeN 19 f.) angeschlossen. Mit seiner Übernahme seien an die Stelle eines substanziellen politischen Selbstbewusstseins das gehalt- und ziellose Programm von »immer mehr Emanzipationsglück für immer mehr Menschen« (21) und die dazugehörigen technokratisch-utilitaristischen Ansätze der Maximierung individueller Lebenschancen und gesellschaftlichen Wohlstands getreten. Angesichts dieser vollständigen politischen Selbstaufgabe gelangt Willms zu der Auffassung, »daß für die Deutschen nichts so notwendig ist wie ein neuer Nationalismus« (15). Es gelte, sich in einer Neuaneignung der deutschen Geschichte der eigenen nationalen Identität zu vergewissern, um selbstbewusst die »Zukunft der Deutschen als Nation« (16) in den Blick nehmen zu können.

Daher sei insbesondere allen Bestrebungen entgegenzutreten, die Verbrechen des Nationalsozialismus zur Schwächung des deutschen Selbstbewusstseins und Nationalinteresses zu instrumentalisieren. Man müsse »die ›Vergangenheitsbewältigung‹ zu einer Sache der Wissenschaft neutralisieren«, denn wer »Schuld predigt oder die Wunde Hitler offenhält, kämpft nicht um, sondern gegen die Identität« (IdW 98). Nur auf einer moralisch bereinigten historischen Grundlage ist nach Willms eine »entschlossene Politik nationaler Selbstbehauptung« (83) möglich. Erst sie vermag der politischen Auseinandersetzung in der demokratischen Verständigung über den nationalen Standpunkt einen substanziellen Sinn und in seiner selbstbewussten Vertretung nach außen eine klare Ausrichtung zu geben. Dabei gehe es keineswegs um einen chauvinistisch auftrumpfenden oder von aggressivem Expansionsdrang getriebenen Nationalismus. Das zentrale Ziel sei vielmehr die nationale Einheit und Souveränität der Deutschen im weltpolitischen Horizont einer gleichberechtigten Vielfalt »freier Nationen, die sich auf sich selbst beziehen« (128).

Mit diesem Programm eines »neuen Nationalismus« und seiner offen revisionistischen Sicht auf die deutsche Nation und ihre Geschichte avancierte Willms in den 1980er Jahren zum philosophischen Vordenker und Stichwortgeber der Neuen Rechten in der Bundesrepublik.[68] Akademisch weitgehend ins Abseits gerückt, aber der verstärkten politischen Anerkennung und Wirksamkeit durchaus aufgeschlossen, stilisierte er sich zum »antiliberalen Außenseiter« und »modernen Fichte« (Bleek 2013: 31 f.). Bereitwillig ließ er sich von rechten Kreisen vereinnahmen, hielt schmissige Reden vor deutschnationalen Burschenschaften und Vertriebenenverbänden und wirkte am Programm der 1983 gegründeten rechtskonservativen »Republikaner« mit. Manches in seinen Ausführungen zur politischen Bedeutung des Nationalen und der konkreten Verfassung und Lage der Deutschen mag in Folge der Wiedervereinigung und der einhergehenden Auseinandersetzungen um Selbstverständnis und Stellung des Landes in einer sich wandelnden Weltordnung in ein anderes Licht gerückt sein, etwa das glühend patriotische Eintreten für die Einheit und Souveränität Deutschlands und die Verständigung über seine nationale Identität und Zukunft. Andererseits weisen die fundamentale Liberalismuskritik, die offensiv vertretene Politik nationaler Selbstbehauptung und die antiuniversalistische Vision eines »Pluriversums« in sich zentrierter Nationen bereits auf Elemente des »identitären Denkens« und des »Ethnopluralismus« der heutigen europäischen Rechten voraus. Nicht von ungefähr werden Willms' Schriften seit einigen Jahren in der jungkonservativ geprägten Szene neu aufgelegt. So bleibt sein Werk bis in die Gegenwart ein zutiefst beunruhigendes Erbe der »Ritter-Schule«.

3.2 Die »Ritter'sche Linke«: Versöhnung durch Emanzipation

Auf der anderen Seite zeichneten sich Ende der 1960er Jahre zeitweise auch Ansätze einer »Ritter'schen Linken« ab, die an Joachim Ritters zustimmender Deutung der Moderne im Zeichen der Entzweiung den kritischen Stachel und das auf praktische Veränderung ausgerichtete Geschichtsbewusstsein vermisste und die Auseinandersetzung mit ihr daher unter umgekehrten geschichtsphilosophischen Vorzeichen suchte. Dabei mochte sich auch an linkshegelianische Spuren in Ritters eigenem Werk anknüpfen lassen, um eine kritische Sicht auf die moderne Gesellschaft zu entwickeln, die die Anliegen der zeitgenössischen Studenten- und Protestbewegung aufnahm und verschiedentlich sogar noch links überholte. In diesem Sinne brachte der Hannoveraner Jurist und Politikwissenschaftler Jürgen Seifert immer wieder unermüdlich die noch uneingelösten emanzipatorischen Versprechen der verfassungsmäßig verbürgten Grund- und Bürgerrechte der Bundesrepublik in Erinnerung. Und der Bremer Philosoph Hans Jörg Sandkühler formulierte in den 1970er Jahren sogar eine fundamentale marxistisch-leninistisch ausgerichtete Kritik der westlichen Industriegesellschaft mitsamt ihrer »bürgerlichen« Philosophie und Wissenschaft.

Jürgen Seifert wurde am 18. April 1928 in Berlin geboren. Als Sohn eines ranghohen Nachrichtendienstbeamten in Hermann Görings Reichsluftfahrtministerium wuchs er mitten »in der NS-Welt« auf, wurde Mitglied der Hitlerjugend sowie der Nachrichten-HJ und verfolgte die zeitgenössische Kriegsberichterstattung – »die Wehrmachtsberichte [...], die Sondermeldungen, die Reden von Hitler und Goebbels« (LaW 34) – mit großem Eifer. Das Kriegsende erlebte der junge Luftwaffenhelfer an einer Flakstellung nahe Berlin, nach eigener Aussage bis zuletzt fest überzeugt vom »Endsieg« der Deutschen. Erst allmählich setzte eine kritische Auseinandersetzung mit dem Nationalsozialismus ein. Noch Jahrzehnte später wird Seifert die Beteiligung des Vaters an der auf eine Notverordnung gestützten Überwachung von Regimegegnern als tief sitzenden »Stachel« (37) empfinden. Nach kurzer US-amerikanischer Gefangenschaft, Landarbeitsdienst und nachgeholtem Schulabschluss absolvierte er zunächst eine Lehre zum Werkzeugmacher in einer Gasuhrenfabrik in Osnabrück. Hier kam er nicht nur mit Resten der bündischen Jugendbewegung in Berührung, sondern vor allem auch mit der politischen Arbeiterkultur der Zeit und ihren Traditionen und Organisationsformen. Die Solidarität unter den Kollegen und die politischen Diskussionen in Betriebsratssitzungen und Gewerkschaftsveranstaltungen beeindruckten ihn nachhaltig. Er trat in die IG Metall und 1954 auch in die Sozialdemokratische Partei ein.

Ab 1951 studierte Seifert Rechts- und Staatswissenschaften in Münster. Für seine Entwicklung bedeutsam wurde einerseits der marxistische Politologe und Rechtswissenschaftler Wolfgang Abendroth in Marburg, der als »Partisanenprofessor im Land der Mitläufer« (J. Habermas) während der Adenauerzeit die Weimarer Tradition der linken kritischen Justiz hochhielt, andererseits aber auch der als »Kronjurist des III. Reiches« (W. Gurian) nach 1945 weithin geächtete antiliberale Staatsrechtler Carl Schmitt. Durch Vermittlung von Odo Marquard und Karlfried Gründer gelangte Seifert 1955 auch in Joachim Ritters Collegium Philosophicum. Der Eintritt in den Kreis wurde für den jungen Juristen zu einer Art intellektuellem Erweckungserlebnis: »Solch dichte Diskussionen und solche Offenheit gegenüber anderen Positionen fand man damals nur selten.« (UnE 121) Seifert nahm das Collegium nach eigenem Bekunden »wichtiger als mein juristisches Staatsexamen« (ebd.) und referierte dort über die Entwicklung der zeitgenössischen Rechtstheorie sowie das Nachkriegswerk Carl Schmitts. Gleichzeitig begann er, sich im Münsteraner Ableger des Sozialistischen Deutschen Studentenbundes (SDS) zu engagieren, wo er auch Freundschaft mit Ulrike Meinhof schloss, mit der er die Anti-Atom-Bewegung vor Ort auf die Beine stellte. Eine gemeinsam mit Meinhof verfasste Erklärung gegen die Stationierung von US-amerikanischen Atomwaffen auf dem Gebiet der Bundesrepublik wurde 1958 u. a. auch von Karlfried Gründer, Hermann Lübbe und Odo Marquard unterzeichnet.[69]

Nach Verabschiedung des Godesberger Programms, mit dem sich die SPD von ihren marxistischen Traditionen lossagte und als sozialdemokratische Volkspartei neu ausrichtete, wurde Seifert 1961 aufgrund des Unvereinbarkeitsbeschlusses mit dem gesamten SDS aus der Partei ausgeschlossen. Er beschäftigte sich seinerzeit eingehend mit dem kontrovers diskutierten Vorhaben einer Notstandsgesetzgebung für die Bundesrepublik. Nach den bis auf die späten 1950er Jahre zurückgehenden Plänen sollten im Zuge einer Verfassungsänderung gesetzliche Regelungen für den Eintritt eines Ausnahmezustandes infolge von Naturkatastrophen, inneren Unruhen oder militärischen Angriffen getroffen werden. Seifert beanstandete, dass auf diesem Weg der Handlungsspielraum der Regierung unter Verweis auf »Gefahr im Verzuge« (GeV) beträchtlich ausgeweitet werden könnte. Eine Sammlung von Aufsätzen des jungen Juristen, die im Zusammenhang der Auseinandersetzung entstanden waren, konnte 1963 überhaupt nur dank einer wohlwollenden Einleitung des hessischen Generalstaatsanwaltes Fritz Bauer erscheinen. Im Jahr 1966 promovierte Seifert mit einer kritischen verfassungsrechtlichen Analyse des so genannten Notstandsausschusses, der nach den Plänen der damaligen Großen Koalition im Krisenfall die Regierungsgeschäfte übernehmen und weit reichende politische Befugnisse erhalten sollte. Als Experte der gewerkschaftlichen Opposition griff er in der Folgezeit mit einer Fülle von Gutachten und Stellungnahmen in die heftigen parlamentarischen und außerparlamentarischen Auseinandersetzungen ein. So trug er – bald weithin als »Notstands-Seifert« (VSN 93) bekannt – letzten Endes entscheidend zur Durchsetzung rechtsstaatlicher Sicherungsmechanismen in der 1968 verabschiedeten Notstandsverfassung bei. Erst 1971 erhielt Seifert eine Professur, bezeichnenderweise nicht an einer der traditionell konservativen juristischen Fakultäten des Landes, sondern als Nachfolger von Peter von Oertzen auf dem Lehrstuhl für Politische Wissenschaft an der Universität Hannover. Fortan suchte er zwischen der zunehmend staatstragenden Sozialdemokratie der Bundesrepublik und der marxistisch-leninistischen Orthodoxie des real existierenden Sozialismus einen eigenen Weg zu einem demokratischen Sozialismus. Gemeinsam mit Mitstreitern wie Joachim Perels oder Oskar Negt bildete er »auf einer anderen Ebene als SPD und KPD eine öffentlich anerkannte ›nichtkommunistische Linke‹« (Vom 4). Er wurde Vorstandsmitglied, später Bundesvorsitzender der Bürgerrechtsvereinigung Humanistische Union und Redakteur der Zeitschrift *Kritische Justiz*. In seiner akademischen Arbeit verband er rechtswissenschaftliche Analysen und politisches Engagement in dem Bestreben, durch die »Verteidigung persönlicher und politischer Rechte« eine lebendige »politische Demokratie zu sichern« (ebd.).

Nach Seiferts Einschätzung hat Joachim Ritters Interpretation der Hegel'schen *Rechtsphilosophie* im Zeichen der Französischen Revolution auch sein eigenes Schaffen »nachhaltig beeinflußt« (UnE 122). Aus seinem Blickwinkel verweist sie insbesondere auf die grundlegende und doch zugleich ambivalente Bedeutung, die den großen bürgerlichen Revolutionen der Neuzeit für die universelle Verwirklichung menschlicher Freiheit in Form unveräußerlicher, verfassungsmäßig verbriefter Menschen- und Bürgerrechte zukommt. Denn auf der einen Seite markieren erst diese revolutionär eingeforderten und durchgesetzten »geschriebenen Verfassungen des konstitutionellen Staates [...] den Akt politischer Befreiung« (KjE 28). Sie stehen für die rechtliche »Besiegelung des Schrittes zur politischen Emanzipation« (ebd.). Auf der anderen Seite ist mit dieser allgemeinen Etablierung einer grundlegenden formalen Rechtsgleichheit aller Bürger jedoch noch längst nicht die wahrhafte universelle Verwirklichung der menschlichen Freiheit als solcher erreicht, sondern zunächst lediglich eine »Konstituierung selbständiger, von den materiellen Lebensverhältnissen abgehobener Freiheitsbereiche« (ebd.). Die entscheidende Bedeutung von konkreten sozialen Bedingungen und Unterschieden für die Möglichkeit, von diesen allgemeinen rechtlichen Freiheiten tatsächlich auch praktisch Gebrauch zu machen, sei dabei hingegen ausgeblendet geblieben. Aus diesem

Grund hat die im Rahmen des modernen bürgerlichen Rechtsstaats »verbürgte politische Emanzipation« für Seifert zwar geschichtlich durchaus als »ein großer Fortschritt« zu gelten, stellt allerdings doch »zugleich [...] so etwas wie eine Halbheit« (29) dar. Erst eine tatsächliche soziale Gleichstellung der Menschen im Hinblick auf ihre materiellen Lebensverhältnisse vermag ihm zufolge die wahrhafte Befreiung und Gleichberechtigung sämtlicher Bürger herbeizuführen. Vor diesem Hintergrund bleiben in seinen Augen »die bürgerlichen Systeme, die sich auf die politische Emanzipation beschränken und [...] die soziale und ökonomische Emanzipation ausklammern, Systeme der Zwischenlage« (ebd.). Sie werden unablässig hin- und hergerissen zwischen den antagonistischen Bestrebungen reaktionärer und progressiver politischer Kräfte und bleiben daher stets »der Tendenz ausgesetzt, entweder die politische Emanzipation einzuschränken« oder sie »als Voraussetzung der Emanzipation der Arbeiterklasse zu begreifen und auszunutzen« (ebd.). Bis in die Gegenwart gehe es so letztlich darum, im Kampf um die vollständige Einlösung des ursprünglichen liberalen Befreiungsversprechens »die Rechte der französischen Revolution zu realisieren« (39).

Dieses ambivalente Spannungsverhältnis zwischen allgemeinem Verfassungsideal und konkreter Verfassungswirklichkeit wird in den folgenden Jahren bestimmend für Seiferts Verbindung verfassungsrechtlicher Analysen mit engagierten Interventionen ins politische Zeitgeschehen. Immer wieder wird die Verfassung dabei als grundlegender Rahmen und normativer Maßstab der politischen Auseinandersetzung zur Geltung gebracht und verteidigt. Bereits die Dissertation zeigt den jungen Rechtswissenschaftler in diesem Sinne als »streitbaren Juristen«, der die gesellschaftlich-politische Wirklichkeit der Bundesrepublik konsequent an den in ihrem Grundgesetz formulierten freiheitlich-demokratischen Ansprüchen misst. So geht es ihm in der Beschäftigung mit dem geplanten Notstandsausschuss in erster Linie darum, in Aufnahme der modernen staatstheoretischen und verfassungsrechtlichen Tradition seit Montesquieu »die notwendigen Grenzen der Macht eines derartigen Gremiums abzustecken« (NoA 25). Seine langjährige Auseinandersetzung mit der gesamten Notstandsgesetzgebung, mit der nach den Worten des damaligen CDU-Innenministers Gerhard Schröder im Krisenfall die »Stunde der Exekutive« schlagen sollte, erfolgt vor dem historischen Hintergrund des Niedergangs der Weimarer Republik und der »Machtergreifung« der Nationalsozialisten. Damals wurde das Notverordnungsrecht, das ursprünglich »dem Zweck dienen sollte, die Verfassung zu schützen«, in der politischen Wirklichkeit de facto »zum Hebel, mit dem autoritäre Kräfte eben diese Verfassung außer Kraft setzen konnten« (GeV 18). Zwar stellt Seifert ausdrücklich fest, dass die nunmehr geplanten Notstandsgesetze für die Bundesrepublik keineswegs als ein »neues Ermächtigungsgesetz« (77) aufzufassen sind. Gleichwohl drohe durch sie »eine Veränderung unserer Verfassung in ihrem Geiste und in ihrer Substanz« (74). Immerhin würden hier im Namen innerer Sicherheit und staatlicher Handlungsfähigkeit Vorkehrungen für empfindliche Einschränkungen individueller Grund- und Freiheitsrechte sowie parlamentarischer Kontrollmöglichkeiten getroffen. Insbesondere Versammlungs-, Berufs- und Koalitionsfreiheit schienen Seifert durch die Entwürfe für eine Notstandsverfassung in ihrem wesentlichen normativen Sinngehalt und Umfang bedroht (76 f.). Welche Auswirkungen die geplanten Gesetze schließlich in der gesellschaftlich-politischen Wirklichkeit entfalten würden, hing aus seiner Sicht freilich entscheidend von der weiteren Entwicklung des Kräfteverhältnisses zwischen restaurativen und progressiven gesellschaftlichen Tendenzen in der Bundesrepublik ab. Die Frage, »ob durch die Notstandsgesetzgebung die Grenzlinie verschoben wird, die einst der parlamentarische Rat gegen die antidemokratischen und autoritären Kräfte unseres Volkes zu ziehen versuchte«, entscheide sich letzten Endes daran, »welche dieser Kräfte gegenwärtig stärker und entschlossener in der Verfolgung ihrer gesellschaftspolitischen Ziele sind« (79).

In den folgenden Jahren weitet Seifert diesen zeitdiagnostischen Ansatz aus, die tatsächliche gesellschaftlich-politische Entwicklung der Bundesrepublik im Lichte der in ihrem Grundgesetz festgehaltenen freiheitlich-demokratischen Ansprüchen zu betrachten. Im Zuge dessen kommt eine an Karl Korschs »juristische Aktion« (KaK 54) angelehnte rechtsphilosophische Perspektive zum Tragen. Sie sucht die Verfassungsurkunde auf die ihr historisch zugrunde liegenden Kämpfe antagonistischer gesellschaftlicher Gruppierungen und Bewegungen hin durchsichtig zu machen, um die erbitterten zeitgenössischen Kontroversen um »Spiegel-Affäre«, Terrorismusabwehr oder zivilen Ungehorsam vor diesem Hintergrund als einen »Kampf um Verfassungspositionen« (KaV) zu begreifen und auszufechten. In Anknüpfung an die rechtspolitischen Diskussionen der Weimarer Zeit betrachtet Seifert die »Verfassung« dabei gleichsam machtanalytisch als eine »Fixierung von Waffenstillstandsbedingungen politisch-gesellschaftlicher Kräfte« im Klassenkampf, eine »Vereinbarung, durch die ›offene Feindseligkeiten‹ beendet und durch einen Zustand ersetzt werden, in dem die kämpfenden Parteien die Auseinandersetzung mit anderen Mitteln im Rahmen bestimmter Regeln führen« (116 f.). Unter diesen Vorzeichen gilt es aus seiner Sicht, die in den zurückliegenden Befreiungskämpfen progressiv-emanzipatorischer Bewegungen unter großen Opfern errungenen Stellungen nun gegen immer wieder erstarkende restaurative Tendenzen in Politik und Rechtsprechung zu halten. Gerade in der Gegenwart komme es »mehr denn je darauf an, die errungenen Positionen der politischen Emanzipation in jedem Detail zu verteidigen und jede gewonnene Position unablässig auszuweiten« (KjE 35). Darin artikuliert sich ein durchaus polemischer »Verfassungspatriotismus« (VeH 67), dessen grundlegende Devise Seifert selbst verschiedentlich in Anlehnung an Heraklit formuliert: »Kämpfen muß das Volk um seine Verfassung – wie um eine Stadtmauer« (VSN 96). Zu diesem Verfassungskampf gehört, »daß die Gegenspieler ihre Interessen selbst wahrnehmen, die markierte Grenzlinie selbst überwachen, jede Verletzung registrieren und zur Sprache bringen« (KaV 116). Gerade im Zuge der aufgebrachten zeitgenössischen Kontroversen um Terrorismusbekämpfung und »Innere Sicherheit« in den 1970er Jahren erkennt Seifert »die Gefahr, daß das Grundgesetz – als Rahmen für die Auseinandersetzungen politischer und sozialer Kräfte – durch Auslegung oder durch Übereinkommen reduziert wird auf einen schmalen Spielraum« (GrV 26). Seine mehrfach neu aufgelegte und aktualisierte akribische Dokumentation und Kommentierung sämtlicher Verfassungsänderungen seit 1949 – von der Verabschiedung der Wehrverfassung 1954 über die Begrenzungen von Tarifautonomie und Streikrecht bis hin zu den Einschränkungen des Brief-, Post- und Fernmeldegeheimnisses in der heißen Phase des Linksterrorismus – zeichnet vor diesem Hintergrund »die Verfassungsentwicklung in der Bundesrepublik [...] als Ausdruck unterschiedlicher Restaurationsphasen« (3) nach, um sie so einer kritischen Auseinandersetzung zugänglich zu machen.

Unter dem Eindruck der mächtigen restaurativen Entwicklungstendenzen der Zeit sieht Seifert den Spielraum für einen über die Verteidigung des gegenwärtigen Status quo hinausgehenden weiteren Ausbau einmal errungener progressiver Verfassungspositionen allerdings zunehmend skeptisch. Zwar hält er es prinzipiell für durchaus zulässig, innerhalb der grundgesetzlich vorgezeichneten Ordnung der Bundesrepublik auch auf eine umfassende Veränderung der gesamten herrschenden Produktionsweise hinzuarbeiten. »Eine gesellschaftliche Umwälzung im Rahmen der Verfassung wird nicht ausgeschlossen.« (8) Zudem erscheint ihm im Ausgang vom Begriff der Menschenwürde, dem Sozialstaatspostulat oder dem Grundsatz der Sozialpflichtigkeit des Eigentums auch eine fortschreitende rechtliche »Konkretisierung juristischer Emanzipationsformeln« (KjE) im Rahmen von Gesetzgebung, Verwaltung und Rechtsprechung allemal möglich. Angesichts der widrigen gesellschaftlich-politischen Kräftekonstellationen auf allen diesen Ebenen gewinnt daneben indessen der praktische Einsatz für konkrete Schritte zur Emanzipation und Gleichberechtigung im Zusammenhang der unmittelbaren sozialen Lebensverhältnisse der Menschen mehr und mehr an Bedeutung. In strikter Abgrenzung vom dogmatisch erstarrten Staatssozialismus der Kommunistischen Parteien des Ostblocks wie auch von jener »Romantik der Illegalität« (G. Lukács), der einige ehemalige Weggefährten inzwischen im bewaffneten Untergrundkampf der Roten Armee Fraktion (RAF) verfallen sind, wird Seifert zum leidenschaftlichen Mitstreiter im bunten Spektrum undogmatischer Strömungen der Neuen Linken zwischen Friedens-, Frauen- und Umweltbewegung. Er unterstützt die pädagogische und erziehungspolitische Arbeit seiner ersten Frau Monika Mitscherlich, die mit ihrer 1967 in Frankfurt gegründeten Kindergruppe zur »Mutter der antiautoritären Kinderläden« (O. Negt) wird[70], ruft zur Mäßigung der Staatsgewalt und der veröffentlichten Meinung bei der Bekämpfung des Linksterrorismus im aufgeheizten Klima des »Deutschen Herbstes« 1977 auf und setzt sich, auch in entsprechenden politischen Arbeitsgruppen und Aufsichtsgremien, aktiv für die Rechte von Flüchtlingen, die Kontrolle der Geheimdienste und die gesamtdeutsche Verfassung ein.[71] Als zivilgesellschaftlich engagierter Jurist und Bürgerrechtler im lebhaften Umfeld der Alternativkultur und der neuen sozialen Bewegungen der Zeit übersetzt Seifert auf diese

Weise den »Sozialismus« für sich letzten Endes in ein konkretes praktisch-politisches »Eintreten für die Erhaltung der Substanz der Menschen- und Bürgerrechte« (Vom 6).

Demgegenüber erfährt die kritische Auseinandersetzung mit den gesellschaftlich-politischen Verhältnissen der Bundesrepublik in den frühen Schriften des Philosophen Hans Jörg Sandkühler noch einmal eine Radikalisierung. Hatte Seifert die in der Verfassung festgeschriebene freiheitlich-demokratische Grundordnung anerkannt und als normativen Maßstab an die faktische politische und rechtliche Entwicklung angelegt, so wird die Legitimität dieser Ordnung bei Sandkühler selbst im Lichte eines sozialistischen Gesellschaftsbildes infrage gestellt. »Die für das Verfassungsrecht der BRD konstitutive Begründung der Menschenrechte durch die ewigen Naturrechte« erscheint unter diesen Vorzeichen nur mehr als ideologischer Ausdruck bürgerlicher »Geschichts-, weil Veränderungswilligkeit«: Es »darf keine Geschichte mehr geben, denn eine Berufung auf sie würde den Fortschritt von morgen und das Ende der gegenwärtigen ökonomischen und politischen Herrschaft beschwören« (PrG 45). So geht hier aus dem Münsteraner Collegium Philosophicum zeitweise eine fundamentale, marxistisch-leninistische Kritik der modernen bürgerlichen Gesellschaft mitsamt ihrer Philosophie und Wissenschaften hervor, die sich aus dem Blickwinkel manch anderer Ritter-Schüler wie reinster Stalinismus ausnehmen musste.

Hans Jörg Sandkühler wurde am 27. August 1940 in Freiburg geboren. Er besuchte das alte, katholisch geprägte Paulinum in Münster, wo er im Rahmen eines privaten philosophischen Lesekreises früh einen Zugang zur Philosophie und der mit ihr eröffneten Möglichkeit fand, »individuelle existenzielle Fragen im Horizont gattungsgeschichtlicher Antworten« (UnW 109) zu erörtern. Von 1960 bis 1965 studierte er Philosophie und Rechtswissenschaft in Innsbruck, Münster sowie an der Pariser Sorbonne und wurde 1967 von Joachim Ritter mit einer Arbeit über die Dialektik von Politik und Philosophie bei Friedrich Wilhelm Joseph Schelling promoviert. Zwischen 1965 und 1970 war Sandkühler Assistent bei Odo Marquard, dann bis 1974 selbst Professor am Zentrum für Philosophie und Grundlagen der Wissenschaft in Gießen. Er unterstützte die studentische Protestbewegung vor Ort und vertrat seinerzeit selbst »eine merkwürdige Mischform aus stahlhartem DDR-Marxismus und Freud-Marxismus unter Einschluss der jugoslawischen Praxisgruppe« (Brinkmann 2007: 66). Die Habilitation mit einer Arbeit zum marxistisch-leninistischen Verständnis der Geschichte und dem offenen »Plädoyer für ein revolutionäres Geschichtsbewußtsein« (PrG 398) wäre nach seinem eigenen Bekunden »[o]hne die Liberalität O. Marquards [...] gescheitert« (UnW 113).

Ab 1974 war Sandkühler Professor für Philosophie an der neu gegründeten Reformuniversität Bremen. Sein Arbeitsschwerpunkt lag auf Fragen der Erkenntnis- und Wissenschaftstheorie, insbesondere der marxistisch-leninistischen Widerspiegelungstheorie. Von 1983 bis 1989 gehörte er zum Wissenschaftlichen Beirat des Instituts für Marxistische Studien und Forschungen in Frankfurt, das eng mit der DKP und der Akademie für Gesellschaftswissenschaften beim Zentralkomitee der SED in Ost-Berlin verbunden war. Rückblickend beschreibt er diese Zeit selbst als »Jahre der Orthodoxie und des immer intensiveren Ringens um den Nachweis dessen, was Widerspiegelung gerade nicht sei: Abbild, Kopie, Negation der Autonomie und Konstruktivität des Bewußtseins der Menschen, die ihre Geschichte selber machen« (113 f.). Ende der 1980er Jahre vollzieht sich die allmähliche Ablösung vom Marxismus. Im Anschluss an Ernst Cassirer entwickelt Sandkühler nun einen erkenntnistheoretischen Perspektivismus und Pluralismus, der seine rechtsphilosophische Entsprechung in einer Würdigung der freiheits- und vielfaltsermöglichenden Bedeutung der Menschen- und Bürgerrechte findet. Seit 2003 leitet der Bremer Philosoph die Deutsche Abteilung »Menschenrechte und Kulturen« des europäischen UNESCO-Lehrstuhls für Philosophie/Paris an der Universität Bremen, auch über seine Emeritierung im Jahr 2005 hinaus.

Schon Sandkühlers Dissertation zum Stellenwert des Politischen bei Schelling lässt im Medium philosophiehistorischer Reflexion auch eigene theoretische Orientierungen erkennen. Zwar zeichnet Joachim Ritters hegelianische Deutung der modernen bürgerlichen Gesellschaft im Zeichen der Entzweiung zunächst den geschichtsphilosophischen Rahmen und Problemhorizont der Studie vor. Sie markiert den »status quo, vor dem Schellings Versuch der Überwindung der ›Geschichtslosigkeit‹ zu deuten« (FrW 13) ist. Der Jugendfreund Hegels aus den frühen revolutionsbegeisterten Tagen am Tübinger Stift, der in der Zeit des Vormärzes als sein Nachfolger nach Berlin berufen wurde, um die »Drachensaat des Hegelianismus« auszurotten, muss vor diesem Hintergrund unweigerlich als ein Denker der Restauration erscheinen: Er »verneint [...] die mit der Französischen Revolution erreichte Situation der aus dem Staat und gegen ihn emanzipierten Freiheit gesellschaftlicher Subjektivität« (15). Sein »Versuch einer ›Versöhnung‹ durch die Restitution totaler und universaler Vernunft, die sich identisch mit der Natur sieht« (16), stellt eine rückwärtsgewandte Antwort auf die Umwälzungen der neuen Zeit dar. Allerdings wird diese kritische Sicht auf Schelling schon hier immer wieder schlaglichtartig aus einem marxistischen Blickwinkel bekräftigt und überboten, der dann auch Ritters eigenen hegelianischen Standpunkt mit umfasst und relativiert. So teilt Sandkühler zwar einerseits die Sicht seines Lehrers auf Hegels *Rechtsphilosophie* als hermeneutische Theorie, die in der Entzweiungsstruktur der modernen bürgerlichen Gesellschaft die geschichtlich vorhandene Vernunft erkennt. Sie begreife »in der Nichtidentität von Subjektivität und der durch Bedürfnis und Arbeit definierten gesellschaftlichen Verhältnisse, in der Trennung des privaten und sozialen Status die Möglichkeitsbedingung der Person als Subjekt von Recht und Freiheit« (81). Andererseits wird jedoch bemängelt, »daß ihr [...] das Vermögen noch abgeht, über das Begreifen hinaus die gesellschaftlich-ökonomische Entzweiung [...] in der Veränderung ihrer Bedingungen aufzuheben« (ebd.). Ganz in diesem Sinne klingt die Arbeit mit beziehungsreichen Sätzen zur »unmittelbaren Verwiesenheit der Theorie auf Praxis« aus, die dem von Ritter verfolgten hermeneutischen Weg zur Erneuerung der praktischen Philosophie ein *reales* Praktischwerden der Philosophie im Zeichen »von Fortschritt und Befreiung in der Geschichte« (243) entgegenzuhalten scheinen.

In den Arbeiten der Folgezeit wird die sich hier abzeichnende Perspektive auf das Verhältnis von philosophischer Theorie und gesellschaftlich-politischer Praxis systematisch ausbuchstabiert. In kritischer Auseinandersetzung mit der Entstehungsgeschichte der sozialistischen Bewegung sowie zeitgenössischen Entwicklungstendenzen im Einzugsbereich der Neuen Linken sucht Sandkühler dabei die ursprünglichen Intentionen und maßgeblichen Grundsätze der marxistisch-leninistischen Lehre herauszustellen und ihre wissenschaftliche Geltung zu unterstreichen. Demnach lassen sich auf der Grundlage des dialektischen und historischen Materialismus die realen Bewegungsgesetze des Geschichtsprozesses selbst mit wissenschaftlicher Objektivität erkennen und in der Folge auch entsprechend praktisch vollstrecken. Da in ihnen auch die historische Notwendigkeit eines revolutionären Umsturzes der bestehenden Verhältnisse in der modernen bürgerlichen Gesellschaft begründet liegt, kommt jede abweichende Deutung oder Ermäßigung dieses wissenschaftlichen

Anspruchs, etwa zugunsten einer moralphilosophischen Reflexion subjektiver Handlungsgrundsätze oder politischer Gestaltungsspielräume, in letzter Konsequenz einer empfindlichen Schwächung der sozialistischen Bewegung selbst gleich: Die entscheidende Frage lautet für Sandkühler damals »Revolution oder systemimmanente Reform von oben, eine Alternative, die sich auf die viel konzisere reduzieren läßt: Diktatur des Proletariats oder Stabilität des bürgerlichen Staats. Tertium non datur.« (KnS 31) Bemerkenswerterweise wird Joachim Ritters Kritik des Individualismus der kantischen Moralphilosophie aus der Warte einer hegelianischen Konzeption institutioneller Sittlichkeit in diesem Zusammenhang aufgenommen und gegen den ethischen Sozialismus der Neukantianer gewendet. Deren Devise »Zurück auf Kant« (O. Liebmann) sei im Grunde ein gedanklicher Rückschritt, »ein Zurück zum Problem von Individualität und Subjektivität des gesellschaftlich lebenden Menschen« (41). Sie geraten damit in »Kontrast [...] zu der im zeitgenössischen Marxismus im Vordergrund stehenden wissenschaftlichen Analyse der menschlichen Kollektivexistenz, der Geschichtlichkeit ihrer Bedingungen, der Dialektik der die Geschichte vorantreibenden Antagonismen« (41 f.). Statt nach Maßgabe des dialektischen und historischen Materialismus die Struktur und Entwicklungsdynamik der äußeren gesellschaftlichen Lebensverhältnisse in den Blick zu nehmen, beschäftigen sich die neukantianischen Sozialisten letztlich bloß mit deren ideologischen Reflexen auf der Ebene des Bewusstseins. Diese »unzeitgemäße [...] Trennung von Moralität (des Klassenbewußtseins) und Legalität (der Klassenaktion)« habe als theoretische Grundlage des sozialdemokratischen Revisionismus, der Abkehr von der Revolution zugunsten kleinschrittiger Reformen innerhalb der bestehenden Gesellschaftsordnung, in letzter Konsequenz zur »Schwächung der Arbeiterbewegung und zur Stabilisierung bürgerlicher Herrschaft wesentlich beigetragen« (24).

Auf dieser Linie geht Sandkühler in seiner Habilitationsschrift dem Zusammenhang von Geschichtsbewusstsein und gesellschaftlich-politischer Praxis weiter nach. Die Arbeit verfolgt die für den gesamten Marxismus theoretisch wie praktisch entscheidende Frage, welche Bedeutung dem handelnden Individuum als Subjekt im Rahmen eines sich nach objektiven Gesetzmäßigkeiten vollziehenden Geschichtsprozesses zukommt und wie das für die revolutionäre Praxis erforderliche Verständnis der Geschichte beschaffen sein und entwickelt werden muss. Dabei kann nach Sandkühler von einem in diesem Sinne wahrhaften »›Geschichtsbewußtsein‹« erst die Rede sein, »wenn die wirklichen Triebkräfte der geschichtlichen Praxis erkannt und Zielvorstellungen für den Fortschritt in die Zukunft entwickelt werden« (PrG 50). Gemäß der orthodoxen marxistisch-leninistischen Auffassung erfordert seine Ausbildung demnach an erster Stelle die Anerkennung des ontologischen und erkenntnistheoretischen »Primats der Materie und der Materialität« als Grundlage sämtlicher Bewusstseinsleistungen sowie »der Dialektik [...] als Prinzip des Werdens und der Veränderung der gesamten materiellen und ideellen Wirklichkeit, des Seins in Natur und Gesellschaft wie des Bewußtseins« (84). Vor diesem Hintergrund sind für Sandkühler dann auch sämtliche Geschichtsauffassungen zu verwerfen, die von den genannten Grundsätzen des »DIAMAT« abweichen und damit der an ihnen ausgerichteten objektiven Erkenntnis der historischen Bewegungsprinzipien als Bedingung geschichtlicher Selbstermächtigung des Menschen zuwiderlaufen. Das betrifft zunächst mechanistische und strukturalistische Abwandlungen des marxistischen Geschichtsbildes im Sinne eines ganz ohne handelndes Subjekt ablaufenden, naturgesetzlich determinierten historischen Prozesses. Ausdrücklich legt Sandkühler sein »Veto« ein »gegen die Konzeption von Gesetzen, die in objektivistischer Maskerade durch die ›Geschichte‹ [...] geistern und nach deren erhabenem Willen die Subjekte [...] nur die Erfüllungsgehilfen ›des Prozesses‹ sind« (142). Allerdings sind idealistische Vorstellungen einer »Geschichte des Geistes oder welthistorischer Individuen als dessen Statthalter« sowie fatalistische Betrachtungen der Geschichte als vollkommen zufälliges oder schicksalhaftes Geschehen »seinsgeschicklicher Katastrophen« (156) ebenso zurückzuweisen. In diesem Zusammenhang wird auch Joachim Ritters Ausführungen zur kompensatorischen Ausbildung des historischen Bewusstseins in den Geisteswissenschaften in marxistisch-leninistischer Perspektive die Entwicklung eines wahrhaften, auf aktive Veränderung abzielenden Geschichtsbewusstseins entgegengehalten, die letzten Endes auf die Ausbildung des revolutionären Bewusstseins der Arbeiterklasse hinausläuft. Gegenüber dem nur mehr antiquarischen Aufheben und Sammeln des historisch gebildeten Bürgertums erscheint die »lebendige Mißachtung des zu Recht Vergangenen« als die »wirklich dialektische Aufhebung« (374 f.). Der scheinbar defätistischen Vergangenheitsbezogenheit der traditionellen geisteswissenschaftlichen Hermeneutik wird die gegenwarts- und zukunftsbezogene Konzeption einer »materialistischen Hermeneutik« (398) gegenübergestellt. Sie unterstützt als »Organon der Ideologiewissenschaft« (403) ein »verwirklichtes aktives Geschichtsbewußtsein und dient der Praxis der Befreiung von blinder ›naturwüchsiger‹ Geschichtsnotwendigkeit« (407).

Unter diesen geschichtsphilosophischen Vorzeichen vertieft Sandkühler in der Folgezeit seine Beschäftigung mit der marxistischen Erkenntnis- und Wissenschaftstheorie weiter und beschäftigt sich in diesem Zusammenhang nicht zuletzt eingehender mit der systematischen Entwicklung einer eigenen Konzeption der »materialistischen Hermeneutik« (VeH). Im Zuge dessen streicht der Bremer Philosoph immer wieder nachdrücklich heraus, dass solche erkenntnis- und wissenschaftstheoretischen Fragestellungen keineswegs bloß eine Angelegenheit reiner, abstrakter philosophischer Theorie sind, sondern eine herausragende gesellschaftlich-politische Bedeutung und Tragweite haben. Sie bilden aus seiner Sicht geradezu das eigentliche »Zentrum einer Theorie des Verhältnisses von Praxis und geschichtlichem Bewußtsein« (PrG 20) und damit eine entscheidende Voraussetzung aller praktischen gesellschaftlichen Veränderungen überhaupt. Insbesondere in der Auseinandersetzung um die ontologischen Grundlagen der Widerspiegelungstheorie als der leitenden erkenntnistheoretischen Auffassung des Marxismus-Leninismus geht es »wissenschaftlich und weltanschaulich« letzten Endes um nicht weniger als um »die Objektivität der Weltanschauung der Arbeiterklasse« (StM 602). In diesem Sinne hängt an einem angemessenen Verständnis der fundamentalen Prinzipien, nach denen sich die wissenschaftliche Widerspiegelung der gesellschaftlichen Wirklichkeit und der Bewegungsgesetze ihrer historischen Entwicklung vollzieht, letztlich das Gelingen oder Misslingen der sozialistischen Revolution selbst. Entsprechend bemüht sich Sandkühler in jener Zeit immer wieder gewissenhaft um die Bestandsaufnahme, Systematisierung und Kanonisierung der einschlägigen erkenntnis- und wissenschaftstheoretischen Grundsätze der marxistisch-leninistischen Philosophie. Auf dieser Linie beteiligte er sich auch an der Kontroverse um den Ostberliner Philosophen Peter Ruben, der wegen des Vorwurfs des Revisionismus 1981 vor der Zentralen Parteikontrollkommission aus der SED ausgeschlossen wurde und Lehrverbot erhielt.[72] Nur wenn die zentralen Lehrgehalte des »wissenschaftlichen Sozialismus« angemessen verstanden sind, kann er seiner revolutionären Bestimmung gerecht werden und als der »Prototypus [...] jener Wissenschaft innerhalb der bürgerlichen Gesellschaft« auftreten, »die nicht mehr den Gesetzen der Reproduktion der Bourgeoisie als Klasse gehorcht, sondern [...] in Form einer wissenschaftlichen Revolution zum Instrument der Zerstörung der bürgerlichen Gesellschaft wird« (EsA 485).

In der zweiten Hälfte der 1980er Jahren nimmt die Beschäftigung mit der marxistisch-leninistischen Widerspiegelungstheorie eine kritische Wendung, die schließlich zur Ablösung vom Materialismus und damit zuletzt auch vom Marxismus überhaupt führt. Wie Sandkühler nun einräumt, befindet sich der parteiförmig organisierte und erstarrte Staatssozialismus der in Auflösung begriffenen sowjetischen Einflusszone mit seiner Kritik der bürgerlichen Gesellschaft »nicht auf dem Niveau dieser Gesellschaft«, die eben »nicht nur Ausbeutung bedeutet, sondern im Ergebnis ihrer Revolutionen auch Demokratie und Freiheitsrechte [...] verwirklicht hat« (InZ 307). Im Grunde trägt er denselben Widerspruch in sich, den er dem bürgerlichen Lager stets vorgehalten hat: als ein Partikulares zugleich für das Allgemeine stehen zu wollen. Das zentrale Problem der kommunistischen Partei, als geschichtliche Avantgarde und »Bevollmächtigter eines ›objektiven‹ Gesamtwillens« (308) gleichzeitig »den Zweck, das Allgemeine, die Menschheit, die Humanität, mit den Mitteln des Besonderen anstreben zu müssen«, erscheint nunmehr als die »Quadratur des Kreises« (309). Der marxistisch-leninistische Anspruch auf objektive Erkenntnis allgemeiner historischer Bewegungsgesetze blendet letztlich die Standpunktgebundenheit der eigenen Perspektive aus. Diese »Überführung der Rationalitätsanliegen und -programmatik in Ideologie« (KaN 115) habe schließlich dazu geführt, »daß eine Überzeugungsgemeinschaft es aus Überzeugung zurückweist, als das benannt zu werden, was sie ist, und ihre Überzeugung in objektivierende Sprachen, etwa der Gesetzmäßigkeit, übersetzt« (ErT 58). Im Zuge einer kritischen Reflexion der Ermöglichungsbedingungen von Repräsentation beginnt Sandkühler nun anknüpfend an Cassirers Philosophie der symbolischen Formen, Nelson Goodmans Bedeutungstheorie und Hilary Putnams internen Realismus einen neuen erkenntnis- und wissenschaftstheoretischen Ausgangspunkt zu erarbeiten. Er »bestreitet, dass die Realität diese oder jene bestimmte Repräsentation erzwingt« (KrR 18). Erkenntnis muss vielmehr als subjektive Konstruktion jeweils perspektivischer Wirklichkeitsmodelle begriffen werden, die stets von ihren lebensweltlichen Erfahrungsgrundlagen und theoretischen Bezugsrahmen abhängig bleiben. Der Pluralismus, zuvor als ideologischer Ausdruck bürgerlicher Dekadenz abgelehnt (ErT 56), wird jetzt zur erkenntnis- und gesellschaftstheoretischen Grundposition: »Es gibt mehr als eine Version der Welt« (KrR 22), doch eine »Gewähr dafür, dass die in verschiedenartigen Lebensweisen, Denkstilen, Sprachen und anderen symbolischen Formen entstehenden Weltsichten miteinander verträglich [...] sind, gibt es nicht« (24). Dieser pluralistischen Erkenntnis- und Wissenschaftstheorie entspricht die Einsicht, dass die freie Entfaltung der Vielfalt von Standpunkten und Perspektiven nur im freiheitlichen Rahmen universeller Menschen- und Bürgerrechte zu gewährleisten ist. Mit ihr entwickelt Sandkühler schließlich »eine von der Rechtsnorm der Achtung und des Schutzes der Menschenwürde ausgehende und durch die positivierten Menschenrechte begründete pluralistische und zugleich nicht-relativistische Theorie von Recht und Staat – eine Rechts- und Staatstheorie nach menschlichem Maß« (RuS 19).

3.3 Die »Ritter'sche Mitte«: Entzweiung und Kompensation

Zwischen den beiden skizzierten Extremen bilden insbesondere Hermann Lübbe, Odo Marquard und Robert Spaemann, aber auch Ernst-Wolfgang Böckenförde und Martin Kriele, eine breite »Ritter'sche Mitte«. Hier machte man sich Joachim Ritters zustimmende Deutung der Moderne im Zeichen der Entzweiung ausdrücklich zu eigen und baute sie unter dem Eindruck der systemkritischen Protestbewegung und Alternativkultur der 1960er und 1970er Jahre zu verschiedenen Formen eines liberal-konservativen »Modernitätstraditionalismus« (ZdW 94) aus, der die zeitgenössische Lebenswirklichkeit und den in ihr »geschichtlich erreichten Stand öffentlich anerkannter und teilweise bereits institutionalisierter sittlich-politischer Errungenschaften« (Oelmüller 1979: I) würdigt und gegen Antimodernismen restaurativer, revolutionärer und postmodernistischer Spielart verteidigt. Ritters Entzweiungstheorem definierte dabei die zentrale Voraussetzung, unter der in der Folge auch ganz anders geartetes Gedankengut aufgenommen und zugunsten der Begründung moderner gesellschaftlich-politischer Verhältnisse gewendet werden konnte. So wurde etwa der Dezisionismus der Konservativen Revolution bei Lübbe demokratietheoretisch eingefasst, Arnold Gehlens Mängelwesen-Anthropologie und autoritäre Institutionenlehre bei Marquard in eine liberal-skeptische Apologie bürgerlicher Gepflogenheiten überführt, das klassische kosmologische Naturrecht bei Spaemann auf die normativen Grundlagen freiheitlich-demokratischer Gemeinwesen bezogen und Carl Schmitts liberalismusfeindlicher Begriff des Politischen bei Böckenförde im Sinne souveräner Rechtsstaatlichkeit verfassungsrechtlich fruchtbar gemacht. Die »befreienden und demokratisierenden Wirkungen«, die diese »Aufnahme und Umformung des ›klassischen‹ Neukonservatismus der Schmitt, Freyer, Gehlen für die politische Kultur in Deutschland gehabt hat«, sind nach Paul Nolte nicht zu unterschätzen: Ihre »demokratische Neuinterpretation« sei »möglicherweise verdienstvoller« gewesen, »als sie in den Giftschrank der deutschen Ideengeschichte sperren zu wollen« (2001: 567).

3.3.1 Hermann Lübbe: Kulturphilosophie der modernen Zivilisationsdynamik

In den zugespitzten politisch-intellektuellen Debatten der 1970er und 1980er Jahre trat Hermann Lübbe als tonangebender Gegenspieler der Frankfurter Schule in Erscheinung.[73] Zwar hat er bei Joachim Ritter weder promoviert noch habilitiert, beschreibt den Kreis um ihn aber als den Einfluss, der ihn »am stärksten in meiner philosophischen Arbeit bestimmt« (WiP 44) hat, und avancierte selbst zu einem seiner prominentesten, strahlkräftigsten Repräsentanten. Speziell die Zeitstruktur der modernen Zivilisation, ihre rasante Entwicklungsdynamik und Wandlungsbeschleunigung haben es Lübbe angetan. Früh zeigte er ein waches Gespür für das zeitdiagnostische Potenzial einschlägiger gedanklicher Motive im Münsteraner Collegium, verlieh ihnen in ausgetüftelten Begriffskonstruktionen und Satzgefügen eine geschliffene Formulierung und verhalf ihnen in seinen mannigfaltigen akademischen und politischen Arbeitszusammenhängen zu breiter Wirkung. Mit Blick auf den hohen intellektuellen Durchsatz des umtriebigen Weggefährten bemerkte Odo Marquard einmal scherzhaft, selbst wenn man im gleichen Flieger mit Lübbe reise, komme dieser noch »einen Tag früher« (CaS 442) an.

Hermann Lübbe wurde am 31. Dezember 1926 als Sohn eines Behördenleiters in Aurich (Ostfriesland) geboren.[74] Kaum älter als die Angehörigen der »Flakhelfer-Generation«, meldete er sich im Herbst 1943 als Marinesoldat zum Kriegsdienst. Das Ende des »Dritten Reichs« kam für ihn dem Einbruch der Wirklichkeit in einen hermetisch abgeriegelten Gedankenraum gleich. Mit dem Nationalsozialismus war ein totalitäres System an den politischen Realitäten gescheitert, das gesunden Menschenverstand und hergebrachte Moral durch eine biologistisch-geschichtsphilosophische Hochideologie ersetzt hatte. Die damit wieder zu ihrem Recht gelangende Evidenz der sittlichen Anforderungen lebensweltlicher Nahverhältnisse und die kritische Beschäftigung mit den »nicht zuletzt der Philosophie entstammenden Urkunden ideologischer Selbstermächtigung zu totalitärer Gewalt« (LpV 122) prägten Lübbes weitere gedankliche Entwicklung. Nach der Rückkehr aus russischer Gefangenschaft studierte er ab 1946 Philosophie, Theologie und Soziologie in Göttingen, Münster und Freiburg, wo er 1951 bei Wilhelm Szilasi mit der Arbeit *Die Vollendung der Ding-an-sich-Problematik im Werke Kants* promovierte. Er war Assistent bei Gerhard Krüger in Frankfurt und wurde 1957 mit der Schrift *Die Transzendentalphilosophie und das Problem der Geschichte* von Wilhelm Kamlah habilitiert. Zunächst Dozent in Erlangen, Hamburg, Münster und Köln, ging er 1963 als Professor nach Bochum und 1969 nach Bielefeld.

Neben philosophie- und begriffsgeschichtliche Studien zur Säkularisierung oder dem Rechtshegelianismus traten bald Arbeiten, die ein lebhaftes Interesse für »Wahrheiten« erkennen lassen, »die sich auf kontingente Lagen beziehen« (WiP 41), mithin solche der praktischen Philosophie und politischen Theorie. In ihnen kommt ein an Common Sense und nüchternem Pragmatismus ausgerichtetes Denken zum Ausdruck, das das liberale Erbe der Aufklärung für sich in Anspruch nimmt und gegen drohende totalitäre Rückfälle verteidigt. Dieses Anliegen prägt Lübbes Stellungnahmen bis in die engagierte Verteidigung und praktische lebensweltliche Konkretion ihrer Kernthesen. Schon in den 1950er Jahren war er in die SPD eingetreten und hatte dort für die programmatische Lösung vom Marxismus geworben. Ab 1966 war er als Staatssekretär für das Hochschulwesen im sozialdemokratisch geführten Kultusministerium und später Staatssekretär beim Ministerpräsidenten von Nordrhein-Westfalen aktiv politisch tätig. Im Zuge der Studenten- und Protestbewegung der 1960er und 1970er Jahre schien ihm der Totalitarismus in »internationalsozialistischer« Spielart erneut gesellschaftlich an Boden zu gewinnen. Als prominenter öffentlicher Intellektueller setzte sich Lübbe seinerzeit unbeirrbar für eine korrektive »Rechtsverschiebung linksverschobener jeweiliger Mitten« (KiD 22) ein. Er kritisierte die von den 68ern betriebene ideologiekritisch entlarvende Auseinandersetzung mit der NS-Vergangenheit als Versuch der »Delegitimierung des politischen Systems der Bundesrepublik« (NdN 596) und suchte im Fortgang der Bewegung »kulturrevolutionäre Prämissen des intellektuellen Radikalismus aufzudecken, der in seiner Extremform dann terroristisch geworden ist« (EnT 8). Aus Ablehnung der nachgiebigen Haltung der Sozialdemokraten gegenüber den Forderungen der revoltierenden Studenten zog er sich 1970 aus der Politik zurück und lehrte bis zu seiner Emeritierung 1991 Philosophie und Politische Theorie an der Universität Zürich.

Hermann Lübbe verweist verschiedentlich auf den prägenden Einfluss, den Joachim Ritter auf seine Philosophie gehabt hat. Insbesondere vermittle dessen »Theorie der Moderne« eine erhellende »Einsicht in das Komplementärverhältnis von zivilisatorischer Rationalität und historischer Kultur« (WiP 44). Allerdings nimmt Lübbe mit Blick auf dieses Verhältnis zwei entscheidende Akzentverschiebungen vor: In einem ersten Schritt entdramatisiert er die entzweiungstheoretische Zeitdiagnose. Nach Ritter ist die Gegenwart durch die »Geschichtslosigkeit« der modernen Gesellschaft gekennzeichnet, die sich im Zuge der Entzweiung aus der geschichtlichen Herkunftswelt emanzipiert. Lübbe greift diese Beschreibung zunächst auf und bezieht sie auf diejenigen »Elemente moderner Kultur, die sich in deren evolutionärer Ausbreitung herkunftsneutral über unsere jeweiligen Herkunftskulturen legen« (ZuZ 284). Allerdings erscheint ihm der Begriff der Geschichtslosigkeit in einer entscheidenden Hinsicht als ungeeignet zur Kennzeichnung der Verfassung dieser herkunftsneutralen Kultur: Er täusche über die »historisch singuläre Dynamik der modernen Zivilisation« hinweg, die sich in zusehends beschleunigtem sozialen Wandel – ablesbar etwa an abnehmenden Halbwertzeiten städtischer Bausubstanz oder stetig steigenden technischen Innovationsraten – niederschlägt. »Nicht, weil die moderne wissenschaftlich-technische Zivilisation eine ungeschichtliche Zivilisation wäre – so müßte man im Kontrast zur These Ritters sagen –, sondern genau umgekehrt deswegen, weil sie durch eine historisch beispiellose Entwicklungsdynamik gekennzeichnet ist, überlagert die zivilisatorische Moderne alle sich ungleich langsamer entwickelnden Herkunftskulturen.« (286) Damit wird die Entzweiung von geschichtlicher Herkunftswelt und moderner Industriegesellschaft auf den »Kontrast von Geschichtsformationen verschiedener Entwicklungsdynamik« (ebd.) zurückgeführt. Der prinzipielle Unterschied zwischen der alteuropäischen Herkunftsgeschichte und der modernen Zivilisation verwandelt sich in eine graduelle, quantitativ zu bemessende Differenz. Was Ritter als das Auseinandertreten zweier fundamental verschiedener Weltsichten und Lebensordnungen beschrieben hatte, die sich nicht mehr ohne Weiteres vereinbaren lassen, wird bei Lübbe so zum praktischen Problem abnehmender Orientierungsmöglichkeiten angesichts beschleunigten sozialen Wandels zurückgestuft. Die rasante wissenschaftlich-technische Entwicklung, etwa im Bereich der Computer- und Kommunikationstechnologie, lässt den heute angeschafften Rechner eben morgen bereits alt aussehen und trägt so exemplarisch mit zu der modernen »Zeit-Erfahrung« bei, dass wir »nicht mehr mitkommen« (TrF 138) und »im Laufe der Jahre jeweils Morgen stets ein wenig mehr von Gestern zu sein« (140) scheinen.

Vor dem Hintergrund dieser entdramatisierten Zeitdiagnose erhält dann auch Lübbes Antwort auf die Herausforderungen der Moderne ihr spezifisches Gepräge. Wiederum knüpft er zunächst an Ritters Philosophie an, vor allem an dessen Ausführungen zu den Geisteswissenschaften. »Kompensation« sei in ihnen »das entscheidende Stichwort« (ZuV 9), befindet Lübbe bereits 1976. Mit seiner Hilfe lasse sich eine »überwältigende Fülle von Phänomenen aus der Geschichte des Historismus erschliessen« (GeG 304). Dabei wird der Anwendungsbereich des Ritter'schen Kompensationsbegriffs in einer Hinsicht eingegrenzt und spezifiziert, in einer anderen allerdings erheblich ausgeweitet. Zum einen nämlich versteht Lübbe unter Geisteswissenschaften »exklusiv die historischen Kulturwissenschaften« und trennt sie damit von praktisch ausgerichteten »Handlungswissenschaften« (ZuZ 283) wie Psychologie, Soziologie, Pädagogik, Politik- und Wirtschaftswissenschaften. Zum anderen aber löst er das Kompensationstheorem aus seiner Festlegung auf die so gekennzeichneten Geisteswissenschaften und weitet es zu einer umfassenden Theorie der modernen historischen Kultur als solcher aus. In ihrem Rahmen lassen sich so unterschiedliche Erscheinungen wie Denkmalschutz, Museumskultur oder Archivwesen gleichermaßen als Anzeichen der beispiellosen »Vergangenheitsbezogenheit unserer Gegenwart« (Mus) begreifen. In den verschiedensten Formen der Zuwendung zur Geschichte sucht sich die moderne Gesellschaft ihrer immer schneller entgleitenden Herkunftsbezüge zu vergewissern, um so weiterhin mit dem anziehenden zivilisatorischen Entwicklungstempo Schritt halten zu können. In diesem Sinne dient die moderne historische Kultur nach Lübbe allgemein der infolge erhöhter zivilisatorischer Entwicklungsdynamik erforderlich werdenden »Kompensation eines änderungstempobedingten Vertrautheitsschwundes« (ZuV 9). Sie übernimmt im sozialen Wandel die orientierungspraktische Funktion, »unser Bewußtsein durch Wiedererkennungserlebnisse zu stabilisieren« (ebd.), um auf diese Weise in einer sich rasch verändernden und weltweit angleichenden Zivilisation für Vertrautheits- und Kontinuitätserfahrungen zu sorgen: »Als Intercontinental-Gast in Köln einerseits oder in London andererseits findet man sich von analogem Comfort umgeben, dessen technische Infrastruktur irgendwo in den USA zentral geplant und entworfen ist. Nichtsdestoweniger und gerade deswegen findet man in Köln sich in einem Hotel-Restaurant wieder, das durch eine in den Betonbau hineingehängte Attrappe so tut, als handle es sich um einen kurkölnisch-sauerländischen Landgasthof, während [...] das Londoner Ambiente durch einen historistischen Tea-Room-Look regional spezifiziert ist.« (ImZ 213)

Lübbes Zurückhaltung gegenüber Ritters entzweiungstheoretischer Deutung der Moderne ist vor dem Hintergrund einer grundsätzlichen Auseinandersetzung mit der Geschichtsphilosophie zu sehen.[75] Dabei richtet sich seine Kritik speziell gegen jene in Aufklärung, Deutschem Idealismus und Historischem Materialismus ausgeprägte Form geschichtsphilosophischen Denkens, die Karl R. Popper unter dem Begriff des »Historizismus« gefasst und aufseiten der »Feinde der Offenen Gesellschaft« verortet hatte. Sie wird allgemein dadurch gekennzeichnet, dass sie den höheren Sinn, das übergreifende Verlaufsgesetz oder das letzte Endziel der Geschichte in den Blick zu fassen sucht, um ihren weiteren Fortgang auf dieser Grundlage erklären, voraussagen und planmäßig voranbringen zu können. Lübbes Vorbehalte gegen diese historizistische Geschichtsphilosophie sind zunächst ideologiekritischer Natur: Sie gelten ihrer politischen Funktion als Mittel der »ideologische[n] Selbstermächtigung zur Gewalt« (IdS 261) in den totalitären Bewegungen und Regimes des 20. Jahrhunderts. Auf ihrer Grundlage rechtfertigen selbsternannte Geschichtssinnvollstrecker ihren umfassenden Herrschaftsanspruch und die rücksichtslose Beseitigung sämtlicher Hindernisse und Gegner des Fortschritts. »Uns ist alles erlaubt« (ebd.), zitiert

Lübbe in diesem Zusammenhang immer wieder exemplarisch die von Lenin ausgegebene Parole der Kommunistischen Partei als geschichtlicher Avantgarde einer vollumfänglich emanzipierten Zukunftsmenschheit. Indessen kommt im Historizismus auch schon eine unangemessene theoretische Auffassung der Geschichte als solcher zum Tragen: Er deutet historische Prozesse nach dem Muster absichtsvoller und planbarer Handlungsabläufe und verkennt so ihre eigentliche Struktur. Wie Lübbe im Anschluss an den Historismus und die analytische Wissenschaftstheorie darlegt, haben Geschichten nicht den Charakter zielgerichteter Handlungen oder prognostizierbarer Prozesse, sondern sind »singuläre Ereignis- oder Zustandsabfolgen [...], so dass [...] keine Regel zur Verfügung steht, nach der sich das Ende einer Geschichte aus ihrem Anfang ableiten liesse« (GeG 13). Überdies weisen Geschichten auch kein »Handlungssubjekt« (69) auf, das sie lenkt, sondern nur ein »Referenzsubjekt« (84), an dem sie sich vollziehen. Zwar wird in ihnen auch gehandelt, doch gehen neben bewussten Absichten immer auch nicht beabsichtigte Handlungsnebenfolgen und unerwartete äußere Ereignisse in sie ein. Aufgrund dieser Struktur der »›Handlungsinterferenz‹ und ›Gemengelage‹« (90) ist der Verlauf von Geschichten nicht mithilfe allgemeiner Gesetzmäßigkeiten zu erklären oder zu planen, sondern lässt sich nur rückblickend erzählen. Sie können dabei als »Prozesse der Systemindividualisierung« (ebd.) angesehen werden, die das unverwechselbare, nicht theoretisch abzuleitende Gepräge von Individuen und Kollektiven durch den narrativen Nachvollzug des einzigartigen Verlaufs ihrer Entwicklung verständlich machen. Auf diese Weise lassen sie sich insbesondere auch zur »Identitätsrepräsentation« (168) nutzen: »Die Geschichte«, so Lübbe im Anschluss an Wilhelm Schapp, »steht für den Mann.« (147)

Diese Verabschiedung der materialen historizistischen Geschichtsphilosophie zugunsten eines wissenschaftstheoretisch begründeten narrativistischen »Neohistorismus« (Rüsen 1979) hat weit reichende Konsequenzen für Lübbes philosophische Betrachtungsweise der Moderne. In ihrem Licht erscheinen auch die freiheitlich-demokratischen Gesellschaften der Gegenwart als Ergebnis einer historischen Entwicklung, die letztlich ebenso gut ganz anders hätte verlaufen können. Die darin eingeschlossene Anerkennung der grundlegenden Kontingenz der modernen Zivilisation spricht keineswegs gegen deren normative Berechtigung und Vorzugswürdigkeit. Die Lage »nach der Aufklärung« (VnA 7) ist nach Lübbe gerade durch die »bezwingende Evidenz ihrer Lebensvorzüge« (EiM 7) gekennzeichnet und daher als historische Errungenschaft zu bewahren und zu verteidigen. Allerdings lässt sie sich aus seiner Sicht nicht mehr geschichtsphilosophisch legitimieren, mithin als Ausdruck einer höheren historischen Notwendigkeit darstellen und rechtfertigen, etwa als Stadium in einem gesetzmäßig ablaufenden, zielgerichteten Fortschrittsprozess. Dass »die Wohlfahrts- und Emanzipationsgewinne, die wir der modernen Gesellschaft zu verdanken haben, [...] erhaltenswert und die Teilhabe an ihnen verbesserungsfähig« seien, ist vielmehr als eine »Banalität« (VoF 7) vorauszusetzen. Entsprechend sind aus der Geschichte der europäischen Aufklärung nach Lübbe auch keine über sie hinausweisenden normativen Ansprüche im Hinblick auf die Zukunft mehr abzuleiten. Die Moderne ist kein »unvollendetes Projekt« (Habermas 1980), das im Zuge weiterer historischer Fortschritte erst noch zum Abschluss gebracht werden müsste. Nach der weitgehend erfolgreich vollzogenen Aufklärung erscheint es mit Blick auf die moderne Gesellschaft vielmehr vordringlich, die »Bedingungen ihrer Selbsterhaltung zu analysieren«, wobei vornehmlich »funktionale Zusammenhänge« ins Auge zu fassen sind – »während die Gründe, die man im Übrigen haben mag, sich mit der modernen Zivilisation moralisch und emotional in Übereinstimmung zu befinden oder nicht zu befinden«, in dieser Perspektive »nicht das Thema sind« (ZuZ 4). Im Rahmen von Lübbes deskriptiv-funktionaler Kulturtheorie der Moderne treten dann auch insbesondere die praktischen Notwendigkeiten der wissenschaftlich-technischen Kontrolle und kulturellen Kompensation unliebsamer Nebenfolgen des dynamisch voranschreitenden Modernisierungsprozesses in den Vordergrund. Die »wandlungstempobedingte Orientierungskrise« ist »nicht eine Zielkrise [...], vielmehr eine Steuerungskrise« (ZuV 21). In diesem Sinne gilt: »Nicht der gehemmte, sondern der stattfindende Fortschritt ist das Problem, indem seine Sicherung identisch wird mit dem Problem der Beherrschung seiner nichtintendierten [...] Nebenfolgen.« (Ebd.) Deshalb sind auch »[n]icht für den Fortschritt [...] Kräfte zu mobilisieren, sondern für die Sicherstellung, ja, Konservierung seiner durch ihn selbst bedrohten Bedingungen« (ebd.).

Diese zeitdiagnostische Perspektive bestimmt auch Lübbes Überlegungen zur praktischen Philosophie. Zwar folgt er im Prinzip den von Aristoteles ausgehenden Ausführungen Ritters zur ethischen und politischen Bedeutung traditioneller Zusammenhänge in der modernen Welt. Allerdings verändert sich mit der Verabschiedung der materialen Geschichtsphilosophie auch der zugrunde gelegte Traditionsbegriff und mit ihm die Tendenz des gesamten Ansatzes. Verkörperte die große europäische Tradition für Ritter letztlich noch die sich im Gang der Weltgeschichte entfaltende menschliche Vernunft selbst, so versteht Lübbe unter Traditionen allgemein »erfahrungsbewährte Lebensformen, die kraft generationenüberdauernder Geltung schließlich den Status kultureller Selbstverständlichkeiten gewinnen« (NeK 29). Dieses Traditionsverständnis bezieht sich unterschiedslos auf sämtliche sozial eingespielte und anerkannte Praktiken. Alltägliche Gepflogenheiten wie das Essen mit Messer und Gabel oder das Grüßen per Handschlag lassen sich ebenso darunter fassen wie altehrwürdige Bräuche und Überlieferungen, aber auch die Rituale und das lokale Brauchtum außereuropäischer Kulturen. Auf der Grundlage dieses geschichtsphilosophisch neutralisierten Traditionsbegriffs erhält Lübbes Traditionalismus dann eine funktionalistische Wendung. Er geht nicht von einer der Tradition als solcher inhärenten Vernünftigkeit und Wahrheitsgeltung aus, sondern bezieht sich lediglich auf ihre individuell und gesellschaftlich tragende Funktion. Traditionen gelten »nicht aus der Evidenz ihrer guten Gründe«, sondern »aus der Evidenz der Unmöglichkeit, ohne sie auszukommen« (DpT 170). Gerade im immer komplizierter werdenden Gefüge der modernen Zivilisation erweist sich die Anknüpfung an traditionelle Selbstverständlichkeiten schlicht als Gebot pragmatischer Vernunft: »Die Totalität des Systems unserer jeweiligen Orientierungen ist viel zu groß und strukturell viel zu komplex, als daß wir, und sei es in kollektiver Bemühung, imstande wären, die Last traditionsfreier, sozusagen harter Legitimierung aller Elemente dieses Orientierungssystems auf unsere Schultern zu laden.« (TrF 130) An die Stelle der Berufung auf eine in der Überlieferung kulturell entfaltete Menschheitsvernunft tritt damit eine pragmatisch begründete konservative Beweislastverteilung, nach der aufgrund praktischer Notwendigkeit die Veränderung bestehender Verhältnisse (und nicht etwa ihre Beibehaltung) als begründungsbedürftig anzusehen ist. Es sind letztlich »die Lasten der Neuorientierung«, die uns »an die Geltung der orientierungspraktischen Verfahrensregel erinnern, daß für die Tradition die Primärvermutung ihrer Vernünftigkeit gelten muß und die Last expliziter Begründung bei demjenigen liegt, der sie verwirft« (GeG 329 f.).

Diese konservative Beweislastverteilung gilt nach Lübbe insbesondere im Hinblick auf Fragen der moralischen Orientierung in der modernen Zivilisation. Gerade angesichts der verheerenden Folgen der totalitären politischen Systeme des 20. Jahrhunderts zeigt sich in seinen Augen die Gefahr aller Bestrebungen, die überlieferten, allgemein anerkannten Regeln sittlichen Anstands kurzerhand unter Berufung auf eine »höhere Moral« außer Kraft zu setzen. Auch die Verbrechen der Nationalsozialisten sind in dieser Perspektive keineswegs aus einem Mangel an erhabenen moralischen Prinzipien zu erklären, sondern im Gegenteil aus einer auf derartige Prinzipien gestützten ideologischen Aushebelung der Gepflogenheiten historisch gewachsener herkömmlicher Sittlichkeit: »Nicht die moralisierende Reflexionstüchtigkeit ist beschädigt, sondern die Urteilskraft, die einen in Orientierung an Erfahrung und traditionell gefestigtem politischem Wirklichkeitssinn gemeinsinnsfähig urteilen ließe, was erlaubt und was nicht erlaubt ist.« (PoM 17) Vor diesem Hintergrund begegnet Lübbe auch allzu weit reichenden theoretischen Ansprüchen im Bereich des Moralischen stets mit grundsätzlichen Vorbehalten. Das betrifft vor allem transzendentalphilosophische Versuche, die Geltung sittlicher Normen von einer vorgängigen reflexiven Überprüfung und rationalen Rechtfertigung ihrer Legitimität abhängig zu machen. Der Ausspruch Kants, das Gewissen könne nicht irren, erhält seinen Sinn allein »auf dem Hintergrund eines reichen Bestandes materialer moralischer und rechtlicher Normen von elementarer Bedeutung und unbezweifelter kultureller Geltung« (38). Davon losgelöst würde er hingegen zum Freischein für die subjektive Willkür eines fanatischen »Tugendterrors« (ebd.). Auch die Aussicht auf eine postkonventionelle, im Rahmen herrschaftsfreier Diskurse allererst argumentativ zu begründende Moral erscheint als Ausdruck einer »philosophischen Anspruchshypertrophie« (WoP 38). Gegenüber allen

Bestrebungen moralphilosophischer Letztbegründung verweist Lübbe auf die lebenspraktische Bedeutung des aufgeklärten »Common Sense«, mithin des »gesunden Menschenverstandes«: Das moralisch Tunliche erfordert im Normalfall keinen theoretischen Reflexionsaufwand; es ist im Grunde trivial und »versteht sich [...] von selbst« (PoM 73). Insofern ist auch die konventionelle Sittlichkeit mitsamt der als »KZ-Wächter-Tugenden« diffamierten »sekundären Tugenden des Fleißes, der Sauberkeit, der Arbeitsdisziplin und der Ordnung« (62) gegen ihre prinzipienethische Abwertung als Ausdruck eines unvollständig emanzipierten, reflexionsmoralisch zurückgebliebenen Normbewusstseins zu verteidigen. Dabei wird gegenüber der moralistischen Tendenz zu Gesinnungseifer und Prinzipienreiterei ein verantwortungsethischer Standpunkt zur Geltung gebracht, der für den Umgang mit moralischen Problemen Lebenserfahrung, Sachkenntnis und praktische Urteilskraft einfordert: »Die gute Gesinnung, die sich an der Realität reibt, zerreibt sich selbst, wenn sie nicht zum Impuls verstandeskontrollierter Handlungen wird und sich an die Klugheit bindet.« (99)

Auch in politischen Zusammenhängen macht Lübbe stets die praktischen Bedingungen und Grenzen der Umsetzung theoretischer Vernunfteinsichten geltend. Dabei wendet er sich zum einen gegen die »vom Sachzwang beherrschte Ordnung einer entpolitisierten Technokratie« (ThE 12), zum anderen aber auch gegen das Ideal eines »herrschaftsfreien Diskurses«, in dem alle politischen Streitfragen bis zu ihrer abschließenden Klärung in einem argumentativ erzielten Konsens »auszudiskutieren« wären.[76] Gegenüber derartigen Visionen einer vollständigen Rationalisierung des Politischen wird in liberal-pragmatischer Umdeutung des Dezisionismus Carl Schmitts die zentrale Bedeutung der Kategorie der Entscheidung im Rahmen freiheitlich-demokratischer Systeme herausgestellt. Auch hier ist die Verbindlichkeit politischer und juridischer Normen im Letzten »nicht die Verbindlichkeit verbindlicher Diskussionen und zwingender Argumente«, sondern »die Verbindlichkeit von Entscheidungen [...], deren Legitimität auf der Legalität der Verfahren beruht, über die sie in Kraft gesetzt worden sind« (CaS 433). Insofern behält auch das demokratische Verfahren der Abstimmung ungeachtet aller vorausgehenden wissenschaftlichen Expertengutachten und parlamentarischen Debatten einen dezisionistischen Rest: Am Ende werden die »Stimmen nicht mehr gewogen, vielmehr gezählt« (434). Im Zeichen zeitgenössischer Ideale einer umfassenden Demokratisierung des gesamten gesellschaftlichen Lebens wurde dieses Mehrheitsprinzip vielfach als Makel einer unvollkommenen, bloß »formalen« Demokratie bemängelt. Dagegen unterstreicht Lübbe gerade seinen freiheitsermöglichenden Sinn als »Grundprinzip antitotalitärer Liberalität« (ebd.): Der Verfahrensgrundsatz »Mehrheit statt Wahrheit« entkoppelt die Anerkennung der öffentlichen Gültigkeit demokratischer Beschlüsse von der inhaltlichen Zustimmung zu ihrem Sachgehalt. Er eröffnet dem Einzelnen so die Möglichkeit, privat »die Wahrheit, statt bei der Mehrheit, an ganz anderer Stelle zu vermuten« (ebd.). Im gleichen Zusammenhang stehen das »Plädoyer für den ›starken Staat‹« als »liberalitätsgarantierenden Ordnungsrahmen des gesellschaftlichen Pluralismus« (438 f.) sowie die Deutung der von ihm verbürgten Grundrechte im Sinne einer Abgrenzung jener Lebensbereiche, die gerade »nicht [...] zur Disposition demokratischer Mehrheitsentscheide« (SuS 94) stehen. Angesichts dieser freiheitssichernden Bedeutung funktionstüchtiger freiheitlich-demokratischer Verfahren und Institutionen erscheint Lübbe die diskursethische Vorstellung, die »Einrichtungen einer verwirklichten Demokratie« müssten beschaffen sein »wie verschwebende Netze, aus zerbrechlichster Intersubjektivität gewoben« (J. Habermas), als weltfremder »diskurstheoretisch basierter 68er

Demokratiekitsch« (DeW 146). Daran gemessen dürften letztlich »weder Großbritannien noch die Schweiz zu den ›verwirklichten Demokratien‹ gezählt werden« (PoM 66).

Neben Common Sense, hergebrachter Sitte und eingespielten demokratischen Verfahren hat sich in Lübbes Augen insbesondere auch die Religion als »Modernisierungsgewinner« (Mog) erwiesen. Zwar hat sie ihre einstigen Ansprüche auf allgemein verbindliche Welterklärung und politische Autorität im Zuge der Aufklärung an die modernen Wissenschaften bzw. den säkularisierten Rechtsstaat abtreten müssen. Inzwischen hat jedoch auch ein »kultureller Geltungsschwund der Wissenschaft« (ReA 12) selbst eingesetzt, sodass die wissenschaftliche Forschung und ihre Ergebnisse ihrerseits an weltanschaulicher Bedeutung und Brisanz verloren haben. Infolgedessen erscheint das mit der Aufklärung aufgebrochene Spannungsverhältnis zwischen religiösen Glaubensüberzeugungen und wissenschaftlicher Erkenntnis weitgehend entschärft. Alttestamentarische Schöpfungslehre und moderne Evolutionstheorie kommen einander nicht mehr ins Gehege, sie verhalten sich »gleichgültig« (42) zueinander. Wie Lübbe unterstreicht, steht das unter diesen Bedingungen zu verzeichnende Fortbestehen, ja, Erstarken religiösen Lebens in modernen Gesellschaften allerdings im Widerspruch zu der verbreiteten Annahme, Religion sei nur Überbleibsel und Ausdruck rückständiger individueller oder gesellschaftlich-politischer Entwicklung und werde darum im Zuge weiter fortschreitender Emanzipations- und Modernisierungsprozesse vollends überflüssig werden und endgültig verschwinden. Insofern erscheinen die einschlägigen religionskritischen Deutungen des Glaubens als »Opium des Volkes« (K. Marx) oder illusionäre Ersatzbefriedigung unerfüllbarer Triebwünsche (S. Freud) »ihrerseits wirklichkeitsfremd« (17) und überholt. Sie verkennen die durch Aufklärung und Moderne in keiner Weise tangierte Bedeutung der Religion als »Kontingenzbewältigungspraxis«, das heißt »Kultur des Verhaltens zum Unverfügbaren« (160): Sie ermöglicht es, sich in ein Verhältnis vernünftig abgeklärter Anerkennung zu denjenigen Daseinsbedingungen zu setzen, die unbeschadet aller wissenschaftlich-technischen Fortschritte der eigenen Verfügung grundsätzlich entzogen bleiben. Diese in der Unbeeinflussbarkeit der Herkunft und Anlagen sowie des künftigen Geschicks und Todes zutage tretende »handlungssinntranszendente Daseinskontingenz« ist nach Lübbe schlechthin »nicht reformprogrammfähig«, sodass hier letztlich »nichts als Religion bleibt, sich zum Unverfügbaren in Beziehung zu setzen« (16). Auch im öffentlich-politischen Leben fällt ihr in Gestalt der »Zivilreligion« (306) eine vergleichbare Aufgabe zu: Von der Präambel des Grundgesetzes über den Amtseid des Ministers bis zu dem im Gerichtssaal angebrachten Kruzifix wird durch sie »innerhalb des politischen Systems öffentlich ein Sinnbezug zu prinzipiell nicht disponiblen Voraussetzungen seiner eigenen Existenz hergestellt« (321).[77]

Mit seinen breit gefächerten Analysen der historisch beispiellosen globalen Fortschritts- und Zivilisationsdynamik der modernen Industriegesellschaft hat Hermann Lübbe frühzeitig Themen und Probleme in den Blick genommen, die im Zeichen aktueller zeitdiagnostischer Diskussionen unter Gesichtspunkten der »Globalisierung« und »Beschleunigung« inzwischen weithin Aufmerksamkeit finden. Dabei lässt Lübbe angesichts des weltweit anziehenden gesellschaftlichen Wandlungstempos keinerlei Neigung zu kulturkritischen Klagen erkennen. Vielmehr streicht er die beträchtlichen Freiheits- und Wohlfahrtswirkungen von Modernisierungsprozessen und zugleich den mit ihnen einhergehenden Bedeutungszuwachs historisch gewachsener lebensweltlicher Nahverhältnisse, traditionell gefestigter sittlicher Selbstverständlichkeiten und politisch funktionstüchtiger freiheitlich-demokratischer Verfahren und Einrichtungen heraus.[78] Von gesellschaftskritischen

Fortschrittspropheten und selbsterklärten Aufklärungsvollendern in den 1970er und 1980er Jahren vielfach als neokonservativer Hardliner attackiert, konnte er das seinerzeit verpönte Etikett »konservativ« unter den Prämissen seiner Kulturphilosophie des erfolgreichen Aufklärungs- und Modernisierungsvollzugs selbstbewusst aufnehmen und ins Positive wenden: »Im Natur- und Landschaftsschutz haben ja inzwischen auch Linke begriffen, daß der Zwang zur Bewahrung zukunftsnötiger und zukunftsfähiger Herkunftsbestände mit der Dynamik des Fortschritts anwächst. Nichts spricht dafür, daß nicht ebenso auch in Politik, Kultur und Gesellschaft die Nötigkeit konservativer Verhaltensweisen komplementär mit unserer Fortschrittlichkeit zunimmt.« (NeK 30 f.) Tatsächlich mehren sich längst die Stimmen, die Lübbe im Rückblick auf die erhitzten politisch-philosophischen Auseinandersetzungen um die Grundlagen und Zukunftsaussichten der modernen Gesellschaft »zum Sieger erklären« wollen: »Seine Forderungen nach Abbremsung und Entschleunigung, nach einer kulturellen Einhegung und Kompensation des wissenschaftlichen Fortschritts haben sich auf ganzer Linie durchgesetzt« (Nolte 2004).

3.3.2 Odo Marquard: Skeptische Apologie moderner Bürgerlichkeit

In Anbetracht des verspielt anmutenden Stils und des feinsinnigen, gelegentlich aber auch durchaus kalauerhaften Humors seiner Essays mag es naheliegend erscheinen, Odo Marquard als unterhaltsamen philosophischen Komiker, eine Art »Klassenclown« der »Ritter-Schule« zu charakterisieren. Bei näherem Zusehen zeigt sich freilich, dass in seiner fein ziselierten »Transzendentalbelletristik« überaus ernsthafte, ja, existenzielle Fragen verhandelt werden, die es auf humoristische Weise allenfalls »aushaltbarer zu machen« (AbP 9) gilt. Unter Einbeziehung anthropologischer Erwägungen zur menschlichen Begrenztheit und Endlichkeit wird Joachim Ritters Deutung der Moderne im Zeichen der Entzweiung hier zu einer Apologie der modernen bürgerlichen Gesellschaft weiterentwickelt, die auch mit Blick auf die Gegenwart den skeptischen Vorbehalt zugunsten des Bestehenden gelten lässt.

Odo Marquard wurde am 26. Februar 1928 als Sohn des preußischen Oberfischmeisters für die ostpommersche Hochsee- und Küstenfischerei in Stolp (heute Słupsk) geboren.[79] Auf einer nationalsozialistischen Kaderschmiede nach eigenem Bekunden »solide ausgebildet einzig in Weltfremdheit« (6), wurde er noch in den letzten Kriegswochen als Luftwaffenhelfer zum »Volkssturm« eingezogen. Rückblickend zählte er sich zu Helmut Schelskys »skeptischer Generation«, die die lebensgeschichtlich prägenden Erfahrungen des »Zusammenbruchs« des »Dritten Reichs« und der Kompromittierung seiner ideologischen Grundlagen zu einem profunden Misstrauen gegenüber hochfliegendem politischem Idealismus und umfassenden weltanschaulichen Systemen verarbeitet hat. Gemäß der Überzeugung, man könne »keine Philosophie wirklich haben, ohne die Erfahrung zu haben, auf die sie die Antwort ist« (8), verstand Marquard diese Generationszugehörigkeit auch als den biografischen Hintergrund seiner philosophischen »Wende zur Skepsis« (6). Mit ihr verbindet sich ein feines Gespür für die Kontingenz und Zerbrechlichkeit aller menschlichen Angelegenheiten, ein tief sitzender Vorbehalt gegenüber fundamentalistischen und perfektionistischen, auf ethische Letztbegründung oder politische Utopien abzielenden philosophischen Ansätzen sowie ein Bekenntnis zu einem liberalen Ethos der Bürgerlichkeit, das Tugenden der Selbstbescheidung und Toleranz in den Vordergrund rückt.

Nach US-amerikanischer Kriegsgefangenschaft nahm Marquard 1947 das Studium der Philosophie, Germanistik, evangelischen Theologie sowie katholischen Fundamentaltheologie in Münster auf, wo er zu den ersten Teilnehmern an Ritters Collegium Philosophicum gehörte. Während des Türkeiaufenthalts seines Lehrers promovierte er 1954 mit der Arbeit *Skeptische Methode im Blick auf Kant* (SkM) bei Max Müller in Freiburg und kehrte daraufhin als wissenschaftlicher Assistent an Ritters Lehrstuhl zurück. Seine frühen Arbeiten befassen sich mit philosophiehistorischen Fragestellungen im Umkreis des Deutschen Idealismus. Sie lassen ein ausgeprägtes Stilbewusstsein und lebhaftes Interesse an hintergründigen geistesgeschichtlichen Zusammenhängen erkennen. Die Doktorarbeit verfolgt die verschiedenen Bedeutungen und Schwundstufen der Metaphysik nach Kant und bringt bereits den zentralen Begriff der »Kompensation« (20 f.) ins Spiel. Die Habilitationsschrift von 1962 betrachtet die »Psychoanalyse als Aggregatzustand des deutschen Idealismus« und untersucht die »entzauberte Wiederkehr« (TrI: XI) seiner naturphilosophischen Motive bei Freud. Im Jahr 1965 wurde Marquard Professor für Philosophie an der Universität Gießen, wo er bis zur Emeritierung 1993 blieb. Daneben war er Mitglied des Gründungsbeirats der Universität Bielefeld (1965–1967), Fellow am Wissenschaftskolleg zu Berlin (1982/83) sowie Präsident der Allgemeinen Gesellschaft für Philosophie in Deutschland (1985–1987).

Auch Marquard knüpft an Ritters Überlegungen zu den Geisteswissenschaften an und verhilft ihnen dabei zu breiter Wirkung. Besonders seine Eröffnungsrede *Über die Unvermeidlichkeit der Geisteswissenschaften* (UnG) vor der Westdeutschen Rektorenkonferenz hat 1985 eine viel beachtete wissenschaftspolitische Kontroverse angestoßen.[80] Wie Marquard damals ausführt, besteht die gesellschaftliche Funktion der Geisteswissenschaften allgemein im Ausgleich von Modernisierungsschäden: »Die –

durch die experimentellen Wissenschaften vorangetriebene – Modernisierung verursacht lebensweltliche Verluste, zu deren Kompensation die Geisteswissenschaften beitragen.« (102 f.) Ähnlich wie bereits bei Ritter sind diese Verluste vor allem in der naturwissenschaftlich-technischen »Neutralisierung der geschichtlichen Herkunftswelten« (103) sowie der »Gefahr der Veraltung« (104) und »Versachlichung« (106) des aus ihnen Überlieferten zu sehen. Anders als bei Ritter wird der Kompensationsgedanke dabei allerdings nicht mehr geschichtsphilosophisch, sondern anthropologisch begründet. Bei menschlichen Wesen besteht nach Marquard allgemein der »lebensweltliche Bedarf [...], in einer farbigen, vertrauten und sinnvollen Welt zu leben«, sodass eine Modernisierung ohne Ausgleich als »ein menschlich unaushaltbarer Verlust« (104) angesehen werden muss. Aus diesem Grund müssen die Geisteswissenschaften in der Moderne die zunehmend bedrohten Leistungen der Überlieferung übernehmen bzw. sie unterstützen. Sie »helfen den Traditionen, damit die Menschen die Modernisierungen aushalten können« (105). Dies tun sie, indem sie etwa für die von den Wissenschaften ausgeblendeten ästhetischen Qualitäten der Wirklichkeit sensibilisieren und für lebensweltliche Orientierung in einer unübersichtlich gewordenen Gesellschaft sorgen. Methodologisch sind sie dabei durch Narrativität gekennzeichnet. Sie »kompensieren Modernisierungsschäden, indem sie erzählen« (ebd.). Aus einer Hermeneutik, die bei Ritter mit dem Objektivitätsanspruch einer streng wissenschaftlichen Vorgehensweise auftritt und ihre Gegenstände als solche ein für alle Mal erfassen soll, wird damit ein eher an Gadamers Ansatz oder an postmoderne Vorstellungen von der Unabschließbarkeit der Bedeutungszuweisung erinnerndes »pluralisierendes« Verfahren, mit dem sich ein Text stets »auch noch anders verstehen« lassen soll – »und [...] noch einmal anders und immer wieder anders« (FrH 130).

Eine vergleichbare Umstellung des Ritter'schen Kompensationsgedankens von geschichtsphilosophischen auf anthropologische Grundlagen lässt sich auch im Hinblick auf Marquards Beschäftigung mit der Ästhetik feststellen. Gemäß seiner »Kompensationstheorie des Ästhetischen« (VAe 8) erhält die Kunst in der Moderne allgemein die Aufgabe, gegenüber der im Zuge der Entzauberung »farblos werdenden Welt« der modernen Industriegesellschaft für die »Ersatzverzauberung des Ästhetischen« (UnG 105) zu sorgen. Sie ermöglicht im Gegenzug zur wissenschaftlichen Objektivierung und technisch-industriellen Versachlichung aller natürlichen und geschichtlichen Lebenszusammenhänge die »Rettung der zauberhaften Züge der Wirklichkeit ins Ästhetische« (AeA 12). Dabei entspricht dieser kompensatorische Vorgang auch hier gewissen praktischen Bedürfnislagen des Menschen, speziell dem bereits angesprochenen lebensweltlichen Bedarf an Farbigkeit, Vertrautheit und Sinn. In der Folge erhält das Ästhetische bei Marquard mitunter einen therapeutischen Zug. So eröffnet die Kunst in seinen Augen gewisse »Exile der Heiterkeit« inmitten der vorherrschenden schwarzmalerischen Betrachtung der modernen Welt, indem sie deren Ernst »zum Moment herunterspielt« (ExH 50). Dagegen erscheint der zeitgenössische »Weg in die nicht mehr schöne Kunst« bedenklich, zumal wenn diese sich »artistisch aufs Schlimme« (BTU 42) kapriziert. Auf dieser Linie nähert sich die kompensationstheoretische Deutung des Schönen und der Künste der romantischen Ästhetik und ihrem Ziel einer poetischen Verklärung der prosaischen modernen Welt: Das Ästhetische wird zum »Organ [...] einer neuen Verzauberung« (KuK 115) der versachlichten industriegesellschaftlichen Wirklichkeit, in die das Schöne erst wieder »durch Kunst [...] hineingebracht werden« (AeA 13) muss. Allerdings dient es dabei in Marquards Augen keineswegs einer illusionären Realitätsflucht, sondern im Gegenteil gerade der Wahrung eines möglichst umfassenden Wirklichkeitssinns: »[D]ie ästhetische Kunst und die philosophische Ästhetik werden spezifisch modern nötig als Chancen, den Realitätsverlust, ohne den die modernen Versachlichungen nicht zu haben sind, und den Realitätsverlust, zu dem die modernen Utopisierungen führen, durch Realitätsgewinne wettzumachen« (VAe 9).

Marquard begründet seinen Übergang zur Anthropologie als »diensthabenden Fundamentalphilosophie« (AeM 40) unter Verweis auf grundsätzliche *Schwierigkeiten mit der Geschichtsphilosophie* (ScG). Als Geschichtsphilosophie gilt ihm dabei jene Form philosophischen Denkens, »die die eine Weltgeschichte proklamiert mit dem einen Ziel und Ende, der Freiheit aller [...]; diejenige, die Fortschritt sieht und will und Kritik der vorhandenen Wirklichkeit als Unterscheidung zwischen dem, was ihn fördert, und dem, was ihn nicht fördert [...]; kurz: es ist diejenige, die aufruft zum Ausgang der Menschen aus ihrer selbstverschuldeten Unmündigkeit dadurch, daß sie sich aus Heteronomien befreien und sich selber autonom zum Herren ihrer Welt machen.« (14) Mit dem Aufkommen dieser emanzipatorischen Geschichtsphilosophie vollzieht sich aus Marquards Sicht im Laufe der Neuzeit eine sowohl geistes- als auch realgeschichtlich grundlegende Umwälzung: Der Mensch schickt sich an, die in der Theodizee theoretisch verhandelte Frage der Qualität der Schöpfung nunmehr selbst praktisch zu entscheiden, indem er sich zum geschichtsmächtigen Handlungssubjekt und souveränen Schöpfer seiner Welt aufschwingt. Aus diesem »Aufschwung der Menschen zum absoluten Weltrichter mit totaler Weltkontrolle« (KoV 64) ergeben sich allerdings weit reichende gesellschaftlich-politische Konsequenzen, deren Spätausläufer Marquard noch in der zeitgenössischen neomarxistisch inspirierten Protestbewegung erkennt. So kommt im Einzugsbereich der Geschichtsphilosophie die Tendenz auf, »all jenes, was an der Welt schlimm ist, menschlicher Freiheit zuzuschreiben« (IdT 57), was zwar Gott in dieser Hinsicht entlastet, aber die Menschen selbst zu Hauptverantwortlichen und Alleinschuldigen werden lässt und Zwietracht unter ihnen säht: »Was zuvor [...] als Streit des Menschen mit Gott abgemacht werden konnte, muß jetzt als Streit des Menschen mit Menschen [...] ausgefochten werden.« (WiG 77) Der moderne ideologische Weltbürgerkrieg entbrennt und führt zu einer umfassenden »Übertribunalisierung« der menschlichen Lebenswirklichkeit, in deren Zuge »der Mensch als wegen der Übel der Welt absolut Angeklagter [...] unter absoluten Rechtfertigungsdruck, unter absoluten Legitimationszwang gerät« (AeM 49). Dabei muss er nicht nur als Angeklagter auf göttliche Gnade verzichten, sondern macht als gnadenloser Ankläger zugleich unmittelbar absolute Werte und Normen geltend, die den geschichtlich bereits erreichten Stand ihrer gesellschaftlich-politischen Verwirklichung notwendig diskreditieren. Es kommt zum »Verleugnungszwang und Regressionseffekt des Sollensdenkens« (HeS 47), das die stets hinter dem hehren Ideal zurückbleibenden faktischen Lebensverhältnisse in dunkle Farben taucht: »Weil die vorhandene Wirklichkeit der Himmel auf Erden sein soll und nicht ist, gilt sie als Hölle auf Erden« (ApB 104). Die geschichtsphilosophisch betriebene »Sollenshypertrophie bewirkt Seinsvermiesung« (ApZ 127).

Offenkundig liegt Marquards kritischer Auseinandersetzung mit den überzogenen Ansprüchen des modernen geschichtsphilosophischen Diskurses von vornherein eine bestimmte, in der Tendenz pessimistische Einschätzung der Natur und Fähigkeiten des Menschen zugrunde. Denn tatsächlich ergibt sich ja aus dem bloßen »Abschied von der Geschichtsphilosophie« (ScG 28) keineswegs schon zwangsläufig eine »Wende zur Anthropologie« (GeA 134). Und auch aus einer solchen Wende zur Anthropologie lässt sich per se noch nicht die Marquard'sche Kompensationstheorie in ihrer spezifischen theoretischen Stoßrichtung ableiten. Fasst man Kompensation mit Marquard zunächst ganz allgemein als einen »Ausgleich von Mangellagen durch ersetzende oder wiederersetzende Leistungen« (KoV 67), so erscheinen prima facie mindestens zwei verschiedene Lesarten des Begriffs möglich, weil auch ein Ausgleich bzw. Ersatz grundsätzlich zweierlei sein kann: einmal ein gegenüber dem Original qualitativ minderwertiges Surrogat, daneben aber auch ein ihm vollkommen gleichwertiges Äquivalent. Kaffee-Ersatz etwa wird von Kennern in der Regel nur als eine Not- und Verlegenheitslösung angesehen werden, der der echte Bohnenkaffee im Zweifelsfall vorzuziehen ist. Ein mechanisches Ersatzteil hingegen, z. B. ein Ersatzreifen für das Auto, darf dem Original in keiner funktional relevanten Hinsicht nachstehen, sodass beide im Grunde beliebig gegeneinander austauschbar sein sollten. Marquard selbst thematisiert diesen Unterschied indes nicht, sondern geht bei der Formulierung seiner Kompensationstheorie wie selbstverständlich von der erstgenannten Bedeutungsvariante aus: Kompensationen sind für ihn wesentlich behelfsmäßige Notlösungen, die stets »nur – relativ – kompensieren und nicht – absolut – erlösen« (PhS 41). Die darin zum Vorschein kommende, für Marquards philosophischen Ansatz durchaus charakteristische Präferenz für »das Unvollkommene: die zweitbesten Möglichkeiten, die Vizelösungen, das, was nicht das Absolute ist« (VoV 9), verweist bereits auf zentrale Grundannahmen seiner anthropologischen Überlegungen. Aus ihnen geht hervor, dass sich das mit der modernen Geschichtsphilosophie übernommene »bürdenreiche Amt eines Täters und Lenkers der Welt am Ende« als »zu schwer für den Menschen« (IdT 62) erweist. Das hat zur Folge, dass dieser »etwas stattdessen tun muß, tun kann und tut«, sodass »Kompensation« schließlich »zum Anthropinon schlechthin und der Mensch zum homo compensator« (KoV 77) wird.

Marquard bezeichnet seinen anthropologischen Ansatz gelegentlich auch als eine »Philosophie der menschlichen Endlichkeit« (MeK 22). In der Tat hebt er in Anlehnung an Arnold Gehlens Bestimmung des Menschen als entlastungsbedürftiges Mängelwesen besonders die vielfältigen Unzulänglichkeiten und Begrenztheiten des menschlichen Daseins hervor und führt sie gegen das philosophische »Programm der Absolutmachung des Menschen« (ApZ 118) ins Feld. Aus dieser anthropologischen Ausrichtung auf Endlichkeit ergeben sich zentrale Motive seines Philosophierens. Dabei sind die wesentlichen Formen der menschlichen Endlichkeit für Marquard »im Blick auf die Macht, im Blick auf den Raum [und] im Blick auf die Zeit« (MeK 22) zu bestimmen. So ist der Mensch unter dem Gesichtspunkt der Macht zunächst theologisch durch seine »Kreatürlichkeit« charakterisiert als »das schlechthin Abhängige, das, was nicht Gott, was aus sich selber nichts, und darum nur durch Gott ist« (ebd.). Diese schlechthinnige Abhängigkeit erklärt nach Marquard auch die fundamentale *Kontingenz* aller menschlichen Angelegenheiten, die nie der rationalen Notwendigkeit optimaler Fügung oder wohlüberlegter selbstbestimmter Entscheidung entsprechen, sondern immer auch vielfältigen unverfügbaren Zufälligkeiten und äußeren Schicksalsmächten unterworfen sind. Der Mensch kann sich selbst nicht absolut wählen, wir bleiben »stets mehr unsere Zufälle als unsere Wahl« (ApZ 127). Des Weiteren zeigt sich die menschliche Endlichkeit in räumlicher Hinsicht als »elementare Nichtubiquität des Begrenzten« (MeK 24): Der Mensch kann nicht überall gleichzeitig sein, sondern findet sich stets unter anderem und unter anderen vor und ist in diesem Sinne konstitutiv auf *Pluralität* verwiesen. Gerade »weil wir nur ein Leben haben«, sind wir wesentlich auf »die Anderen, unsere Mitmenschen« bezogen, »die viele Leben leben« (EuV 43). Und schließlich wird der Mensch mit Martin Heidegger auch in temporaler Hinsicht als ein Wesen bestimmt, »dessen Zeit bemessen ist« (MeK 24). Menschliches Dasein ist »Sein zum Tode« (ebd.). Dieser Sinn von Endlichkeit als *Sterblichkeit* wird für Marquard derart maßgeblich, dass er in Anspielung auf Gehlen gelegentlich geradezu vom »Zeitmangelwesen« (27) spricht. Unter dem Strich betrachtet er den Menschen jedoch in allen drei Hinsichten weniger als »triumphierenden Zielstreber, sondern als kompensierenden Defektflüchter«, der statt »durch seine Ziele [...] bestimmt [ist] durch seine Hinfälligkeiten« (PhS 42).

Diese Betonung der menschlichen Endlichkeit wird für Marquards gesamtes philosophisches Denken grundlegend. Sie prägt insbesondere auch sein Verständnis vom Wesen, den Aufgaben und den Grenzen der Philosophie selbst. Als menschliches Unterfangen kann auch die Philosophie in seinen Augen keinesfalls für sich in Anspruch nehmen, in Form rationaler Erkenntnis des Ganzen und Absoluten mächtig zu sein. Tatsächlich hat sie im Zuge einer geschichtlich fortschreitenden »Kompetenzreduktion« (Ink 24) bereits nach und nach ihr altehrwürdiges hoheitsvolles Selbstverständnis aufgeben müssen, als Metaphysik »zum Heil der Menschen«, als neuzeitliche Wissenschaft »zum Nutzenwissen der Menschen« oder als Geschichtsphilosophie »zum gerechten Glück der Menschen führen« (25) zu können. In der Folge hat philosophisches Denken nach Marquards Überzeugung heute endgültig seinen »Abschied vom Prinzipiellen« zu vollziehen, um in einer »Wende zur Skepsis« (AbP 4) zu angemessener Bescheidenheit hinsichtlich der eigenen Geltungsansprüche zu gelangen. Dabei grenzt sich der von ihm in den Blick gefasste skeptische Ansatz ausdrücklich ab vom »negativen Dogmatismus« der platonischen Tradition akademischer Skepsis und ihrem Festhalten an jenem »Quantum quasigöttlicher Souveränität, das der Dauerzweifel zu enthalten scheint« (15). Stattdessen bezieht sich Marquard vornehmlich auf die von Sextus Empiricus überlieferte Philosophie der pyrrhonischen Skepsis und ihre verschiedenen Pendants im französischen Moralismus, der englischen Aufklärung oder dem deutschen Historismus.[81] In ihrem Lichte erscheinen die Skeptiker nicht als »die, die prinzipiell nichts wissen; sie wissen nur nichts Prinzipielles«, sondern halten sich an das, was »üblicherweise und mit dem Status von Üblichkeiten [...] gewusst wird« (17). Die skeptische Philosophie als Form philosophischer »Inkompetenzkompensationskompetenz« (Ink 37) eröffnet mithin eine historische und pluralistische Perspektive, die im Fundus der geistesgeschichtlichen Überlieferung vielfältige inhaltliche Bezugspunkte findet, ohne sich an einen einzigen von ihnen ein für alle Mal binden zu müssen. Entsprechend avancieren die antiken Mythen und Erzählungen bei Marquard im Zeichen eines postmodern anmutenden »aufgeklärten Polytheismus« zum Vorbild eines Denkens, für das der »orthologische Mono-Logos [...] der Ermächtigung einer Alleinvernunft« (LoP 110) seine Überzeugungskraft eingebüßt hat. Dem Skeptiker steht es an, in relativistischer Toleranz »über dieselbe Sache mal dies, mal das zu denken und jenen dieses und diesen jenes [...] denken zu lassen« (ebd.).[82]

Auch für Marquards Überlegungen zur praktischen Philosophie hat seine skeptische Sicht der menschlichen Endlichkeit ähnliche Konsequenzen. Er selbst kennzeichnet seinen Ansatz als den einer »zur Skepsis tendierenden hermeneutischen Ethik« (UnÜ 63). Der zentrale Grundsatz dieser skeptisch-hermeneutischen Position ist das unter Berufung auf Ritters Ausführungen zur aristotelischen Hypolepsis formulierte »Antiprinzip Anknüpfung« (67). Ihm zufolge haben Menschen aufgrund der konstitutiven Begrenztheit und Endlichkeit ihres Daseins schlichtweg »nicht genug Zeit, das, was sie – zufälligerweise – schon sind, absolut zu wählen oder abzuwählen und statt seiner etwas ganz anderes und Neues zu wählen« (ApZ 121). Sie können sich nie in beliebigem Umfang aus ihren partikularen, historisch kontingenten Herkunftszusammenhängen emanzipieren, um ihr gesamtes Leben auf der Basis rationaler Einsichten von Grund auf vollkommen selbstbestimmt und vernünftig zu gestalten und zu verantworten. Stattdessen bleiben sie stets überwiegend darauf angewiesen, an überlieferte Vorgaben anzuknüpfen, im Bereich sittlichen Urteilens und Handelns mithin an »die faktische Moral« (UnÜ 66). Den daraus folgenden ethischen Standpunkt bezeichnet Marquard auch als »Usualismus«. Er läuft auf die philosophische Empfehlung hinaus, »gemäß den ›Sitten der Väter‹ zu leben, d.h. – wo es keine zwingenden Gründe fürs Abweichen gibt – nach Üblichkeiten zu handeln« (AbP 16). Damit wird auch in usualistischer Perspektive die konservative Beweislastverteilungsregel maßgeblich: »die Beweislast hat der Veränderer« (ebd.). Die Differenz zu Ritters hermeneutischer Ethik wird am verwendeten Begriff der Tradition und der Begründung ihrer ethischen Bedeutung deutlich. Marquard spricht anstelle von Traditionen vorzugsweise von Üblichkeiten und fasst sie als »Normen ohne transfaktische Legitimation, Normen also, die aufgrund ihrer faktischen Geltung gelten, und zwar näherhin die, die gelten, weil sie schon galten« (UnÜ 64). Vom Inhalt der jeweiligen konventionellen Normen wird bei ihrer Begründung demnach abgesehen. Sie erhalten ihre praktische Relevanz allein aufgrund ihrer »Unvermeidlichkeit« (63), also der Unmöglichkeit, in Ermangelung besseren Orientierungswissens ohne sie auszukommen. Wie bereits bei Lübbe beruht der Wert der Tradition auch bei Marquard so nicht auf ihrem substanziellen Gehalt, sondern auf ihrer lebenspraktischen Funktion. Vor diesem Hintergrund ergibt sich auch seine Kritik an der Diskursethik. Diese betreibe die »Cartesianisierung der Moral durch den absoluten Diskurs des Über-Wir« (ÜbW 47), der die Gültigkeit moralischer Normen bis zum argumentativ erzielten Konsens über sie suspendiert und die faktischen Lebensverhältnisse so unter Dauerverdacht stellt. Für Menschen laufe das letztlich hinaus auf »das Verbot, mit dem Leben anzufangen, bevor es zu Ende ist: denn der Tod ist schneller als der diskursethisch absolute Diskurs über alle lebensnötigen Moralnormen« (53).

In der Perspektive einer skeptischen Philosophie der menschlichen Endlichkeit erhält schließlich auch Marquards Deutung der Gegenwart ihre unverwechselbare zeitdiagnostische Anlage und Stoßrichtung. Im Anschluss an Joachim Ritter wird die Moderne zunächst auch in diesem Rahmen bestimmt durch die Entzweiung von Zukunft und Herkunft und ihre gesellschaftlichen und kulturellen Auswirkungen. Sie »beginnt dort, wo der Mensch methodisch aus seinen Traditionen heraustritt: wo sich seine Zukunft aus seiner Herkunft emanzipiert« (ZuH 67). Mit Hermann Lübbe wird dieser Vorgang dabei dynamisch im Sinne einer »Wandlungsbeschleunigung« gefasst, die den modernen »Menschen unbestreitbare Lebensvorteile bringt« und sie »unabhängiger von Not, Schmerz und Mühe« (68) macht. Aus diesem Grund bekräftigt Marquard auch, dass die moderne Welt trotz aller Fehler und Unzulänglichkeiten im Einzelnen doch im Großen und Ganzen immer noch die »bewahrenswerteste der uns historisch erreichbaren Welten« (FuAn 94 f.) darstellt und deshalb zu schützen und zu verteidigen ist. Allerdings wird diese Affirmation der Moderne bei ihm nach der Verabschiedung finalisierender Fortschrittsphilosophien und politischer Utopien zugunsten einer skeptischen Philosophie der menschlichen Endlichkeit nun ebenfalls »usualistisch« begründet: Dass »man von Usancen ohne Not nicht abweichen soll«, schließt aus Marquards Blickwinkel eben ein, dass man »auch von dieser Tradition (der Usance Modernität) nicht ohne Not abweichen« (ZdW 94) darf. An die Stelle einer umfassenden weltgeschichtlichen Deutung und Würdigung der modernen Welt und ihrer Entzweiung unter dem

Gesichtspunkt einer fortschreitenden historischen Verwirklichung menschlicher Vernunft und Freiheit tritt damit eine skeptische »Apologie der Bürgerlichkeit« (ApB 94), in deren Licht die moderne »bürgerliche Welt in bescheidener, in unprinzipieller Weise zustimmungsfähig« (101) erscheint. Vor allem gehört zu ihr nicht nur »die wissenschaftliche, technologische, ökonomische Modernisierung der Verhältnisse mit Sinn für die Freiheitswirkung des Eigentums, des Marktes, der Konkurrenz und des Wohlstandes«, sondern dank der »Gewaltenteilung« der Entzweiung mit der gleichen Berechtigung auch »die Welt der Herkunft, der Familie, der sittlichen Üblichkeiten, der Religion, der bunten (und trotz allem überwiegend intakten) Traditionen, deren Pluralität Individualität ermöglicht« (98 f.).

Ausgehend von Überlegungen zur Kontingenz und Endlichkeit aller menschlichen Angelegenheiten entwickelt Odo Marquard im Anschluss an die Traditionen der antiken Skepsis, des Deutschen Idealismus und der philosophischen Anthropologie eine Gegenwartsdiagnose, die immer wieder erstaunliche Berührungspunkte zu zeitgenössischen Diskursen um die »Postmoderne« aufzuweisen scheint. In seiner Auseinandersetzung mit den überzogenen Ansprüchen der modernen Geschichtsphilosophie, seinem Abschied vom Prinzipiellen und seinem Lob der Vielfalt und Buntheit scheint Marquard die einschlägigen Bestrebungen einer Besinnung auf das Konkrete und den Pluralismus nach dem »Ende der großen Erzählungen« (F. Lyotard) vorwegzunehmen. Von seinem ausgeprägten Sinn für die Grenzen der menschlichen Vernunft und die Bedeutung des von ihr Ausgeschlossenen ergeben sich auch auffällige Querverbindungen zur poststrukturalistischen Aufmerksamkeit für Differenz und Heterogenität. Und die skeptische Anerkennung der Vieldeutigkeit und Relativität aller Geltungsansprüche und Sinnperspektiven scheint bereits auf das unabschließbare »Spiel der Signifikanten« (J. Derrida) in der dekonstruktivistischen Bedeutungstheorie zu verweisen. Allerdings halten sich Marquards Sympathien für das Programm der Postmoderne in engen Grenzen. Sie erscheint ihm letzten Endes als bloß eine weitere, nur mehr um die utopische Zielvorstellung ermäßigte Spielart jenes »futurisierten Antimodernismus« (FuA 93), der die moderne Welt mitsamt ihren Errungenschaften möglichst rasch hinter sich zu lassen sucht. Demgegenüber bleibt der »Weigerungsverweigerer« (ScG 22) Marquard ungeachtet aller skeptischen Vorbehalte und der teils scharfen Kritik fundamentalistischer und perfektionistischer Strömungen des neuzeitlichen Denkens ein Fürsprecher der bürgerlichen Moderne, ein »Modernitätstraditionalist«, der an der »Usance Modernität« (ZdW 94) festhält. In dieser Hinsicht erinnert seine skeptische Apologie der Gegenwart an die von Richard Rorty skizzierte Gestalt der »liberalen Ironikerin« (1989: 14), die die moderne freiheitliche Gesellschaft in all ihrer Kontingenz und Unzulänglichkeit anerkennt und bejaht, statt sie in letztgültigen Wahrheiten verankern oder aber in Bausch und Bogen verwerfen zu wollen.[83] Auch für Marquard ist die vorhandene Lebenswirklichkeit der bürgerlichen Moderne weder der Himmel noch die Hölle auf Erden, sondern schlicht und ergreifend »die Erde auf Erden« (ApB 104).

3.3.3 Robert Spaemann: Rückbindung der Moderne an die metaphysische Tradition

Robert Spaemann hatte im Münsteraner Collegium Philosophicum nach eigenem Bekunden stets eine Sonderstellung, »eine Art Narrenfreiheit«, die »mit meiner katholischen Orthodoxie zu tun hatte« (KiS 182). Tatsächlich gewinnt die Auseinandersetzung mit der Gegenwart bei ihm eine sehr viel grundsätzlichere Dimension als etwa bei Hermann Lübbe oder Odo Marquard.

In Spaemanns Augen vermag sich die moderne Welt entgegen ihrem triumphalen emanzipatorischen Selbstverständnis keineswegs allein aus sich selbst heraus zu begründen. Gerade ihre zustimmungsfähigen Züge gehen vielmehr auf seit alters überlieferte religiöse und metaphysische Wahrheiten zurück, die angesichts der aus dem Ruder laufenden Entwicklungen der Zeit zu bewahren und philosophisch zu vergegenwärtigen sind. In diesem Sinne gelte es, »die echten Gehalte humaner Selbstverwirklichung, die wir der Moderne verdanken, in Einsichten zu verankern, die von weit her sind« (EdM 233 f.). So erwächst hier aus der Mitte der »Ritter-Schule« eine Kritik der modernen Zivilisation und des aktuellen Zeitgeschehens, die an den Wurzeln der bürgerlichen Gesellschaft, ihrem autonomistischen Freiheitsverständnis und ihrer wissenschaftlich-technischen Naturbeherrschung ansetzt.

Robert Spaemann wurde am 5. Mai 1927 in Berlin geboren.[84] Sein Vater Heinrich arbeitete in der Kulturredaktion der *Sozialistischen Monatshefte*, seine Mutter Ruth war Tänzerin aus der Schule von Mary Wigman. In Folge einer existenziellen Krise konvertierten die Eltern 1930 zum Katholizismus, der Vater wurde später ein bekannter katholischer Priester und Schriftsteller. In seinem frommen Elternhaus und auf dem humanistischen Gymnasium wuchs Spaemann in kritischem Abstand zum Nationalsozialismus auf. So erlebte er den »Zusammenbruch« des »Dritten Reichs« und das Ende des Krieges nicht als tief greifende weltanschauliche Erschütterung, die Ernüchterung und Skepsis nach sich zog, sondern als »Rückkehr zur Normalität« und Besinnung auf eine »von Athen und Jerusalem inspirierte, seit tausend Jahren sich entwickelnde europäische Gesittung« (VGr 10). Die Verwurzelung in dieser von antiker Philosophie und christlicher Religion geprägten Tradition hat ihn nach eigener Einschätzung nicht nur gegen jede Faszination durch die nationalsozialistische Ideologie gefeit, sondern bildete auch den Ausgangspunkt seines philosophischen Denkweges. In der Tat betrachtet Spaemann klassische Metaphysik sowie christliche Offenbarung und Theologie als maßgebliche Quellen einer Überlieferung, in deren Licht auch die moderne Gesellschaft und ihr wesentlich durch Naturwissenschaft und Technik bestimmtes Selbst- und Weltverständnis einer kritischen Überprüfung zu unterziehen sind. Den Einwand, so könne man heute nicht mehr denken, ließ er dabei nie gelten. Gemäß seinem Verständnis des Philosophierens als Erinnerung an eine immer schon gültige Wahrheit muss sich philosophisches Denken vornehmlich »über das Selbstverständliche klar werden« (EiP 3), sodass in seinem Horizont ohnehin »nur Falsches wirklich neu sein« (GlW 9) könnte.

Nach dem Studium der Philosophie, Geschichte, Theologie und Romanistik in Münster, München, Fribourg (Schweiz) und Paris und der Promotion 1952 bei Joachim Ritter mit einer Studie über den *Ursprung der Soziologie aus dem Geist der Restauration* (UrS) arbeitete Spaemann zunächst als Lektor beim Kohlhammer Verlag und später als wissenschaftlicher Assistent in Münster, bevor er dort 1962 mit der Arbeit *Reflexion und Spontaneität* (ReS) über François Fénelon und die theologische *Amour-pour*-Debatte habilitiert wurde. Schon die beiden frühen Arbeiten bekunden eine kritische Sicht auf die Moderne, lenken das Augenmerk auf Schlüsselfiguren in der Entstehungsgeschichte des modernen Bewusstseins und lassen ihre ambivalenten Wirkungen zwischen Bewahrung und Erneuerung hervortreten. Vor allem beschäftigt Spaemann dabei die Spannung zwischen dem unmittelbaren Erleben und Glauben und deren Brechung durch moderne wissenschaftliche Reflexion. Zugleich mischte er sich auch immer wieder in öffentliche Debatten zum aktuellen Zeitgeschehen ein, etwa in die Kontroversen um atomare Aufrüstung und Widerstand in den 1960er Jahren, um die »Grenzen des Wachstums« und das erwachende ökologische Bewusstsein in den 1970er Jahren oder die biomedizinischen und gentechnologischen Entwicklungen der Gegenwart. Im Jahr 1962 nahm er einen Ruf als Ordinarius für Philosophie und Pädagogik an die Technische Hochschule Stuttgart an. Später war er Professor für Philosophie an den Universitäten Heidelberg (1969–1973) und München (bis zur Emeritierung 1992) und daneben Gastprofessor in Rio de Janeiro, Salzburg sowie an der Pariser Sorbonne.

Wie im Fall von Hermann Lübbe und Odo Marquard lässt sich auch Robert Spaemanns Verhältnis zur Philosophie Joachim Ritters ausgehend von seinen Stellungnahmen zu dessen Kompensationsgedanken rekonstruieren. Allerdings springt dabei sogleich ein entscheidender Unterschied ins Auge: Während Marquard und Lübbe das Ritter'sche Kompensationstheorem in seinen Grundzügen übernehmen und nur jeweils anders auslegen, unterzieht Spaemann die Gedankenfigur als solche einer grundsätzlichen Kritik. Dabei scheint er vorauszusetzen, dass sein Lehrer unter Kompensation eine Bewahrung von Traditionen versteht, die sich zu deren Geltungsanspruch indifferent verhält. Auf dieser Linie habe Ritter etwa »den Gedanken des Kompensatorischen der Geisteswissenschaften« im Sinne einer »kompensatorischen Pflege der Traditionsbestände« (LRR 159) begriffen. Geisteswissenschaftlicher Forschung komme demzufolge die Aufgabe zu, im Gegenzug zur Ausbreitung der modernen, allein auf rationale Bedürfnisbefriedigung ausgerichteten und darum geschichtslosen Industriegesellschaft die aus der alteuropäischen Herkunftswelt überlieferten metaphysischen und religiösen Traditionsgehalte als historische Kulturgüter zu bewahren. Diese Haltung gleicht der gebildeten Wertschätzung für ein altehrwürdiges Heiligtum der Vergangenheit, das man seines geschichtlichen Ranges wegen bewundert und im Rahmen des Denkmalschutzes erhält, aber selbst überhaupt nicht mehr betritt und nutzt. Nur unter dieser Voraussetzung wird Spaemanns Vorbehalt gegen den von Ritter, Lübbe und Marquard entwickelten kompensationstheoretischen Ansatz verständlich, »daß die Modernisierung inzwischen so weit fortgeschritten ist, daß man sich entscheiden muß: Man kann nicht mehr nur Traditionsbestände pflegen, man muß schon inhaltlich fragen, ob das, was bei Platon steht, die Wahrheit ist« (ebd.). Ein früher Überblick zu den philosophischen Strömungen im Nachkriegsdeutschland spricht denselben Einwand bereits ganz unumwunden aus: »Die geschichtliche Herkunftswelt, um deren Bewahrung es in Ritters Philosophie geht, ist, wenn sie sich nicht auf die Pflege von Folklore reduzieren soll, bestimmt durch Theologie und Metaphysik als vernünftige Lehre vom Sein und von dem, was immer ist. Metaphysik aber versteht sich selbst als philosophia prima. Diese philosophia prima kann nicht als sie selbst bewahrt werden durch eine Hermeneutik der geschichtlichen Wirklichkeit, sondern nur durch sich selbst, durch den Vollzug metaphysischer Einsichten.« (PMG 313)

Die Vorbehalte Spaemanns gegenüber einem Kompensationsdenken, das die Bewahrung von Traditionen von der inhaltlichen Anerkennung ihrer Wahrheit zu entkoppeln scheint, werden erst vor dem Hintergrund seiner grundsätzlichen Kritik am modernen Funktionalismus vollständig nachvollziehbar. Ihm zufolge denkt funktionalistisch, wer es unternimmt, »die Frage nach der Wahrheit zu ersetzen durch die Frage nach der politischen, sozialen, psychischen oder biologischen Funktionalität von Überzeugungen« (EiP 7). In diesem Sinne untersuchen etwa Psychologen die förderlichen oder schädlichen Auswirkungen persönlicher Ansichten im individuellen Seelenhaushalt, Ethnologen die gruppenstabilisierende Wirkung gemeinschaftlicher Mythen und Rituale oder Sozialwissenschaftler die gesellschaftlichen Funktionen bestimmter politischer Ideologien. Aus Spaemanns Sicht haben alle diese Spielarten funktionalistischen Denkens eines gemeinsam: Sie klammern den eigentlichen sachbezogenen Sinngehalt und Geltungsanspruch der von ihnen untersuchten Aussagen und Überzeugungen ein. Sie fragen also überhaupt nicht danach, ob diese nun wahr sind oder nicht, sondern nur mehr danach, welche praktischen Auswirkungen es nach sich zieht, sie zu haben. Und dieses indirekte, bloß hypothetisch-tentative Verhältnis zur Wahrheit – »nicht zu glauben, was man glaubt« (Ch. Péguy), sondern alle Überzeugungen auf ihre latenten Funktionen hin zu betrachten – ist in Spaemanns Augen das wesentliche Kennzeichen des modernen Denkens überhaupt, ja, im Grunde das »Prinzip der Moderne« (ebd.) selbst. Bereits in seiner Doktorarbeit über den Vicomte de Bonald als Ahnherrn der modernen Soziologie bildet es einen zentralen Bezugspunkt kritischer Auseinandersetzung. Spaemanns Deutung zufolge hatte der konservative Staatsmann und Philosoph de Bonald den Fortbestand der im Zuge der Aufklärung und der Französischen Revolution infrage gestellten theologischen und metaphysischen Überlieferungen der Vergangenheit auf dem Boden der modernen bürgerlichen Gesellschaft dadurch sicherzustellen gesucht, dass er ihre tragende Bedeutung für diese Gesellschaft herausstrich. Auf diese Weise habe er jedoch die metaphysische »Ordnung des Seins ausschließlich von ihrer gesellschaftlichen Erhaltungsfunktion her« betrachtet und so letztlich »die Wahrheit von ihrer Nützlichkeit für die Gesellschaft her« (UrS 200) bestimmt.

Wie Spaemann verschiedentlich anmerkt, ist die Auseinandersetzung mit de Bonald auch als »Kritik an Joachim Ritter« (KiS 184) zu verstehen. Aus seiner Sicht verstricken sich beide in den Grundwiderspruch eines Traditionalismus, der die durch die Modernisierung bedrohten Herkunftssubstanzen mit funktionalistischen Argumenten zu retten versucht: Er fällt letzten Endes selbst dem modernen Denken anheim, das er doch gerade bekämpfen will. Denn im Übergang zur Moderne vollzieht sich nach Spaemann eine folgenreiche Wandlung des gesamten Wirklichkeitsverständnisses, die er als »Inversion der Teleologie« (ReS 55) bezeichnet. War alles Seiende in der teleologischen Betrachtungsweise der Antike und des Mittelalters stets auf die Verwirklichung eines ihm vorgezeichneten höheren Daseinszwecks und damit in gewisser Hinsicht auf Selbstüberschreitung angelegt gewesen, so wird nun die schiere Selbsterhaltung zum letzten Ziel. In diesem Sinne kommt es seit Spinoza und Hobbes ontologisch wie gesellschaftlich-politisch zur »Unterordnung des Daseins unter die Bedingungen seiner Erhaltung« (ebd.). Entsprechend bringt ein funktionalistischer Ansatz, der das Seiende nur unter dem Gesichtspunkt seines Beitrags zur individuellen oder gesellschaftlichen Selbsterhaltung bzw. Bedürfnisbefriedigung betrachtet, bereits das konstitutive Prinzip der modernen bürgerlichen Gesellschaft selbst zur Geltung. Auch in ihr kann sich »[j]eder geschichtliche Gehalt und jede ethische Motivation [...] nur geltend machen, wenn sie sich in der homogenisierten Form des ›Bedürfnisses‹ – des kulturellen, sittlichen, religiösen usw. – artikuliert« (BüE 81). Insofern war die Restauration den Revolutionären, die ihren Kampf noch ganz altmodisch im Namen von Wahrheit und Gerechtigkeit führten, nach Spaemann bereits »um eine Reflexionsstufe überlegen« und verkörpert »noch eindeutiger als jene das Prinzip der Moderne« (EiP 7). Allerdings lässt sich ihm zufolge gerade der traditionelle Gegenstand von Metaphysik und Theologie, das Unbedingte und Absolute, nicht auf individuelle oder gesellschaftliche Funktionen zurückführen, ohne seine eigentliche, substanzielle Bedeutung zu zerstören. Insbesondere an der auch von Hermann Lübbe vertretenen funktionalistischen Religionstheorie kritisiert er, dass »die Relativierung des Absoluten gleichbedeutend ist mit dessen Verschwinden« (FuR 218): Indem Gott etwa als Ausdruck eines religiösen Bedürfnisses des Menschen gefasst wird, verliert er seine Unbedingtheit und wird durch beliebige funktionale Äquivalente ersetzbar. Religion bedeutet nach Spaemann eben, nicht zu »fragen nach der Funktion des Glaubens an das ewige Leben für Menschen diesseits der Todesgrenze«, sondern umgekehrt »nach der Funktion irdischer Handlungen und Gesinnungen für das ewige Leben« (228).

Angesichts der wachsenden Vorherrschaft der funktionalistischen Denkweise hält Spaemann stets hartnäckig an der Überzeugung fest, dass die Philosophie ihre seit alters überlieferten metaphysischen Fragestellungen auch unter modernen Bedingungen weiterhin direkt und frontal angehen muss. Er betrachtet Philosophie in diesem Sinne als eine Art »institutionalisierte Naivität«, weil sie entgegen allen zeitgenössischen Tendenzen zur historischen, soziologischen oder evolutionsbiologischen Relativierung und Reduktion inhaltlicher Geltungsansprüche doch an der »Frage nach einer schlechthin allgemeingültigen Weltorientierung, nach so etwas wie absoluten Maßstäben für wahr und falsch, besser und schlechter, wichtiger und unwichtiger« (PiN 30) festzuhalten hat. Dabei können solche absoluten, unbedingten Maßstäbe in Spaemanns Augen nicht bloß aus individueller Reflexion oder gesellschaftlicher Vereinbarung hervorgehen, sondern müssen im Grunde bereits in der Wirklichkeit selbst vorgezeichnet sein und sich an ihr ablesen lassen. In der inneren Zweckstruktur der Natur, die immer schon von sich aus auf bestimmte Ziele angelegt und ausgerichtet ist, erblickt er schließlich dieses vorgegebene Maß menschlichen Denkens und Handelns. In Auseinandersetzung mit der Entwicklung teleologischen Denkens seit der Antike und seiner Verbannung im Zeichen des Siegeszugs der auf Naturbeherrschung angelegten empirisch-experimentellen Naturwissenschaften versucht er deutlich zu machen, »daß wir die Natur nur erkennen können, wenn wir sie aus sich selbst heraus zu verstehen versuchen« (FWo 15). Das gegenläufige naturwissenschaftliche Programm der Neuzeit, mit der gesamten physikalischen Wirklichkeit auch den Bereich der belebten Natur und vor allem jenen menschlichen Denkens und Handelns durch Zurückführung auf rein materielle, kausalmechanische Vorgänge und Gesetzmäßigkeiten zu erklären und damit verfügbar zu machen, führt dagegen in eine Sackgasse. Das eigentlich Erklärungsbedürftige wird so gerade nicht unserem Verständnis angenähert und aufgehellt, sondern kurzerhand wegerklärt. Der »Mensch entlarvt sich selbst als Anthropomorphismus« (260). Demgegenüber verteidigt Spaemann die Überzeugung, dass wir das Sein des Seienden insgesamt im Grunde nur nach dem Muster zielgerichteten menschlichen Denkens und Handelns angemessen verstehen können. »Die Betrachtung natürlicher Prozesse unter dem Aspekt ihrer Richtung ist zweifellos rein kontemplativ, ist kein Herrschaftswissen, nicht geleitet vom Eingreifen-Wollen in natürliche Prozesse und sie lehrt auch nicht, wie dies zu machen ist. Ihr Interesse ist es, die Natur als Vertraute so anzueignen, daß wir unsere Zugehörigkeit zu ihr realisieren können, ohne zugleich unser Selbstverständnis als handelnde Wesen aufzugeben.« (23)

Diese teleologische Betrachtungsweise bestimmt auch Spaemanns Auffassung der Ethik. Deshalb kann es aus seiner Sicht auch »keine Ethik ohne Metaphysik« (GlW 11) geben. Alle Ansätze der neuzeitlichen Moralphilosophie, sittliche Werte oder Normen unter Absehung von der vorgegebenen natürlichen Ordnung des Seienden, allein durch Bezugnahme auf rationale Selbstgesetzgebung oder Nutzenmaximierung zu begründen, greifen letztlich zu kurz. Der kantische Standpunkt verkennt, dass jedes Sollen bereits ein Wollen und damit ein Aussein auf etwas voraussetzt und sich ohne diese vorgängige Ausrichtung überhaupt »nicht behaupten kann« (ZdG 97). Der Utilitarismus bemisst die moralische Qualität des Handelns an seiner Tauglichkeit zur Maximierung eines außermoralischen Gesamtnutzens und vermag so allenfalls technische Klugheitsregeln, nicht jedoch unbedingte sittliche Verpflichtungen gegenüber anderen zu begründen (UnU 204). Die auseinandertretenden Perspektiven der auf das gelingende Leben ausgerichteten Ethik der Antike und der auf allgemeine moralische Pflichten bezogenen Moralphilosophie der Neuzeit sind allein mit Blick auf die allem Seienden eigene innere Zweckstruktur zu vereinbaren. Erst in der vordiskursiven »Intuition des Seins als Selbstsein« (GlW 11) zeigt sich der innere Zusammenhang von individuellem Eigeninteresse und moralischer Verantwortung gegenüber anderen: In dem mit dem eigenen Glücksstreben verbundenen Wohlwollen vollzieht sich die »Selbsttranszendenz eines vernünftigen Wesens, aufgrund deren die Wirklichkeit des Anderen in ihrer eigenen Teleologie unmittelbar zum Motiv des Handelnden wird« (106). Den anderen Menschen in seinem Selbstsein wahrzunehmen und anzuerkennen bedeutet auch, ihn als Person zu sehen. Entsprechend vertritt Spaemann die Überzeugung, »daß *alle* Menschen Personen sind« (Per 254) und als solche »unbedingte Achtung« (263) verdienen.[85] Dagegen erscheint ihm die Bindung des Personenstatus an bestimmte Merkmale oder Fähigkeiten und die daraus folgende Herabstufung oder gar Aberkennung des Personseins einiger Menschen verfehlt. Aus diesem Grund ist er in der medizinethischen Debatte um Abtreibung, Sterbehilfe und Gentechnologie auch stets vehement der Tendenz entgegengetreten, »den Kreis der Personen so eng zu ziehen, daß nicht mehr die ganze Menschheitsfamilie darunter fällt« (VGr 8). Allerdings tragen wir im Horizont einer metaphysisch fundierten Ethik nicht nur gegenüber anderen Menschen als Personen, sondern darüber hinaus auch gegenüber der nicht-menschlichen Natur Verantwortung. Vor diesem Hintergrund warnt Spaemann vor dem blinden, maß- und ziellosen Streben der Moderne nach fortschreitender Ausweitung despotischer wissenschaftlich-technischer Naturbeherrschung, das in seiner äußersten Entfremdung von der naturgemäßen Ordnung der Dinge letzten Endes auf einen »Rückfall in die pure Naturwüchsigkeit« (Nat 33) hinausläuft. »Nur wo Natur im Handeln als Maß des Handelns erinnernd bewahrt wird, findet wahrhaft Überschreitung der Natur statt.« (Ebd.)

Auch im politischen und rechtlichen Zusammenhang bleibt für Spaemann der Gedanke einer inneren Ordnung des Seienden grundlegend, in der alles menschliche Handeln letztlich Maß und Grenze findet. Ihm zufolge lässt sich politische Herrschaft von Menschen über Menschen nur rechtfertigen, »wenn sie gerecht und dadurch konsensfähig ist« (UtH 106). Damit wird sowohl der rein nominalistischen und zweckrationalen Herrschaftsbegründung im modernen Gesellschaftsvertrag als auch der zeitgenössischen, tendenziell anarchistischen »Utopie der Herrschaftsfreiheit« (104) im Ausgang von Platon die klassische »Idee vernünftiger Herrschaft« (117) entgegengehalten. Sie »setzt noch ein an sich Gutes voraus, über das vernünftig, also im Medium des Dialogs etwas ausgemacht werden kann«, und gründet dementsprechend »die Legitimation von Herrschaft auf ein an sich Wahres, welches zu erkennen die Befugnis gibt, den vernünftigen Konsens aller zu antizipieren« (114 f.). Während die klassische Lehre dabei jedoch noch über die Einsicht in die »Endlichkeit jeden Konsenses« verfügt und daraus die »Widerrufbarkeit der Herrschaftslegitimation« ableitet, wird das moderne »Ziel der Ersetzung von Herrschaft durch herrschaftsfreien Konsens« letzten Endes nur »zur Legitimationstheorie einer unbeschränkten und unkontrollierten Herrschaft« (124). Ähnlich gilt es aus Spaemanns Sicht auch im rechtsphilosophischen Zusammenhang, angesichts des modernen, zwischen relativistischem Positivismus und totalitärem Utopismus schwankenden Rechtsdenkens der Gegenwart erneut an das klassische Naturrecht und seinen »Gedanken eines von Natur Rechten« (AkN 61) anzuknüpfen. Ihm zufolge setzt die Entscheidung über die Gerechtigkeit positiv vorgegebener gesetzlicher Ordnungen »den ontologischen Begriff eines gerichteten Seinkönnens voraus, also: Teleologie« (66). Dabei grenzt Spaemann sich deutlich von dem naturrechtlichen Ansatz Joachim Ritters ab. Dieser war stets davon ausgegangen, dass sich das von Natur Rechte noch in der modernen »Lebenswirklichkeit, in den freiheitlichen Institutionen und in der Rechtspraxis selbst als konkrete geschichtliche Vernunft hermeneutisch auffinden« (64) lässt. Demgegenüber ist Spaemann der Überzeugung, dass sich die moderne Gesellschaft im Zuge der inzwischen eingetretenen Radikalisierung des Modernisierungsprozesses derart weit von der naturgemäßen Ordnung der Dinge entfernt hat, dass es nicht mehr möglich erscheint, »innerhalb eines Kulturzustandes noch einmal einen Maßstab, ein Kriterium zu finden« (66). Im Anschluss an Leo Strauss tritt er daher für die »Erneuerung eines teleologischen Naturbegriffs« (68) und eine Rückbesinnung auf das antike kosmologische Naturrecht ein, nach dessen Maßgabe »der Begriff eines natürlichen Rechts« letzten Endes davon abhängt, »wie wir die Planetenbewegungen zu interpretieren haben« (NaHa 56).

In seinen jüngeren Arbeiten wendet sich Spaemann verstärkt religionsphilosophischen und theologischen Betrachtungen zu. Hier wird der Hintergrund der vorausgegangenen ethischen, politischen und rechtsphilosophischen Ausführungen spekulativ weiter ausgeleuchtet. Bereits die Überlegungen zu Glück und Wohlwollen hatten insofern den Gedanken der Transzendenz berührt, als sich die eigentliche Sphäre des Sittlichen ihnen zufolge erst in der Erfahrung der Selbstüberschreitung, dem »Erwachen zur Wirklichkeit« (GlW 124) eröffnet, in der das Individuum »den endlichen Perspektivismus verläßt [...] und allem

Endlichen seine eigene Perspektive zugesteht.« (NaV 134). Mit dem Gewahrwerden des eigenen inneren Selbstseins des Anderen zeigt sich uns ein »Bild des Unbedingten« (GlW 127). Die am Paradigma der Personalität gewonnene Einsicht, dass Seiendes niemals bloß aufgeht in seiner uns gleichsam zugewandten Außenseite, seinem gegenständlichen Sein für einen außenstehenden Betrachter, scheint darauf hinauszulaufen, dass das Sein alles Seienden letzten Endes im Horizont eines absoluten Bewusstseins verbürgt sein muss, einem »immer schon eröffneten Raum gegenseitigen Seinlassens« (Per 77). In ähnlicher Weise unternimmt Spaemann jedenfalls später den Versuch, einen »letzten Gottesbeweis«, einen Beweis »aus der Grammatik, genauer aus dem sogenannten Futurum exactum« (LeG 31) zu formulieren.[86] Er geht dabei vom Zeitbezug personalen Bewusstseins und der Feststellung aus, dass jede Gegenwart die Vergangenheit einer Zukunft sein wird. »Von etwas sagen, es sei jetzt, ist gleichbedeutend damit, zu sagen, es sei in Zukunft gewesen. In diesem Sinne ist jede Wahrheit ewig.« (Ebd.) Doch während die Wahrheit dieser vergangenen Gegenwart zunächst noch durch unsere Erinnerung beglaubigt sein mag, müsste sie dereinst schlicht falsch werden, sobald es keinerlei Bewusstsein mehr gibt, das sich an sie erinnert. Wir müssen demnach »ein Bewusstsein denken, in dem alles, was geschieht, aufgehoben ist, ein absolutes Bewusstsein [...]. Wenn es Wirklichkeit gibt, dann ist das Futurum exactum unausweichlich und mit ihm das Postulat des wirklichen Gottes.« (32) In seinen *Meditationen eines Christen* formuliert Spaemann im Zuge der Auslegung der alttestamentarischen Psalmen die negative Kehrseite dieses Gedankens und fasst damit in gewisser Hinsicht die Quintessenz seiner Kritik der säkularen Moderne zusammen: »Der Gottlose rückt sich selbst als Individuum oder als Kollektiv in den Mittelpunkt, von wo aus er urteilt, was gut und schlecht, was schön und hässlich, was zu tun und zu lassen ist. [...] Zwar herrscht [...] kein wirklicher Friede, denn wo Menschen sich selbst zum Mittelpunkt machen [...], da entsteht babylonische Verwirrung. Aber hinsichtlich der anthropozentrischen Perspektive sind sich die Gottlosen dennoch einig. Dass man keine ›übernatürliche Hypothese‹ in die Beratung irdischer Dinge einführen dürfe, das bildet die gemeinsame Basis.« (MeC 14 f.)

Mit Blick auf seine Ausführungen zur Erfahrung des Unbedingten, der natürlichen Zweckordnung des Seienden und dem in ihr vorgezeichneten Maß des von Natur Rechten ist Robert Spaemann wahlweise als »Ökophilosoph«, politischer Freigeist oder katholischer Fundamentalist etikettiert worden. Er selbst hat sich nie sonderlich um die Einteilung philosophischer Positionen nach solchen äußerlichen, politischen Gesichtspunkten geschert. Auf die Frage, ob er angesichts der Bandbreite kursierender Zuschreibungen nun eher rechts oder links zu verorten sei, hat er einmal geantwortet, dass derartige Standortbestimmungen ohnehin nicht per Selbstzuschreibung zu vergeben sind, sondern immer davon abhängen, »wo die anderen stehen« (LRR 159). Im Übrigen seien »Rechte und Linke [...] Modernisten«, er selbst hingegen sei gar »nicht modern« (166). In der Tat scheint die unzeitgemäß anmutende »Verteidigung der [...] Unmittelbarkeit gegen ihre Aufhebung durch die Reflexion« (GoW 53) den zentralen roten Faden in Spaemanns gesamtem Denken zu bilden. Auf dieser Linie hat er stets weiter geradeheraus über Gott und die Welt gesprochen und unumwunden nach Wahr und Falsch oder Gut und Böse gefragt. Dieses hartnäckige Festhalten an der *intentio recta* zeigt ein mitunter bemerkenswertes Potenzial, einen sonst längst zur Beliebigkeit verflachten (post-)modernen Liberalismus aus der Reserve zu locken, der sich weitgehend in relativistische Schonstellungen zurückgezogen hat, starke Begriffe allenfalls noch in distanzierenden Anführungszeichen anzufassen wagt und um des lieben Friedens willen letztlich jedem irgendwie Recht gibt. Angesichts solcher relativistischer Tendenzen des Zeitgeistes erneuert Spaemann mit überlegener Geste und herausfordernder Direktheit den unbedingten Anspruch, der mit allem philosophischen Denken einhergeht und die notwendige Voraussetzung jeder ernsthaften Auseinandersetzung darstellt. Der Philosophie obliege die »Rettung des humanen Gehalts der Moderne durch ein anderes Selbstverständnis«, durch die »Erinnerung der nicht durch die Moderne selbst gesetzten natürlichen und geschichtlichen Inhalte, von denen sie lebt« (EiP 17).

3.3.4 Ernst-Wolfgang Böckenförde und Martin Kriele: Grundlagen des modernen Rechtsstaates

Mit den Rechtsphilosophen Ernst-Wolfgang Böckenförde und Martin Kriele wird die »Ritter-Schule« schließlich buchstäblich staatstragend. Beide greifen nicht nur im Zusammenhang ihrer rechtswissenschaftlichen und staatstheoretischen Untersuchungen auf Joachim Ritters Deutung der modernen bürgerlichen Gesellschaft zurück und entwickeln von hier aus Positionen, die einen prägenden Einfluss auf zeitgenössische akademische Fachdiskurse ausüben. Als Richter am Bundesverfassungsgericht bzw. dem Verfassungsgerichtshof Nordrhein-Westfalens entfalten sie darüber hinaus auch in der praktischen Rechtsprechung und der rechtspolitischen Diskussion der Zeit weit reichende Wirkungen. Bis in die Begründung einzelner Gerichtsurteile und ihre Resonanz in der öffentlichen Auseinandersetzung lassen sich so die Spuren theoretischer Fragestellungen und gedanklicher Motive aus dem Münsteraner Collegium Philosophicum weiterverfolgen.

Ernst-Wolfgang Böckenförde wurde als drittes von acht Kindern eines preußischen Oberforstmeisters am 19. September 1930 in Kassel geboren.[87] Das katholisch geprägte Elternhaus vermittelte Distanz zum NS-Regime. Nach dem Abitur 1949 studierte Böckenförde gemeinsam mit seinem Bruder Werner, der später Limburger Domkapitular wurde, in Münster Jura und Geschichte, ging zur Vertiefung des Geschichtsstudiums zeitweise auch zu Julius Schnabel nach München. Noch während des Studiums stieß er Mitte der 1950er Jahre zu Ritters Collegium Philosophicum. Hier hielt er auch ein Referat zur Unterscheidung von Staat und Gesellschaft, das bereits auf ein zentrales Anliegen seiner staatstheoretischen Überlegungen vorauswies: den Versuch, »die angemessene rechtliche Form zur Erhaltung und Sicherung der die moderne Welt konstituierenden ›Entzweiung‹« (VeU 31) zu bestimmen. Für seine gedankliche Entwicklung prägend wurde daneben insbesondere die Begegnung mit Carl Schmitt, der für ihn zu einem älteren Mentor und Ratgeber wurde und seinerseits über den jungen aufstrebenden Juristen einen beträchtlichen Einfluss auf die geistige Landschaft der Bundesrepublik entfaltete.[88] Böckenförde schloss in beiden Studienfächern mit einer Promotion ab, in Jura 1956 bei Hans J. Wolff in Münster mit der begriffsgeschichtlichen Studie *Gesetz und gesetzgebende Gewalt* (GuG), in Geschichte 1960 bei Schnabel mit der wissenschaftshistorischen Arbeit *Die verfassungsgeschichtliche Forschung im 19. Jahrhundert* (VeF). Nach der Habilitation 1963 wurde er 1964 auf den Lehrstuhl für öffentliches Recht in Heidelberg berufen, 1969 folgte ein Ruf an die Universität Bielefeld, 1977 nach Freiburg. Im Jahr 1983 wurde Böckenförde zum Richter des Zweiten Senats des Bundesverfassungsgerichtes gewählt, dem er bis 1996 angehörte.[89] Er ist unter anderem Mitglied der nordrhein-westfälischen Akademie der Wissenschaften und der Künste sowie der Bayerischen Akademie der Wissenschaften und Komtur des vom

Papst verliehenen Gregorius-Ordens für Verdienste um die römisch-katholische Kirche.

Böckenfördes früheste Veröffentlichungen beschäftigen sich mit dem deutschen Katholizismus und dem Verhältnis der katholischen Kirche zum modernen Rechtsstaat. Dabei nehmen sie insbesondere die untergehende Weimarer Republik und die im Aufbau begriffene Bundesrepublik in den Blick.[90] Die auf ein eingehendes Quellenstudium gestützte kritische Auseinandersetzung des jungen Juristen mit der Rolle seiner Kirche bei der nationalsozialistischen »Machtübernahme« schlug Anfang der 1960er Jahre im zeitgenössischen öffentlichen Diskurs ein »wie ein Blitz« (Repgen, zit. n. Ruff 2014: 42) und löste auf katholischer Seite mitunter erboste Reaktionen aus. Böckenförde verfolgt und belegt hier die vielfältigen Verflechtungen, die sich im Vorfeld des 1933 abgeschlossenen Reichskonkordats zwischen prominenten Katholiken, zum Teil hohen kirchlichen Würdenträgern, und der nationalsozialistischen Reichsregierung entwickelten. Er weist darauf hin, »daß die maßgebenden geistlichen und geistigen Führer des deutschen Katholizismus im Jahre 1933 in Hitler und dem NS-Staat Wegbereiter einer umfassenden Erneuerung sahen und nachdrücklich zur positiven Mitarbeit und zur Unterstützung des NS-Regimes aufriefen« (DeK 60). Dabei erscheint die Bereitschaft zur Duldung, ja, aktiven Förderung des Nationalsozialismus nicht bloß als Anzeichen von Verirrung, Opportunismus oder strategischem Machtkalkül, sondern als Ausdruck einer von Grund auf ablehnenden, sich auf übergeschichtliche, naturrechtliche Grundsätze versteifenden Haltung des Katholizismus zur Moderne und dem modernen demokratischen Rechtsstaat. »Gegen den Individualismus der Aufklärung, wie er sich in der Theorie des Gesellschafts- und Staatsvertrags, in der Lehre von der Volkssouveränität und in der Freisetzung des Individuums aus den überlieferten Ordnungen und sittlichen Bindungen äußerte, stellte man die Theorie von der ›organischen‹, an die ›naturgegebenen Wirklichkeiten‹ sich haltenden, auf Autorität, echter Gemeinschaft und (berufs)ständischer Gliederung beruhenden Ordnung« (65 f.) und erblickte daher »in der NS-Bewegung [...] einen willkommenen Bundesgenossen im Kampf gegen den ›liberalen Ungeist‹« (67).

Diese Analyse hatte auch aktuelle Bedeutung. Da die Distanz der katholischen Kirche zur modernen Welt andauerte, erschien durchaus fraglich, inwieweit »die Positionen und politischen Prinzipien, die zu den Irrtümern des Jahres 1933 geführt haben, im deutschen Katholizismus von heute überwunden sind« (69). Tatsächlich war die Auffassung verbreitet, dass die zuinnerst erschütterte sittliche Ordnung des gesellschaftlichen Zusammenlebens nur durch eine Rückbesinnung auf das überlieferte christliche Naturrecht wieder auf sichere Grundlagen zu stellen sei.[91] In diesem Geist hatten deutsche Bischöfe während der Beratungen des Parlamentarischen Rates 1949 angedroht, katholische Abgeordnete zur Ablehnung des Grundgesetzes aufzurufen, sofern sich darin nicht kirchliche Forderungen zur Gestaltung des öffentlichen Schulwesens niederschlügen. Auch gleichsam von der Kanzel ergehende Wahlaufrufe zugunsten christlicher Parteien waren keine Seltenheit. Böckenförde hatte diese Tendenzen schon in seinem ersten Aufsatz von 1957 zum Anlass genommen, sich grundsätzlich mit der Haltung des Katholizismus zum demokratischen Rechtsstaat auseinanderzusetzen. Dabei argumentiert er, dass es der katholischen Kirche bisher nicht gelungen sei, sich in ein angemessenes Verhältnis zum »Ethos der modernen Demokratie« (EtM 21) zu setzen. Der von den aufklärerischen Idealen allgemeiner Freiheit und Gleichheit getragene demokratische Gedanke, »alle staatliche Ordnung« mittels formaler Verfahren öffentlicher Meinungsbildung, freier Abstimmung und wechselnder Regierungsmehrheiten »von unten her, das heißt vom Einzelmenschen aus, zu begründen und aufzubauen« (24), sei ihr dem gesamten traditionellen Selbst- und Weltverständnis nach zutiefst fremd geblieben. Stattdessen werde die ewige Wahrheit der katholischen Naturrechtslehre auch politisch absolut gesetzt und damit über die Autonomie des Einzelnen und die freiheitlich-demokratische Grundordnung gestellt. Aus dieser Warte kommt es nicht infrage, »Entscheidungen der Mehrheit [...] um der Ordnung des Ganzen willen loyal zu akzeptieren« (27). Sie sind allenfalls insoweit mitzutragen, wie sie der »Gestaltung des staatlichen und gesellschaftlichen Lebens nach den aus Offenbarung und Naturrecht sich ergebenden Grundsätzen« (31) dienen. Dagegen ruft Böckenförde die Kirche auf, den demokratischen Rechtsstaat als »legitimes politisches Ziel« (34) endlich vorbehaltslos anzuerkennen und sich ohne inhaltliche Vorbedingungen auf seine Spielregeln einzulassen. Dabei legt er ihr zugleich ein überparteiliches »Hüter- und Wächteramt jenseits der Tagespolitik« (37) nahe: Statt als ein eigener »Machtblock« im politischen Kampf mitzumischen und unmittelbare Einflussnahme auf demokratische Entscheidungen anzustreben, solle sie ihre Stimme in der öffentlichen Willensbildung vernehmen lassen, um dieser ihre substanziellen »religiös-ethischen Impulse [...] zuzuführen« (ebd.).

Die Auseinandersetzung mit dem spannungsvollen Verhältnis zwischen dem auf die christlich-abendländische Überlieferung gestützten Unbedingtheitsanspruch der katholischen Kirche und der für verschiedenste wechselnde Gehalte offenen, freiheitlich-demokratischen Rechtsordnung des neuzeitlichen, säkularen Staates sollte für Böckenfördes gedankliche Entwicklung und speziell für sein Verständnis der Struktur moderner Rechtsstaatlichkeit eine entscheidende Bedeutung erlangen. Unter dem Einfluss von Carl Schmitts geistesgeschichtlich grundierten Betrachtungen zu Verfassungsrecht und Staatstheorie und ihrer wegweisenden Unterscheidung von politischen und rechtsstaatlichen Elementen der Verfassung betrachtet auch er die staatliche Ordnung eines Gemeinwesens nicht isoliert für sich, sondern begreift sie als Ausdruck vorstaatlicher gesellschaftlicher und kultureller Gegebenheiten. Auch und gerade die demokratische Rechtsordnung setze zunächst lediglich einen formalen Rahmen, der sich erst durch das, »was von den Einzelnen und Gruppen, letztlich vom ganzen Volk, durch Gesinnung, Haltung und Einsicht hineingegeben« (28) wird, mit konkreten Gehalten füllt. Diese grundlegende Dialektik von äußerer rechtlicher Form und gesellschaftlich-kulturellen Inhalten macht »ihre Möglichkeit, aber auch ihre stete Gefährdung« aus: »Eben weil die demokratische Ordnung sich ganz von unten her, vom Individuum aus konstituiert, ist sie wie keine andere Staatsform davon abhängig, was von diesem in sie eingebracht wird.« (Ebd.) Während Schmitt selbst in Anbetracht dieser prekären Konstitutionsform der modernen Demokratie immer wieder historisch gewachsene Ordnungsgestalten wie den römischen Katholizismus oder später das homogene Staatsvolk als Gegenbilder gegen die scheinbar zerbrechliche freiheitlich-demokratische Verfassungsordnung in Anschlag bringt, verwirft Böckenförde derartige restaurative Vorstellungen substanzieller Staatlichkeit unter Verweis auf Joachim Ritters zustimmende Deutung der modernen Entzweiung. In ihr ist letzten Endes die Unhintergehbarkeit und die positive Bedeutung der mit dem modernen Auseinandertreten von Staat und Gesellschaft gesetzten freiheitlich-demokratischen Rechtsordnung begründet. »Die verordnete Staatsideologie ebenso wie die Wiederbelebung aristotelischer Polis-Tradition oder die Proklamierung eines ›objektiven Wertsystems‹ heben gerade jene Entzweiung auf, aus der sich die staatliche Freiheit konstituiert.« (EnS 113)

Aus dieser spezifischen Kombination heterogener geistesgeschichtlicher Einflüsse und theoretischer Elemente ergibt sich letzten Endes auch das berühmt-berüchtigte »Böckenförde-Diktum«, das zu einem mittlerweile geradezu klassischen, vielfach ausgelegten und kommentierten Meilenstein rechts- und staatstheoretischer Selbstverständigung, ja, zur »meistzitierten Bekenntnisformel der politischen Kultur der Bundesrepublik« (Große Kracht 2014: 155) geworden ist. Anders als vormoderne, substanzielle Gemeinwesen wie etwa die antike Polis oder das Heilige Römische Reich vermag sich der moderne freiheitlich-demokratische Rechtsstaat zur Aufrechterhaltung der ihn tragenden gesellschaftlichen Verhältnisse nicht mehr auf eine allgemein verbindliche objektive Wertordnung oder eine umfassende metaphysisch gehaltvolle Weltanschauung zu stützen. In diesem Sinne kann er als »freiheitlicher Staat [...] nur bestehen, wenn sich die Freiheit, die er seinen Bürgern gewährt, von innen her, aus der moralischen Substanz des einzelnen und der Homogenität der Gesellschaft, reguliert« (EnS 112 f.). Er bleibt mithin stets angewiesen auf das Vorhandensein gewisser historisch gewachsener Kulturbestände, überlieferter Werthaltungen, Verhaltensweisen und Einrichtungen, die gleichsam noch in seinen Rechtsrahmen hineinragen, den inneren Zusammenhalt der Gesellschaft gewähren und den Fortbestand ihrer politisch freigegebenen sittlichen Ordnungen ermöglichen. Insbesondere »kann er diese inneren Regulierungskräfte nicht von sich aus, mit den Mitteln des Rechtszwanges und autoritativen Gebots, zu garantieren suchen, ohne seine Freiheitlichkeit aufzugeben« (ebd.). Er kann die ihn tragenden sittlichen Überlieferungen also keinesfalls verbindlich machen oder verordnen, sondern muss vielmehr darauf setzen, dass sie spontan und zwanglos aus dem gesellschaftlichen Leben selbst erwachsen und sich in ihm lebendig erhalten und erneuern. Auf die besagte klassische Formel gebracht heißt das: »Der freiheitliche, säkularisierte Staat lebt von Voraussetzungen, die er selbst nicht garantieren kann. Das ist das große Wagnis, das er, um der Freiheit willen, eingegangen ist.« (Ebd.)

Diese Auffassung des modernen Rechtsstaats prägt auch Böckenfördes Beiträge zu konkreten rechtspolitischen Diskussionen der Zeit und wirkt sich bis in seine Gedanken zu einzelnen Fragen der Rechtsprechung aus.[92] So hat sie seinen Standpunkt in den erregten öffentlichen und politischen Auseinandersetzungen um den Radikalenerlass bestimmt, mit dem angesichts der außerparlamentarischen Opposition und des Linksterrorismus Anfang der 1970er Jahre »verfassungsfeindlichen Kräften« die Aufnahme in den öffentlichen Dienst verwehrt werden sollte. Böckenförde spricht sich in diesem Zusammenhang vehement gegen jeden Versuch einer gesetzlichen Verordnung staatsbürgerlicher Gesinnung aus. Erblicke der moderne Staat seine wesentliche Grundlage nicht mehr »in der Anerkennung und Freigabe der Individualität [...], sondern in der Einheit der politischen Gesinnung«, führe dies zur Preisgabe seiner freiheitlichen Struktur und geradewegs in eine »staatlich verwaltete und gepflegte politische Ideologie« (StS 25). Aus diesem Grund sei es nicht mit demokratischer Rechtsstaatlichkeit vereinbar, Staatsbeamten »neben der Loyalität und Treue des Verhaltens« auch die »Loyalität und Treue der politischen Gesinnung« (27) abzuverlangen. Stattdessen habe der Staat »die Konstitutionsbedingungen der Subjektivität, die Freiheit der Person und die Achtung des Gewissens« zu gewährleisten und so den »Prozeß geistig-kulturellen Lebens und geistig-kultureller Bewegung als einen freien« (32) zu ermöglichen. Ähnlich äußert sich der Verfassungsrechtler auch später immer wieder gegenüber restaurativen Bestrebungen, dem modernen Rechtsstaat in einer einseitigen Auslegung der »Böckenförde-Doktrin« die Aufgabe der Sicherung seiner vermeintlich religiösen Bestandsgrundlagen zuzuschanzen, etwa im

Sinne der politischen Verordnung einer christlich-abendländisch geprägten Leitkultur. So stellt er klar, dass der »säkularisierte Staat [...] als solcher keine Religion hat oder vertritt«, auch wenn er der Religion durchaus »durch die Gewährleistung der Religionsfreiheit Raum zur eigenen Gestaltung« (SäS 14) geben kann. Auf dieser Linie umreißt Böckenförde in Abgrenzung von der »distanzierenden Neutralität« des rigorosen Laizismus, der alles Religiöse komplett aus dem öffentlichen Leben verbannt und in die Privatsphäre zurückdrängt, das »Konzept der übergreifenden offenen Neutralität« (15). Ihm zufolge kann der Staat »der Religion Entfaltungsraum im öffentlichen Bereich« gewähren, allerdings »ohne jede Form der Identifikation« (ebd.). In diesem Sinne erscheint zulässig, »daß er Religion und religiöse Lebenskraft, soweit sie tatsächlich vorhanden sind, stützt und schützt« (26).

Ein weiteres zentrales Bezugsfeld staatstheoretischer Reflexion bildet für den alten Sozialdemokraten Böckenförde das Problem des Sozialstaates, das er in unmittelbarem Zusammenhang mit seiner Auffassung freiheitlicher Rechtsstaatlichkeit betrachtet.[93] Bereits in der Kontroverse zwischen Ernst Forsthoff und Wolfgang Abendroth um das grundgesetzliche Sozialstaatspostulat bezieht er gegen die auch von seinem Mentor Carl Schmitt geprägte Position Forsthoffs Stellung.[94] Während dieser annimmt, dass der Auf- und Ausbau des Sozialstaates mit seinen weit reichenden gesellschaftlichen Eingriffsbefugnissen und Umverteilungsmaßnahmen letztlich dem auf die Sicherung individueller Freiheitsrechte angelegten Begriff des Rechtsstaats zuwiderläuft, betrachtet Böckenförde ihn im Gegenteil geradezu als notwendige Konsequenz des rechtsstaatlichen Freiheitsprinzips. In diesem Sinne spricht er im Anschluss an den preußischen Reformer Lorenz von Stein davon, »daß der Staat gemäß seiner Funktion als Garant der freien Gesellschaft und ihrer Grundverfassung« die sich aus der ökonomischen Dynamik des freien Spiels gesellschaftlicher Kräfte ergebenden strukturellen Ungleichheiten »durch sozialen Ausgleich und soziale Leistungen« gezielt abzumildern habe, »um dadurch die individuelle und gesellschaftliche Freiheit und die rechtliche Gleichheit real zu erhalten« (BeU 234). Im Geiste dieses Gedankens sozialer Marktwirtschaft hat sich Böckenförde auch später mehrfach kritisch gegenüber einem politisch und rechtlich entfesselten Kapitalismus zu Wort gemeldet, zuletzt im Zusammenhang der internationalen Finanz- und Wirtschaftskrise nach 2008. In Anknüpfung an Hans Freyer und die katholische Soziallehre, aber auch an das *Kommunistische Manifest* wird hier ein »Gegenmodell zum Kapitalismus« (WKk 69) gefordert und umrissen. Dem »ausgreifenden Besitzindividualismus« (68) eines radikalen Wirtschaftsliberalismus sei ein »vom Prinzip der Solidarität inspiriertes Ordnungs- und Handlungsmodell« (70) entgegenzusetzen. Allerdings erfordert auch eine effektive Eindämmung und Zähmung der Kräfte des freien Marktes an erster Stelle »eine handlungs- und entscheidungsfähige Staatsgewalt, die [...] durch Begrenzung, Zielausrichtung und auch Zurückweisung wirtschaftlichen Machtstrebens ebenso wie durch stetige Relativierung sozialer Ungleichheit wirksam Gemeinwohlverantwortung wahrnimmt« (71).

In den vergangenen Jahren hat sich Böckenförde schließlich verstärkt verfassungsrechtlichen Fragen im Zusammenhang der zeitgenössischen medizin- und bioethischen Diskussionen zugewandt. So brachte er in der kontrovers geführten Auseinandersetzung um die embryonale Stammzellforschung und die Präimplantationsdiagnostik den geistesgeschichtlichen Hintergrund und normativen Sinngehalt der Menschenwürdegarantie des Grundgesetzes in Erinnerung und verwahrte sich vehement gegen jede juristische Einschränkung oder Abstufung des grundgesetzlichen Würdeschutzes. Das betrifft sowohl die kategoriale Differenzierung zwischen »Mensch« und »Person« als auch die zeitliche Perspektive des Beginns bzw. Endes menschlichen Lebens. Mit dem Würdebegriff stellt sich das positive Verfassungsrecht nach Böckenförde in der »Übernahme eines grundlegenden, in der europäischen Geistesgeschichte hervorgetretenen ›sittlichen Werts‹ [...] auf ein vorpositives Fundament, eine Art naturrechtlichen Anker« (WüM 380). Dabei weist er ausdrücklich den Vorwurf zurück, diese Auffassung komme letzten Endes dem von ihm selbst immer wieder kritisierten Rückfall in die christliche Naturrechtslehre und damit hinter die säkularen Prämissen des modernen freiheitlichen Rechtsstaates gleich: »Böckenförde, der immer für das volle Ernstnehmen des positiven Rechts, aber auch gegen seine Isolierung aus seinem historisch-politischen Kontext eingetreten ist, ist nicht auf seine alten Tage [...] zum Naturrechtler geworden.« (BMu 416) Vielmehr geht es ihm darum, ein vom Parlamentarischen Rat 1949 unter dem Eindruck der nationalsozialistischen Verbrechen formuliertes »grundlegendes normatives Prinzip staatlichen Handelns« in seiner historischen-politischen Tragweite zu vergegenwärtigen und »gegenüber möglichen Zeitgeistentwicklungen« (417) erneut zur Geltung zu bringen.[95]

Wie Ernst-Wolfgang Böckenförde entwickelt auch Martin Kriele im Ausgang von Joachim Ritters zustimmender Deutung der Moderne im Zeichen der Entzweiung ein rechtsphilosophisches Verständnis des modernen, freiheitlich-demokratischen Staates, das geradezu auf die zeitgenössischen Auseinandersetzungen um die »Legitimitätsprobleme der Bundesrepublik« (LdB) zugeschnitten zu sein scheint. Stärker noch als Böckenförde knüpft Kriele dabei an den geschichtsphilosophischen Zug im Denken seines Lehrers an: Im Anschluss an Ritters Auslegung der Hegel'schen *Rechtsphilosophie* wird die Entstehung und Anwendung des Rechts in den umfassenderen Horizont einer geschichtlichen Verwirklichung menschlicher Vernunft und Freiheit gerückt und die damit eröffnete geschichtsphilosophische Perspektive zugleich ihrerseits mit Blick auf die historische Rechtsentwicklung konkretisiert. In dieser Verschränkung geschichtsphilosophischer und rechtstheoretischer Perspektiven sucht Kriele gegenüber allen Anfeindungen der politischen Grundordnung der Bundesrepublik vonseiten der Linken oder Rechten in einer Art philosophischer Staatsbürgerkunde die »geschichtlichen Legitimationsgrundlagen des demokratischen Verfassungsstaates« (EiS 14) einsichtig zu machen.

Martin Kriele wurde am 19. Januar 1931 als Sohn eines Ministerialdirektors im rheinischen Opladen geboren.[96] Er wuchs in einem kulturprotestantisch geprägten, aber letztlich glaubens- und kirchenfernen geistigen Klima auf. Die tiefe »Erschütterung« über die NS-Verbrechen hat ihn nach eigenem Bekunden »nie mehr verlassen« und seine »ganze spätere Arbeit im Staatsrecht, in der Staatslehre und der Verfassungsgeschichte« (AnK 18) bestimmt. Nach dem Abitur studierte Kriele Rechts- und Staatswissenschaften sowie Philosophie in Freiburg, Münster und Bonn. Im Anschluss an das Assessor-Examen arbeitete er zunächst als Rechtsanwalt sowie als wissenschaftlicher Mitarbeiter von Hans J. Wolff in Münster. Daneben lernte er in Ritters Collegium Philosophicum, in dem es »funkelte [...] von Bildung, Geist und Witz«, auch »die geistigen Strömungen der Zeit kennen und verstehen« (82 f.). Im Jahr 1962 promovierte Kriele bei Wolff mit einer Arbeit über die *Kriterien der Gerechtigkeit* und wurde 1966 mit einer Untersuchung zur *Theorie der Rechtsgewinnung* habilitiert. Von 1967 bis 1996 hatte er den Lehrstuhl für Allgemeine Staatslehre und Öffentliches Recht an der Universität Köln inne. Als langjähriges Mitglied der SPD vertrat er die sozialliberale Bundesregierung 1973 im Rechtsstreit um die Ostverträge vor dem Bundesverfassungsgericht. Von 1976 bis 1988 war er selbst Richter am Verfassungsgerichtshof für das Land Nordrhein-Westfalen.

Im Zuge des Übertritts zum Katholizismus und der Beschäftigung mit anthroposophischen Lehren wandte er sich in späteren Jahren verstärkt juristischen und rechtstheoretischen Fragen von Spiritualität und Religionsfreiheit zu.[97]

Krieles erste Arbeiten gelten grundlegenden rechtsphilosophischen Themen und Fragestellungen im Umkreis der zeitgenössischen Kontroversen um Naturrecht und Rechtspositivismus. In seiner Dissertation geht der junge Jurist der Frage nach den *Kriterien der Gerechtigkeit* (KdG) und damit dem theoretisch und praktisch entscheidenden Problem nach, ob und auf welche Weise sich in Auseinandersetzungen um das Recht angesichts gesellschaftlich zunehmend kontroverser weltanschaulicher Orientierungen und Wertvorstellungen gleichwohl gültige, allgemein verbindliche Ergebnisse erlangen lassen. Dabei eröffnet Kriele im Ausgang von den entgegengesetzten Standpunkten innerhalb der Naturrechtsdiskussion eine vermittelnde Perspektive zwischen der positivistischen Beschränkung auf historisch vorgegebenes oder politisch festgesetztes Recht auf der einen und der naturrechtlichen Berufung auf vermeintlich überzeitliche, ideale Vorstellungen von Gerechtigkeit auf der anderen Seite. Mithilfe einer sprachanalytischen Methode wird dabei ein rechtsphilosophischer Ansatz entwickelt, der mit einem »Fortschritt in der Einsicht« und folglich einer »Annäherung des positiven Rechts an die Gerechtigkeit« (7) rechnet. Im Sinne einer »als Geschichtsphilosophie auftretenden Rechtsphilosophie« kommt hier bereits die Vorstellung einer »geschichtlich sich entfaltenden Rechtsvernunft« zur Geltung, nach der »in der Geschichte nicht nur Macht und irrationale Kräfte, sondern auch rationale Auseinandersetzungen wirksam sind« (8). Unter diesen Bedingungen erscheint es immerhin möglich, »daß immer neue Erfahrungen und Einsichten gewisse Irrtümer erledigen und auch die Gefahr des Rückfalls in allzu grobe neue Irrtümer vermindern, so daß [...] ein allmähliches Fortschreiten der positiven Rechtsentwicklung auf die Gerechtigkeit zu nicht ausgeschlossen erscheint« (32). Dieser Befund ist nicht zuletzt von erheblicher Bedeutung für Krieles historische Einschätzung und politische Würdigung des modernen freiheitlich-demokratischen Rechtsstaats. Denn die »liberale Demokratie beruht in ihrer klassischen Ausprägung [...] auf dem Gedanken, daß Geistesfreiheit den Fortschritt in der Einsicht befördere und daß Fortschritt in der Einsicht die Annäherung des positiven Rechts an die Gerechtigkeit möglich mache. Nur dieser Gedanke kann auf Dauer die Freiheit garantieren und ein Klima der Vernunft erhalten und verbreiten.« (104)

Krieles Habilitationsschrift vertieft diese rechtsphilosophische Betrachtungsweise weiter und verbindet sie zugleich mit weit ausholenden rechtsmethodologischen Überlegungen. Die Studie geht am Beispiel des Verfassungsrechts der Frage nach, inwieweit die Rechtsgewinnung, also die Ermittlung des konkreten Sinngehalts des geltenden Rechtes durch Auslegung der in einem bestimmten Fall einschlägigen vorgegebenen Gesetzestexte, im Sinne einer rational nachvollziehbaren, wissenschaftlich überprüfbaren Vorgehensweise verstanden und praktiziert werden kann. Im kritischen Durchgang durch die verschiedenen hermeneutischen, deduktiven oder topischen Theorien und Methoden der verfassungsrechtlichen Rechtsgewinnung entwickelt Kriele seine Auffassung, dass die Bedeutung des Rechtes nur ausgehend vom konkreten Fall zu klären ist. »Am Anfang steht der [...] Fall und nicht der Text.« (TdR 159) Sein besonderes Augenmerk gilt in diesem Zusammenhang dem Vergleich mit dem in der angloamerikanischen Rechtsordnung des Common Law verbreiteten Fallrecht, das nicht aus vom Gesetzgeber kodifizierten gesetzlichen Regelungen abgeleitet wird, sondern sich auf vorausgegangene Gerichtsurteile zu vergleichbaren Präzedenzfällen stützt und damit der Tradition der Rechtsprechung eine entscheidende Bedeutung beimisst. Aus Krieles Sicht führt der »Versuch, sich die Gründe für die präsumptive Verbindlichkeit der Präjudizien einsichtig zu machen, [...] zu einem Einblick in das Wirken der politisch-moralischen Vernunft, er offenbart etwas von dem, ›was die Welt (des Rechtlich-Institutionellen) im Innersten zusammenhält‹« (258). In den Urteilen der Vergangenheit hat sich die Vernunft von Generationen von Rechtsgelehrten angereichert und manifestiert, die das Reflexionsvermögen und die Urteilskraft des Einzelnen bei Weitem übersteigt und ihn davon entlastet, die Frage des Rechts bei jedem Fall von Grund auf neu aufzurollen. Sie »sind der Niederschlag der reflektierten Erfahrung der Vergangenheit, sind gewissermaßen kondensierte Weisheit und deshalb von der spontanen Reflexion gar nicht in der ganzen Fülle ihres Sinns zu erfassen« (267). Man muss sich letztlich »auf sie verlassen, sich ihnen anvertrauen, wenn man ihr Ungenügen nicht dartun kann« (ebd.). Auf dieser Linie ergreift Kriele auch mit Blick auf die englische Verfassungsdiskussion des 17. Jahrhunderts gegenüber Thomas Hobbes' absolutistischem und dezisionistischen Begriff von Recht als einer souveränen Setzung aus uneingeschränkter Machtvollkommenheit Partei für das historisch-hermeneutische Rechtsverständnis des Richters und Politikers Edward Coke. Dieser habe das Recht zuerst als »künstliche Vernunft« begriffen, »die wohl zu unterscheiden sei von der subjektiven Vernunft des einzelnen, [...] weil jede Einzelheit, jede Regel in der Kooperation von Generationen erwogen, an der Erfahrung überprüft, immer von Neuem ergänzt und verbessert worden« (HdV 15 f.) ist.

Neben dem angelsächsischen Common Law bildet Hegels *Rechtsphilosophie* für Kriele einen weiteren wichtigen Bezugspunkt. Im Anschluss an Joachim Ritters Hegeldeutung betrachtet er die neuzeitliche Geschichte als Geschichte fortgesetzter, von konkreten historischen Unrechtserfahrungen motivierter Kämpfe um Freiheit und Gerechtigkeit. Dabei ist der angestrebte Zustand einer freiheitlichen und gerechten Gesellschaft aus seiner Sicht nicht kraft eines einzigen revolutionären »Sprunges in das Reich der Freiheit« (BpA 5) zu erreichen. Vielmehr vollzieht sich eine allmähliche »Inkarnation der Gerechtigkeit in die Wirklichkeit« durch ihre fortschreitende politische »Verwirklichung in rechtlichen Institutionen« (7). Die freiheitliche Verfassung des modernen bürgerlichen Rechtsstaats muss vor diesem Hintergrund als der geschichtlich erreichte Stand dieser allmählichen »Befreiung *durch* Recht« begriffen und gegen Versuche einer »Befreiung *vom* Recht« (8) verteidigt werden. Echter Fortschritt schließt in diesem Sinne immer ein konservatives Moment ein, da bereits erreichte Errungenschaften institutionell gesichert und bewahrt werden müssen. Mit Hegel kritisiert Kriele daher die »abstrakte Subjektivität« des Einzelnen, der sich gegenüber der Vernunft in der Geschichte verschließt und »ohne Bezug auf die in den vorgegebenen Institutionen verkörperte Weisheit die Welt aus dem reinen Gedanken [...] neugestalten will« (VVR 50). Auf der anderen Seite bringt er den hegelianischen Ansatz allerdings auch gegen die von Hobbes bis Carl Schmitt verfochtene »Theorie der abstrakten Souveränität« in Stellung, die zur Legitimation politischer Herrschaft »einen latenten Bürgerkrieg in unsere staatlichen und gesellschaftlichen Verhältnisse hinein« (ReD 80) interpretiert und die der geschichtlichen Wirklichkeit bereits innewohnende Vernunft so ebenfalls unterschlägt. In späteren Arbeiten werden diese Überlegungen unter dem Eindruck der Protestbewegung der 1970er Jahre weiterentwickelt und konkretisiert. So tritt in der Debatte über den zivilen Ungehorsam, die gezielte Überschreitung von Gesetzen zur öffentlichen Demonstration ihrer Unrechtmäßigkeit, erneut »das Spannungsverhältnis zwischen dem moralischen Urteil des einzelnen und den

Gesetzen des Staates« (ZiU 429) zutage. Dabei erscheinen Sitzblockaden oder Sachbeschädigungen jedoch in einem demokratischen Verfassungsstaat wie der BRD als fehlgeleitete Aktionen einer selbsterklärten intellektuellen Elite, die »im Kampf gegen die Autorität des Staates die gesetzlichen Rechte anderer Menschen und die demokratische Gleichberechtigung anderer Bürger offenkundig völlig aus dem Auge verloren« (437) hat.

In der Verschränkung der von Coke und Hegel ausgehenden Perspektiven erhält die rechtstheoretische Lehre von der »artificial reason« der juristischen Auslegungstradition bei Martin Kriele einen umfassenderen geschichtsphilosophischen Bedeutungshorizont und das Hegel'sche Diktum von der Vernunft der Wirklichkeit zugleich eine rechtstheoretische Konkretisierung. Vor diesem historisch-systematischen Hintergrund ist schließlich auch seine Ausformulierung jener berühmt-berüchtigten »konservativen Beweislastverteilungsregel« zu sehen, die zu einem zentralen Bestand im Argumentationshaushalt der Ritter'schen Mitte geworden ist. Sie läuft letztlich hinaus auf »die widerlegliche Vermutung zugunsten der Vernünftigkeit des Bestehenden und damit die Zuweisung der Argumentationslast an den Kritiker des Rechts« (VVR 61). Als platte Apologie beliebiger faktisch vorgegebener Verhältnisse kann dies im Grunde nur unter vollständiger Ausblendung des gesamten rechtstheoretisch-geschichtsphilosophischen Begründungszusammenhangs aufgefasst werden. Zieht man diesen hingegen in Betracht, wird hier das liberal-konservative Ethos der mittleren »Ritter-Schule« konzise auf den Punkt gebracht: »Unter den Bedingungen des an den Menschenrechten orientierten demokratischen Verfassungsstaates, in dessen Institutionen sich die Erfahrungen einer mehrhundertjährigen politischen Aufklärung niedergeschlagen haben, besteht [...] eine Vermutung zugunsten der Vernünftigkeit getroffener rechtlicher Entscheidungen. Es handelt sich um eine widerlegliche

Vermutung. Sie weist die Begründungspflicht demjenigen zu, der die Vernünftigkeit der getroffenen Entscheidungen kritisiert, und verpflichtet ihn dadurch, sich mit den Gründen der getroffenen Entscheidung auseinanderzusetzen.« (RpV 41 f.)

4. Schluss: »Normalphilosophie der Bundesrepublik«?

Joachim Ritter und seine Schüler haben weit reichende Wirkungen auf die akademische Landschaft der Bundesrepublik entfaltet. Von ihnen sind wichtige Beiträge zur Diagnose der modernen Gesellschaft, der Erneuerung philosophischer Ethik und Politik sowie der Selbstverständigung der zeitgenössischen Philosophie ausgegangen. Auch auf institutioneller Ebene bildet das Münsteraner Collegium einen bedeutenden Ausgangspunkt der jüngeren Wissenschaftsgeschichte: Nicht weniger als achtzehn seiner Mitglieder besetzten später Lehrstühle an Universitäten im In- und Ausland und haben so nicht nur den inhaltlichen Verlauf der jeweiligen Fachdiskurse maßgeblich beeinflusst, sondern als akademische Lehrer auch Generationen von Geistes-, Sozial- und Rechtswissenschaftlern geprägt. In bildungs- und hochschulpolitischen Gremien und Verbänden haben Ritter und seine Schüler ihre Standpunkte überdies in den zeitgenössischen Kontroversen um die Hochschulreform, den »Mut zur Erziehung« und die Ausrichtung politischer Bildung zur Geltung gebracht.[98]

Auch über den akademischen Wissenschaftsbetrieb hinaus sind viele Mitglieder des Münsteraner Collegiums auf ganz unterschiedliche Weisen im öffentlichen Leben und der politischen Kultur der Bundesrepublik wirksam geworden. Einige bekleideten einflussreiche politisch-administrative Ämter wie Hermann Lübbe als Staatssekretär in Nordrhein-Westfalen oder gelangten als Juristen im Rechtswesen zu Ansehen wie Ernst-Wolfgang Böckenförde als Richter am Bundesverfassungsgericht oder Martin Kriele am Verfassungsgerichtshof des Landes Nordrhein-Westfalen. Viele engagierten sich darüber hinaus in der Politikberatung wie Lübbe für die CDU, Kriele für die SPD, Günter Rohrmoser für die CSU oder Jürgen Seifert für Bündnis 90/Die Grünen. Schließlich wurden Ritter-Schüler auch im zivilgesellschaftlichen Bereich, gewerkschaftlichen Umfeld und kirchlichen Zusammenhang als Berater und Sachverständige tätig, etwa Seifert für die IG Metall, Rohrmoser als Mitglied der Marxismus-Kommission der evangelischen Kirche oder Robert Spaemann als Berater von Papst Benedikt XVI.

Schon ein erster Blick auf dieses breite »Wirkungsspektrum« macht freilich deutlich, dass sich die Mitglieder des Münsteraner Collegiums philosophisch wie politisch in ganz unterschiedliche Richtungen bewegt und dabei zum Teil weit voneinander entfernt haben. Das mag mit der viel gerühmten geistigen Offenheit und Liberalität des Kreises um Joachim Ritter zu tun haben, dürfte aber durchaus auch in dessen eigener philosophischer Position angelegt gewesen sein. Hatte Ritter sich inmitten der politischen, philosophischen und weltanschaulichen Auseinandersetzungen der Weimarer Zeit zunächst durch wechselnde Bezugnahmen zu verorten gesucht, so erscheint ihm die Antithetik der dabei durchlaufenen fortschritts- und verfallstheoretischen Standpunkte später selbst als Ausdruck einer tiefen »Unruhe im Grunde der neuzeitlichen europäischen Geschichte« (EuP 352). Mit der Deutung der modernen Welt im Zeichen der Entzweiung rückt schließlich eine Ambivalenzfigur ins Zentrum seines Denkens, die sich je nach Standpunkt und Blickwinkel für ganz unterschiedliche philosophische, zeitdiagnostische und politische Lagebeschreibungen und Orientierungen anschlussfähig zeigt.

Entsprechend ergeben sich im Ausgang von Ritter und seinen Schülern auch vielfältige Bezüge zu zeitgenössischen Debatten. So bildet Ritters Philosophie einen bedeutsamen Beitrag zu den anhaltenden Bestrebungen zur historischen Selbstvergewisserung und Standortbestimmung der Gegenwart. Die moderne Welt wird bei ihm weder zur substanzlosen oder »seinsvergessenen« Verfallsstufe des christlichen Abendlandes »vernachträglicht«, noch wird sie zum Durchgangsstadium eines erst künftig zu vollendenden Projektes »vervorläufigt«, sondern gerade in ihrer Ambivalenz als historische Formation eigenen Rechts und weltgeschichtlichen Rangs begriffen. Daran konnte die liberal-konservative Affirmation der modernen freiheitlich-demokratischen Ordnung ebenso anknüpfen wie restaurative Ansätze zur ›Aufhebung‹ ihrer Entzweiungsstruktur im Zeichen christlich-abendländischer bzw. deutsch-nationaler Erneuerung oder revolutionäre Bestrebungen zu ihrer Überwindung in Richtung auf eine herrschaftsfreie und klassenlose Gesellschaft. Sie alle berühren dabei grundlegende Fragen nach der spezifischen Struktur, den historischen Voraussetzungen und der künftigen Entwicklung unserer Gegenwart zwischen Moderne, »Zweiter Moderne« und Postmoderne.

Des Weiteren steht in der »Ritter-Schule« immer auch die Frage nach den sittlichen Grundlagen und der politischen Verfasstheit menschlichen Zusammenlebens in der Moderne zur Diskussion. Ritter selbst bringt ein zutiefst liberales Verständnis der bürgerlichen Industriegesellschaft und des modernen, demokratischen Rechtsstaates zur Geltung. Er würdigt die erst in ihrem Rahmen ermöglichte Freiheit des Einzelnen, erinnert allerdings auch an die historisch gewachsenen gesellschaftlichen und kulturellen Bedingungen, auf denen diese freiheitlichen Ordnungen beruhen und von denen sie zugleich abhängig bleiben und zehren, ohne sie aus sich selbst heraus herstellen oder auch nur erneuern zu können. Diese Gedankenfigur wurde bei einigen seiner Schüler später zum Ausgangspunkt einer liberal-konservativen politischen Philosophie, deren Sorge um die natürlichen und kulturellen Bestandsvoraussetzungen der modernen Gesellschaft heute als ein wesentlicher Zug politischen Denkens der Gegenwart erkannt wird. Andererseits wurde von hier aus aber auch aus verschiedenen Perspektiven eine fundamentale Kritik am modernen Liberalismus und seiner Fähigkeit formuliert, die zentralen moralischen Konflikte der modernen Gesellschaft zu bewältigen und ihren politischen Zusammenhalt dauerhaft zu begründen. Mit der Frage nach der gesellschaftlich-politischen Bedeutung der Religion und des Nationalstaats, aber auch der sozialen Gleichstellung und globalen Gerechtigkeit werden dabei Gesichtspunkte angesprochen, die auch in den zeitgenössischen Kontroversen um Liberalismus und Kommunitarismus, Leitkultur und Zivilgesellschaft sowie die »Rückkehr der Religionen« verhandelt werden.

Schließlich kommen in der »Ritter-Schule« auch ein Begriff von Philosophie und eine Art des Philosophierens zum Tragen, die im Zuge des anhaltenden Bemühens um eine Selbstverständigung der Disziplin im Horizont der modernen Wissenschaften Berücksichtigung verdienen. Joachim Ritters Versuch der Vermittlung von systematischer Philosophie und Philosophiegeschichte steht quer zum Szientismus eines analytischen Ansatzes, für den ein rationales Weltverhältnis nur noch auf formaler Logik und empirischen Wissenschaften aufbauen kann. Andererseits grenzt er sich aber auch vom historischen Relativismus einer geisteswissenschaftlichen Hermeneutik ab, die alles Denken bloß noch als Ausdruck seiner jeweiligen Zeit zu »verstehen« sucht, ohne die Frage nach seiner Wahrheit auch nur aufzuwerfen. Im Zeichen dieser engen Verbindung von historischer und systematischer Perspektive sind einige der anregendsten philosophiegeschichtlichen Studien der letzten sechzig Jahre sowie schließlich das große *Historische Wörterbuch der Philosophie* entstanden. Sie prägte darüber hinaus auch unterschiedlichste Versuche, Bestände der philosophischen Überlieferung – von der antiken Metaphysik über die mittelalterliche Scholastik bis zum Deutschen Idealismus – zu vergegenwärtigen und für das Begreifen der eigenen Gegenwart fruchtbar zu machen.

Vor dem Hintergrund dieser Vielfalt an divergierenden Standpunkten und Perspektiven kann von einer philosophischen Schule im inhaltlichen Sinne eines programmatisch geschlossenen Schulzusammenhangs kaum die Rede sein. Letztlich bleibt eine solche Vorstellung dem Lagerdenken längst vergangener Auseinandersetzungen und seinem Hang zu zugespitzten Lagebeschreibungen mit eindeutigen Feindbildern und klaren Frontverläufen verhaftet. In ihrem Licht wurden die teils beträchtlichen Unterschiede zwischen Joachim Ritter und seinen verschiedenen Schülern in der Vergangenheit immer wieder verwischt – nicht selten, um sie den Vertretern des so überhaupt erst fingierten einheitlichen Schulstandpunktes im nächsten Schritt als theoretische Unstimmigkeiten vorzuhalten. Im Endeffekt wurde eine inhaltlich angemessene und differenzierte Auseinandersetzung mit den betreffenden Ansätzen auf diese Weise lange Zeit erheblich erschwert. Natürlich lassen sich ausgehend von den im Collegium erörterten Fragestellungen, philosophischen Denkfiguren und zeitdiagnostischen Perspektiven vielfältige wirkungsgeschichtliche Verbindungslinien zwischen den verschiedenen Mitgliedern des Kreises ziehen. Das Bild, das sich daraus ergibt, zeigt jedoch allenfalls gewisse theoretische »Familienähnlichkeiten«, die bei keinem einzelnen der Ritter-Schüler allesamt zugleich ausgeprägt sind und sich insofern womöglich ergiebiger mit den Konzepten und Methoden der Konstellationsforschung aufschlüsseln ließen.[99]

Darüber hinaus wird ersichtlich, dass die Bedeutung von Joachim Ritter und seinen Schülern nicht in der staatstragenden Rolle einer liberal-konservativen Begründung der Bundesrepublik aufgeht. Zur Affirmation der freiheitlich-demokratischen Grundordnung bei Marquard, Lübbe, Spaemann, Böckenförde und Kriele gehört deren grundsätzliche Kritik unter konservativen bzw. progressiven Vorzeichen bei Rohrmoser oder Willms auf der einen und Seifert oder Sandkühler auf der anderen Seite: »Radikale links, Radikale rechts – die ›Schule‹ hatte [...] offene Ränder und repräsentiert eben auch darin bundesrepublikanische Wirklichkeit.« (Lübbe, zit. n. Hacke 2006: 23) Sofern unter diesen Vorzeichen von einer »Normalphilosophie der Bundesrepublik« (Ottmann) die Rede sein kann, ist diese offenkundig keinesfalls im Sinne einer farblosen Durchschnittlichkeit oder gar einer platten Apologie vorgegebener gesellschaftlich-politischer Verhältnisse aufzufassen. Im Ausgang von Ritters Verbindung von Metaphysik und Politik zu einer »Hermeneutik der geschichtlichen Wirklichkeit« scheinen sich vielmehr Perspektiven zu eröffnen, die das gesellschaftlich-politische Geschehen ihrer Zeit nicht bloß als speziellen Gegenstandsbereich und Anwendungsfall philosophischen Denkens, sondern als seinen wesentlichen und unhintergehbaren Bezugspunkt begreifen. Entsprechend handelt es sich bei den Beiträgen der verschiedenen Ritter-Schüler zum philosophischen Diskurs der Bundesrepublik in der Regel auch weder bloß um einen Ausfluss reiner, selbstgenügsamer Theorie noch um einen gehetzten Kommentar zum jeweils aktuellen Zeitgeschehen. In dem für sie maßgeblichen Begriff der Gegenwart verbindet sich in je anderer Gewichtung die Präsenz des seit alters gesuchten immer Seienden und Absoluten mit der historischen Aktualität des gesellschaftlich-politischen Hier und Jetzt. Auf diese Weise wird hier ernst gemacht mit Hegels Anspruch, Philosophie habe »ihre Zeit in Gedanken« zu fassen.

Anhang

Anmerkungen

1 Vgl. Mark Schweda/Ulrich von Bülow (Hg.), Entzweite Moderne. Zur Aktualität Joachim Ritters und seiner Schüler, Göttingen 2016.

2 Vgl. Wolfgang H. Lorig, Neokonservatives Denken in der BRD und in den Vereinigten Staaten von Amerika, Opladen 1988.

3 Vgl. Jens Hacke, Politische Bürgerlichkeit. Variationen einer Denkfigur in der deutschen Sozialphilosophie nach 1945, in: Heinz Bude/Joachim Fischer/Bernd Kauffmann (Hg.), Bürgerlichkeit ohne Bürgertum. In welchem Land leben wir?, München 2010, S. 33–56.

4 Vgl. Oliver Schmolke, Revision nach 1968. Vom Wandel der Geschichtsbilder in der Bundesrepublik Deutschland, Saarbrücken 2012.

5 Vgl. Martin Ingenfeld, Zwischen Fortschritt und Verfall. Zur Diskussion von Religion und Moderne im Ausgang von Joachim Ritter, Köln/München 2016.

6 Vgl. ausführlich Mark Schweda, Entzweiung und Kompensation. Joachim Ritters philosophische Theorie der modernen Welt, Freiburg/München 2013.

7 Für die biografischen Angaben vgl. Odo Marquard, »Joachim Ritter«, in: Neue deutsche Biographie, hg. von der historischen Kommission bei der Bayerischen Akademie der Wissenschaften, 21 Bde., Bd. 21, Berlin 2003, S. 663–664.

8 Vgl. zum Folgenden Kurt Wuchterl, Bausteine zu einer Geschichte der Philosophie des 20. Jahrhunderts. Von Husserl zu Heidegger: Eine Auswahl, Bern u. a. 1995, v. a. S. 17–22, S. 107–111, S. 209, S. 275 f., S. 309 f., S. 423 f.; vgl. Herbert Schnädelbach, Philosophie in Deutschland 1831–1933, Frankfurt a. M. ^{6}1999, v. a. S. 22–24, S. 172–174, S. 232–235.

9 Vgl. ebenda, 172 f., 232 f.

10 Zu Ritters Cusanus-Interpretation vgl. Hubert Benz, Individualität und Subjektivität. Interpretationstendenzen in der Cusanus-Forschung und das Selbstverständnis des Nikolaus von Kues, Münster 1999, S. 53–57.

11 Otto Friedrich Bollnow/Joachim Ritter, Davoser Disputation zwischen Ernst Cassirer und Martin Heidegger, in: Martin Heidegger, Kant und das Problem der Metaphysik, hg. von Friedrich-Wilhelm von Herrmann, Frankfurt a.M. 1991, S. 274–296.

12 Vgl. Schnädelbach, Philosophie, a.a.O., S. 172f.

13 Vgl. ebenda.

14 Vgl. Karlfried Gründer, Cassirer und Heidegger in Davos 1929, in: Hans-Jürgen Braun/Helmut Holzhey/Ernst Wolfgang Orth (Hg.), Über Ernst Cassirers Philosophie der symbolischen Formen, Frankfurt a.M. 1988, S. 290–302.

15 Vgl. Ulrich Dierse, Geschichtlichkeit. Ritters frühe Arbeiten zu Dilthey und Cassirer, in: ders. (Hg.), Joachim Ritter zum Gedenken, Stuttgart 2004, S. 29–41.

16 Vgl. Gunter Scholtz, Joachim Ritter als Linkshegelianer, in: Dierse (Hg.), Joachim Ritter zum Gedenken, a.a.O., S. 147–161.

17 Zit. ebenda, S. 149f.

18 Zit ebenda.

19 Vgl. Sandkühler, LaO; vgl. Jens Thiel, Akademische Zinnsoldaten? Karrieren deutscher Geisteswissenschaftler zwischen Beruf und Berufung (1933/1945), in: Rüdiger vom Bruch/Uta Gerhardt/Aleksandra Palizek (Hg.), Kontinuitäten und Diskontinuitäten in der Wissenschaftsgeschichte des 20. Jahrhunderts, Stuttgart 2006, S. 167–194.

20 Vgl. ebenda, S. 191.

21 Vgl. Lübbe, Aff.

22 Vgl. Olaf Bartz, Wissenschaftsrat und Hochschulplanung. Leitbildwandel und Planungsprozesse in der Bundesrepublik Deutschland zwischen 1957 und 1975, Köln 2006, S. 105 u. 133.

23 Vgl. Walter Tinner, Das Unternehmen »Historisches Wörterbuch der Philosophie«, in: Riccardo Pozzo/Marco Sgarbi (Hg.), Eine Typologie der Formen der Begriffsgeschichte, Hamburg 2010, S. 9–13.

24 Vgl. Margarita Kranz, ›Wider den Methodenzwang‹? Begriffsgeschichte im Historischen Wörterbuch der Philosophie – Mit einem Seitenblick auf die Ästhetischen Grundbegriffe, in: Ernst Müller (Hg.), Begriffsgeschichte im Umbruch, Berlin 2004, S. 33–42.

25 Vgl. Axel Schildt, Moderne Zeiten. Freizeit, Massenmedien und »Zeitgeist« in der Bundesrepublik der 50er Jahre, Hamburg 1995, S. 22f.

26 Vgl. Martina Plümacher, Philosophie nach 1945 in der Bundesrepublik Deutschland, Reinbek b. Hamburg 1996, S. 28f.

27 Vgl. ebenda, S. 23f.

28 Vgl. Henning Ottmann, Individuum und Gemeinschaft bei Hegel, Bd. 1: Hegel im Spiegel der Interpretationen, Berlin/New York 1977, S. 204f.

29 Vgl. ebenda, S. 299–387.

30 Vgl. Carsten Dutt, Zweierlei Kompensation. Joachim Ritters Philosophie der Geisteswissenschaften gegen ihre Popularisatoren und Kritiker verteidigt, in: Scientia Poetica 12 (2008), S. 294–314.

31 Vgl. Wolfgang Kuhlmann, Einleitung, in: Forum für Philosophie Bad Homburg (Hg.), Zerstörung des moralischen Selbstbewusstseins: Chance oder Gefährdung? Praktische Philosophie in Deutschland nach dem Nationalsozialismus, Frankfurt a.M. 1988, S. 7–23.

32 Vgl. Plümacher, Philosophie, a.a.O., S. 240f.

33 Vgl. Manfred Riedel (Hg.), Zur Rehabilitierung der praktischen Philosophie, 2 Bde., Bd. 1: Geschichte, Probleme, Aufgaben, Freiburg 1972; Bd. 2: Rezeption, Argumentation, Diskussion, Freiburg 1974.

34 Vgl. Thomas Gutschker, Aristotelische Diskurse. Aristoteles in der politischen Philosophie des 20. Jahrhunderts, Stuttgart 2002, S. 255–292.

35 Vgl. ebenda, S. 485.

36 Vgl. Hannah Arendt, Vita activa oder Vom tätigen Leben, München 1960, S. 18f.

37 Vgl. Martin Heidegger, Die Technik und die Kehre, Pfullingen 1962, S. 25 f.; vgl. Max Horkheimer, Zur Kritik der instrumentellen Vernunft, in: ders., Zur Kritik der instrumentellen Vernunft. Aus den Vorträgen und Aufzeichnungen seit Kriegsende, Frankfurt a.M. 1967, S. 11–174, hier: S. 93f.

38 Vgl. Arnold Gehlen, Die Technik in der Sichtweise der philosophischen Anthropologie, in: Merkur 65 (1953), S. 626–636.

39 Vgl. ders., Urmensch und Spätkultur. Philosophische Ergebnisse, Bonn 1956.

40 Vgl. Werner Theobald, Hypolepsis. Mythische Spuren bei Aristoteles, Sankt Augustin 1999; vgl. Günther Bien, Art. »Hypolepsis«, in: Historisches Wörterbuch der Philosophie, Bd. 3, hg. von Joachim Ritter, Basel 1974, Sp. 1252–1254.

41 Vgl. Günther Bien, Das bürgerliche Leben, in: Dierse (Hg.), Joachim Ritter zum Gedenken, a.a.O., S. 9–27.

42 Vgl. Schnädelbach, Philosophie, a.a.O., S. 17.

43 Vgl. Plümacher, Philosophie, a.a.O., S. 77f.

44 Vgl. ebenda.

45 Vgl. Hacke, Philosophie der Bürgerlichkeit, a.a.O., S. 35f.

46 Vgl. Ernst-Wolfgang Böckenförde u. a. (Hg.), Collegium Philosophicum. Studien, Joachim Ritter zum 60. Geburtstag, Basel/Stuttgart 1965, Vorsatz.

47 Vgl. Seifert, JoR 191f.

48 Vgl. ebenda.

49 Vgl. Karlfried Gründer, Erfahrung der Geschichte, in: Gedenkschrift Joachim Ritter, Münster 1978, S. 21–58, hier: S. 21.

50 Vgl. Rohrmoser, SuV; HeL; Ludger Oeing-Hanhoff, Der Beitrag des Christentums zu einer menschlicheren Welt. Zur Aktualität der Geschichtsphilosophie Hegels, in: ders., Metaphysik und Freiheit. Ausgewählte Abhandlungen, hg. v. Theo Kobusch/Walter Jaeschke, München 1988, S. 302–322; Reinhart K. Maurer, Hegel und das Ende der Geschichte, Freiburg i. Br. 1965. Zur Würdigung vgl. Ottmann, Individuum, a.a.O., S. 346–378.

51 Vgl. Karlfried Gründer, Figur und Geschichte. Johann Georg Hamanns »Biblische Betrachtungen« als Ansatz einer Geschichtsphilosophie, Freiburg i. Br., München 1958; Willi Oelmüller, Friedrich Theodor Vischer und das Problem der nachhegelschen Ästhetik, Stuttgart 1959; ders., Die unbefriedigte Aufklärung. Beiträge zu einer Theorie der Moderne von Lessing, Kant und Hegel, Frankfurt a.M. 1979; Willms, ToF; FrW; Ursula Franke, Kunst als Erkenntnis. Die Rolle der Sinnlichkeit in der Ästhetik des Alexander Gottlieb Baumgarten, Wiesbaden 1972.

52 Vgl. Günther Bien, Die Grundlegung der politischen Philosophie bei Aristoteles, Freiburg i. Br./München 1973.

53 Vgl. Reinhart K. Maurer, Platons Staat und die Demokratie. Historisch-systematische Überlegungen zur politischen Ethik, Berlin 1970, v. a. S. 126–145.

54 Vgl. Dirk van Laak, Gespräche in der Sicherheit des Schweigens. Carl Schmitt in der politischen Geistesgeschichte der frühen Bundesrepu-

blik, Berlin 1993, S. 192–200; Jan-Werner Müller, Ein gefährlicher Geist. Carl Schmitts Wirkung in Europa, Darmstadt 2007, S. 128–144.

55 Vgl. Florian Meinel, Die Heidelberger Secession. Ernst Forsthoff und die Ebracher Ferienseminare, in: Zeitschrift für Ideengeschichte V (2011) 2, S. 89–108, hier: S. 99f.

56 Vgl. Petra Boden, Arbeit an Begriffen. Zur Geschichte von Kontroversen in der Forschungsgruppe Poetik und Hermeneutik. Ein Forschungsprojekt, in: Internationales Archiv für Sozialgeschichte der deutschen Literatur 35 (2010) 1, S. 103–121, hier: S. 104f.

57 Vgl. Seifert, UnE.

58 Vgl. George Turner, Hochschule zwischen Vorstellung und Wirklichkeit. Zur Geschichte der Hochschulreform im letzten Drittel des 20. Jahrhunderts, Berlin 2001, S. 72f.

59 Vgl. Nikolai Wehrs, Protest der Professoren. Der »Bund Freiheit der Wissenschaft« in den 1970er Jahren, Göttingen 2014, S. 35–68.

60 Vgl. A. Dirk Moses, German Intellectuals and the Nazi Past, Cambridge 2007, insbes. S. 160–218.

61 Vgl. Jan-Werner Müller, Putting German Political Thought in Context, in: ders. (Hg.), German Ideologies since 1945. Studies in the Political Thought and Culture of the Bonn Republic, New York/Basingstoke 2003, S. 1–17.

62 Vgl. Rohrmoser, ShG.

63 Zur Würdigung vgl. Ottmann, Individuum, a.a.O., S. 347–354.

64 Vgl. Harald Seubert, Die Krise der Moderne in Gedanken gefasst. Günter Rohrmoser. Ein philosophisches Portrait, in: Philipp Jenninger/Rolf W. Peter/Harald Seubert (Hg.), Tamen! Gegen den Strom. Günter Rohrmoser zum 80. Geburtstag, Stuttgart 2007, S. 23–71.

65 Vgl. Claus Leggewie, Der Geist steht rechts. Ausflüge in die Denkfabriken der Wende, Berlin 1987, S. 49f.

66 Zur Auseinandersetzung mit Ritters Hegelinterpretation vgl. ausführlich Rohrmoser, GlV, bes. S. 266–358.

67 Vgl. Vjačeslav S. Stjopin (Hg.), Der Ernstfall auch in Rußland. Russische Philosophen diskutieren Günter Rohrmoser, Bietigheim 1997.

68 Vgl. Franziska Hundseder, Ein gefährlicher Vordenker: Bernard Willms, in: vorgänge 91 (1988) 1, S. 11–13.

69 Vgl. Seifert, JoR 198.

70 Vgl. Wilma Aden-Grossmann, Monika Seifert – Pädagogin der antiautoritären Erziehung. Eine Biografie, Frankfurt a.M. 2014.

71 Vgl. Joachim Perels, Das Leiden beredt werden lassen. Interventionen gegen die Gefahren des Rechtsstaats: Zum Tod des engagierten Hannoveraner Politologen Jürgen Seifert, in: Michael Buckmiller (Hg.), Jürgen Seifert 1928–2005, Hannover 2005, S. 53–58.

72 Vgl. Camilla Warnke, Nicht mit dem Marxismus-Leninismus vereinbar! Der Ausschluß von Peter Rubens Philosophiekonzept aus der DDR-Philosophie 1980/81, in: Hans-Christoph Rauh/Hans-Martin Gerlach (Hg.), Ausgänge. Zur DDR-Philosophie in den 70er und 80er Jahren, Berlin 2009, S. 560–600, hier: S. 594 f.

73 Vgl. Norbert Hilgers, Deutscher Neokonservatismus – das Beispiel Hermann Lübbes, Baden-Baden 1995.

74 Vgl. zu den biografischen Angaben Volker Steenblock, Artikel »Hermann Lübbe«, in: Julian Nida-Rümelin/Elif Özmen (Hg.), Philosophie der Gegenwart in Einzeldarstellungen. Von Adorno bis v. Wright, Stuttgart [3]2007, S. 395–398; vgl. Lübbe, LpV.

75 Vgl. Reinhard Mehring, Geschichtspragmatik. Eine Rekonstruktion der Geschichtsphilosophie Hermann Lübbes, in: Hanns-Gregor Nissing (Hg.), Hermann Lübbe. Pragmatische Vernunft nach der Aufklärung, Darmstadt 2009, S. 47–66.

76 Vgl. Jens Hacke, Institution, Dezision und moralische Orientierung in der liberalen Demokratie. Zu Hermann Lübbes politischer Philosophie, in: Nissing (Hg.), Hermann Lübbe, a.a.O., S. 67–82.

77 Vgl. Wolfgang Vögele, Zivilreligion in der Bundesrepublik Deutschland, Gütersloh 1994.

78 Vgl. Heinz Kleger/Georg Kohler, Ein Kapitel politischer Philosophie in Deutschland nach 1945, in: dies., Diskurs und Dezision: Politische Vernunft in der wissenschaftlich-technischen Zivilisation. Hermann Lübbe in der Diskussion, Wien 1990, S. 11–32.

79 Für die biografischen Angaben vgl. Peter Kampits, Art. »Odo Marquard«, in: Nida-Rümelin/Özmen (Hg.), Philosophie der Gegenwart, a.a.O., S. 434–437.

80 Vgl. zu Inhalt und Verlauf der Debatte Hermann Lübbe, Der Streit um die Kompensationsfunktion der Geisteswissenschaften, in: Einheit der Wissenschaften. Internationales Kolloquium der Akademie der Wissenschaften zu Berlin, Berlin/New York 1991, S. 209–233.

81 Vgl. Rochus Leonhardt, Skeptizismus und Protestantismus. Der philosophische Ansatz Odo Marquards als Herausforderung an die evangelische Theologie, Tübingen 2003, S. 37–141.

82 Vgl. Alois Halbmayr, Lob der Vielheit. Zur Kritik Odo Marquards am Monotheismus, Salzburg 2000.

83 Vgl. Barry Allen, Postmodern Pragmatism and Skeptical Hermeneutics: Richard Rorty and Odo Marquard, in: Contemporary Pragmatism 10 (2013) 1, S. 91–111.

84 Vgl. zu den biografischen Angaben Rolf Schönberger, Art. »Robert Spaemann«, in: Nida-Rümelin/Özmen (Hg.), Philosophie der Gegenwart, a.a.O., S. 631–636, sowie Spaemann, GoW.

85 Vgl. Holger Zaborowski, Robert Spaemann's Philosophy of the Human Person. Nature, Freedom, and the Critique of Modernity, Oxford 2010.

86 Vgl. Thomas Buchheim, Erkannt, aber nicht aufbewahrt. Die Person, die Erfassung des Wahren und Robert Spaemanns Gottesbeweis aus dem futurum exactum, in: Hanns-Gregor Nissing (Hg.), Grundvollzüge der Person. Dimensionen des Menschseins bei Robert Spaemann, München 2008, S. 37–53.

87 Für die biografischen Angaben vgl. BiI; vgl. außerdem Klaus Große Kracht (2014), Unterwegs zum Staat. Ernst-Wolfgang Böckenförde auf dem Weg durch die intellektuelle Topographie der frühen Bundesrepublik, in: Hermann-Josef Große Kracht/Klaus Große Kracht (Hg.), Religion – Recht – Republik. Studien zu Ernst-Wolfgang Böckenförde, Paderborn 2014, S. 11–40.

88 Vgl. Reinhard Mehring, Zu den neu gesammelten Schriften und Studien Ernst-Wolfgang Böckenfördes., in: Archiv des öffentlichen Rechts 117 (1992), S. 449–473.

89 Vgl. Patrick Bahners, Im Namen des Gesetzes. Böckenförde, der Dissenter, in: Reinhard Mehring/Martin Otto (Hg.), Voraussetzungen und Garantien des Staates. Ernst-Wolfgang Böckenfördes Staatsverständnis, Baden-Baden 2014, S. 145–192.

90 Vgl. Mark Edward Ruff, Ernst-Wolfgang Böckenförde und die Auseinandersetzung um den deutschen Katholizismus, in: Große Kracht/Große Kracht (Hg.), Religion – Recht – Republik, a.a.O., S. 41–76.

91 Vgl. ebenda, S. 47 f.

92 Vgl. Hermann-Josef Große Kracht, Fünfzig Jahre Böckenförde-Theorem. Eine bundesrepublikanische Bekenntnisformel im Streit der Interpretationen, in: Große Kracht/Große Kracht (Hg.), Religion – Recht – Republik, a.a.O., S. 155–184.

93 Vgl. Johanna Falk, Freiheit als politisches Ziel. Grundmodelle liberalen Denkens bei Kant, Hayek und Böckenförde, Frankfurt a. M. 2012, S. 147–205.

94 Vgl. Florian Meinel, Der Jurist in der industriellen Gesellschaft. Ernst Forsthoff und seine Zeit, Berlin 2011, S. 360 f.

95 Vgl. Elena Widera, Außerrechtliche Argumente bei der Grundrechtsinterpretation. Eine Untersuchung am Beispiel der Arbeiten von Mary Ann Glendon und Ernst-Wolfgang Böckenförde, Leipzig 2007.

96 Zu den biografischen Angaben vgl. Kriele, AnK.

97 Vgl. Norbert Hoerster, Rechtsethik aus dem Mund der Engel?, in: Archiv für Rechts-und Sozialphilosophie (2008), S. 405–409.

98 Vgl. Wehrs, Protest der Professoren, a.a.O.; vgl. Bernhard Sutor, Politische Bildung im Streit um die ›intellektuelle Gründung‹ der Bundesrepublik. Die Kontroversen der siebziger und achtziger Jahre, in: Aus Politik und Zeitgeschichte 45 (2002), S. 17–27.

99 Vgl. Marcelo Stamm, Konstellationsforschung – Ein Methodenprofil, in: Martin Mulsow/Marcelo Stamm (Hg.), Konstellationsforschung, Frankfurt a. M. 2005, S. 31-73

Literatur

Joachim Ritter

Bei Schriften, die in den Bänden *Metaphysik und Politik* (MP) oder *Subjektivität* (S) wiederabgedruckt wurden, sind zusätzlich die entsprechenden dortigen Seitenzahlen angegeben, da nach ihnen im Text zitiert wird.

ArtA Artikel »Aristoteles«, in: Staatslexikon, hg. von der Görres-Gesellschaft, Bd. 1, Freiburg [6]1957, Sp. 575–582.

ArtÄ Artikel »Ästhetik, ästhetisch«, in: Historisches Wörterbuch der Philosophie, Bd. 1, hg. von Joachim Ritter, Basel 1971, Sp. 555–580.

ArtE Artikel »Entzweiung«, in: Historisches Wörterbuch der Philosophie, Bd. 2, hg. von Joachim Ritter, Basel 1972, Sp. 565–572.

ArV Aristoteles und die Vorsokratiker, in: Felsefe Arkivi 3 (1954) 2/3, S. 17–34 (MP 34–56).

AuG Die Aufgabe der Geisteswissenschaften in der modernen Gesellschaft, in: Jahresschrift 1961 der Gesellschaft zur Förderung der Westfälischen Wilhelms-Universität, Münster 1961, S. 11–39 (S 105–140).

BiD Bildungskrise in Davos. Bemerkungen zu den IV. Davoser Hochschulkursen vom 22. März bis 11. April 1931, in: Neue Jahrbücher für Wissenschaft und Jugendbildung 7 (1931), S. 661–665.

BüL Das bürgerliche Leben. Zur aristotelischen Theorie des Glücks, in: Vierteljahrsschrift für wissenschaftliche Pädagogik 12 (1956), S. 60–94 (MP 57–105).

DiG Dichtung und Gedanke. Bemerkungen zur Dichtung T. S. Eliots, in: Arbeit am Aufbau. Stimmen aus dem Lager 13, Shap Wells, 30. Oktober 1945 (S 94–104).

DoI Docta Ignorantia. Die Theorie des Nichtwissens bei Nicolaus Cusanus, Leipzig 1927.

ErC Ernst Cassirers Philosophie der symbolischen Formen, in: Neue Jahrbücher für Wissenschaft und Jugendbildung 6 (1930), S. 593–605.

ErG Die Erkenntnistheorie der gegenwärtigen deutschen Philosophie und ihr Verhältnis zum französischen Positivismus (Durkheim-Schule), hg. von Klaus Christian Köhnke, in: Dilthey-Jahrbuch 9 (1996), S. 207–232.

EuP Europäisierung als europäisches Problem, in: Vorstand des Landesverbandes nordrhein-westfälischer Geschichtslehrer (Hg.), Europäisch-asiatischer Dialog. Vorträge der Tagung in Bottrop vom 25. bis 28. Oktober 1955, Düsseldorf 1956, S. 1–19 (MP 321–340).

ExW Experiment und Wahrheit im Kunstwerk, in: Stahl und Eisen 73 (1953), S. 92–99.

FrF Freiheit der Forschung und Lehre, in: Studium Generale 18 (1965) 3, S. 143–150.

GeE Über die Geschichtlichkeit wissenschaftlicher Erkenntnis, in: Blätter für Deutsche Philosophie 12 (1938), S. 175–190.

GrP Zur Grundlegung der praktischen Philosophie bei Aristoteles, in: Manfred Riedel (Hg.), Zur Rehabilitierung der praktischen Philosophie, Bd. 2: Rezeption, Argumentation, Diskussion, Freiburg 1974, S. 179–199.

GrS Die große Stadt, in: Erkenntnis und Verantwortung. Festschrift für Theodor Litt, Düsseldorf 1960, S. 183–193 (MP 341–354).

HeR Hegel und die Reformation, in: Wilhelm Schmidt (Hg.), Unbefangenes Christentum. Deutsche Repräsentanten und Interpreten des Protestantismus. Eine Sendereihe des Deutschlandfunks, München 1968, S. 89–99 (MP 310–317).

HfR Hegel und die französische Revolution. Mit einer Bibliographie zur politischen Theorie Hegels von Karlfried Gründer, Köln/Opladen 1957 (MP 183–255).

HfRD Diskussion, in: Hegel und die französische Revolution, a.a.O., S. 67–80.

Ine Institution ›ethisch‹. Bemerkungen zur philosophischen Theorie des Handelns, in: Studium Generale 21 (1968), S. 659–664.

La Landschaft. Zur Funktion des Ästhetischen in der modernen Gesellschaft, in: Schriften der Gesellschaft zur Förderung der Westfälischen Wilhelms-Universität 54, Münster 1963 (S 141–163).

LeU Die Lehre vom Ursprung und Sinn der Theorie bei Aristoteles, in: Arbeitsgemeinschaft für Forschung des Landes Nordrhein-Westfalen. Geisteswissenschaften (1953) 1, S. 32–54 (MP 9–33).

MoS Moralität und Sittlichkeit. Zu Hegels Auseinandersetzung mit der kantischen Ethik, in: Joachim Ritter/Friedrich Kaulbach (Hg.), Kritik und Metaphysik. Studien Heinz Heimsoeth zum achtzigsten Geburtstag, Berlin 1966, S. 331–351 (MP 281–309).

MP Metaphysik und Politik. Studien zu Aristoteles und Hegel, Frankfurt a.M. 1969.

MuI Mundus Intelligibilis. Eine Untersuchung zur Aufnahme und Umwandlung der neuplatonischen Ontologie bei Augustinus, Frankfurt a.M. 1937 ([2]2002).

NaA ›Naturrecht‹ bei Aristoteles. Zum Problem der Erneuerung des Naturrechts, Stuttgart 1961 (MP 133–179).

NeE Zur Neufassung des ›Eisler‹. Leitgedanken und Grundsätze eines Historischen Wörterbuchs der Philosophie, in: Zeitschrift für Philosophische Forschung 18 (1964), S. 704–708.

PeE Person und Eigentum. Zu Hegels »Grundlinien der Philosophie des Rechts« §§ 34-81, in: Marxismusstudien 4 (1962), S. 196–218 (MP 256–280).

PoE ›Politik‹ und ›Ethik‹ in der praktischen Philosophie des Aristoteles, in: Philosophisches Jahrbuch der Görres-Gesellschaft 74 (1967), S. 235–253 (MP 106–132).

S Subjektivität. Sechs Aufsätze, Frankfurt a.M. 1974.

SiG Über den Sinn und die Grenze der Lehre vom Menschen, Potsdam 1933 (S 36–61).

SuG Subjektivität und industrielle Gesellschaft. Zu Hegels Theorie der Subjektivität, in: Anstöße 5 (1961), S. 135–146 (S 11–35).

ÜbL Über das Lachen, in: Blätter für Deutsche Philosophie 14 (1940), S. 1–21 (S 62–92).

UnA Die Universität vor den Ansprüchen der Zeit. Zur gesellschaftlichen Funktion freier Forschung und Lehre, in: Friedrich-Naumann-Stiftung (Hg.), Strukturprobleme unserer wissenschaftlichen Hochschulen, Bonn u. a. 1965, S. 49–61.

VoÄ Vorlesungen zur Philosophischen Ästhetik, hg. von Ulrich von Bülow/Mark Schweda, Göttingen 2010.

VoS Vorbemerkung, in: Subjektivität. Sechs Aufsätze, Frankfurt a. M. 1974, S. 9 f.

WdP Wesen der Philosophie, in: Leo Brandt (Hg.), Aufgaben deutscher Forschung, Köln/Opladen 1952, S. 65–71.

WiD Zu Wilhelm Diltheys Weltanschauungslehre, in: Hamburger Fremdenblatt (28. 3. 1931), S. 22.

Ernst-Wolfgang Böckenförde

BeU Die Bedeutung der Unterscheidung von Staat und Gesellschaft im demokratischen Sozialstaat der Gegenwart (1972), in: ders., Recht, Staat, Freiheit. Studien zur Rechtsphilosophie, Staatstheorie und Verfassungsgeschichte. Erweiterte Ausgabe, Frankfurt a. M. 2006, S. 209–242.

BiI »Beim Staat geht es nicht allein um Macht, sondern um die staatliche Ordnung als Freiheitsordnung«. Biographisches Interview mit Ernst-Wolfgang Böckenförde, in: ders., Wissenschaft, Politik, Verfassungsgericht, Frankfurt a. M. 2011, S. 307–486.

BMu Bleibt die Menschenwürde unantastbar? Zur Neukommentierung der Menschenwürdegarantie des Grundgesetzes (2004), in: ders., Recht, Staat, Freiheit, a.a.O., S. 408–422.

DeK Der deutsche Katholizismus im Jahre 1933. Eine kritische Betrachtung (1961), in: ders., Der deutsche Katholizismus im Jahre 1933. Kirche und demokratisches Ethos, Freiburg u. a. 1988, S. 39–69.

EnS Die Entstehung des Staates als Vorgang der Säkularisation (1967), in: ders., Recht, Staat, Freiheit, a.a.O., S. 92–142.

EtM Das Ethos der modernen Demokratie und die Kirche (1957), in: ders., Der deutsche Katholizismus im Jahre 1933, a.a.O., S. 21–38.

GuG Gesetz und gesetzgebende Gewalt. Von den Anfängen der deutschen Staatsrechtslehre bis zur Höhe des staatsrechtlichen Positivismus, Berlin 1958.

SäS	Der säkularisierte Staat. Sein Charakter, seine Rechtfertigung und seine Probleme im 21. Jahrhundert, München 2007.
StS	Der Staat als sittlicher Staat, Berlin 1978.
VeF	Die deutsche verfassungsgeschichtliche Forschung im 19. Jahrhundert. Zeitgebundene Fragestellungen und Leitbilder, Berlin 1961.
VeU	Die verfassungstheoretische Unterscheidung von Staat und Gesellschaft als Bedingung der individuellen Freiheit, Köln/Opladen 1973.
WKk	Woran der Kapitalismus krankt (2009), in: ders., Wissenschaft, Politik, Verfassungsgericht, a.a.O., S. 64–71.
WüM	Die Würde des Menschen war unantastbar (2003), in: ders., Recht, Staat, Freiheit, a.a.O., S. 379–388.

Martin Kriele

AnK	Anthroposophie und Kirche. Erfahrungen eines Grenzgängers, Freiburg u. a. 1996.
BpA	Befreiung und politische Aufklärung. Plädoyer für die Würde des Menschen, Freiburg ²1986.
EiS	Einführung in die Staatslehre. Die geschichtlichen Legitimitätsgrundlagen des demokratischen Verfassungsstaates, Reinbek b. Hamburg 1975.
HdV	Die Herausforderung des Verfassungsstaates. Hobbes und englische Juristen, Neuwied 1970.
KdG	Kriterien der Gerechtigkeit. Zum Problem des rechtsphilosophischen und politischen Relativismus, Berlin 1963.
LdB	Legitimitätsprobleme der Bundesrepublik, München 1977.
ReD	Regressive Dialektik. Zu Hegels Begriff der abstrakten Souveränität (1969), in: ders., Legitimitätsprobleme der Bundesrepublik, a.a.O., S. 65–81.
RpV	Recht und praktische Vernunft, Göttingen 1979.
TdR	Theorie der Rechtsgewinnung, entwickelt am Problem der Verfassungsinterpretation, Berlin 1967.

VVR Die vermutete Vernünftigkeit unseres Rechts. Zu Hegels Begriff der abstrakten Subjektivität (1967), in: ders., Legitimitätsprobleme der Bundesrepublik, a.a.O., S. 47–65.

ZiU Ziviler Ungehorsam als moralisches Problem, in: ders., Recht – Vernunft – Wirklichkeit, Berlin 1990, S. 429–437.

Hermann Lübbe

Aff Affirmationen. Joachim Ritters Philosophie im akademischen Kontext der zweiten deutschen Demokratie, in: ders., Philosophie in Geschichten. Über intellektuelle Affirmationen und Negationen in Deutschland, München 2006, S. 152–168.

CaS Carl Schmitt liberal rezipiert, in: Helmut Quaritsch (Hg.), Complexio Oppositorum. Über Carl Schmitt. Vorträge und Diskussionsbeiträge des 28. Sonderseminars 1986 der Hochschule für Verwaltungswissenschaften Speyer, Berlin 1988, S. 429–445.

DeW 1968. Zur deutschen Wirkungsgeschichte eines politromantischen Rückfalls (1999), in: ders., Politik nach der Aufklärung. Philosophische Aufsätze, München 2001, S. 129–149.

DpT Dezisionismus – eine kompromittierte politische Theorie (1976), in: ders., Philosophie nach der Aufklärung. Von der Notwendigkeit pragmatischer Vernunft, Düsseldorf/Wien 1980, S. 161–177.

EiM Einleitung, in: ders., Modernisierungsgewinner. Religion, Geschichtssinn, direkte Demokratie und Moral, München 2004, S. 7–11.

EnT Endstation Terror. Rückblick auf lange Märsche, Stuttgart 1978.

GeG Geschichtsbegriff und Geschichtsinteresse. Analytik und Pragmatik der Historie, Basel/Stuttgart 1977.

GeP Geschichtsphilosophie und politische Praxis (1970), in: ders., Theorie und Entscheidung. Studien zum Primat der praktischen Vernunft, Freiburg 1971, S. 111–133.

IdS Ideologische Selbstermächtigung zur Gewalt (1978), in: ders., Philosophie nach der Aufklärung, a.a.O., S. 261–273.

ImZ Im Zug der Zeit. Über die Verkürzung des Aufenthalts in der Gegenwart, in: Walter Ch. Zimmerli (Hg.), Technologisches Zeitalter oder Postmoderne?, München 1988, S. 212–224.

KiD Konservativismus in Deutschland – gestern und heute (1982), in: ders., Fortschrittsreaktionen. Über konservative und destruktive Modernität, Graz u.a. 1987, S. 11–26.

Lau Laudatio, in: Gedenkschrift Joachim Ritter, Münster 1978, S. 14–20.

LpV Lebenserfahrung und pragmatische Vernunft. Ein Gespräch zu Leben und Werk, in: Hanns-Gregor Nissing (Hg.), Hermann Lübbe. Pragmatische Vernunft nach der Aufklärung, Darmstadt 2009, S. 119–144.

Mog Modernisierungsgewinner. Religion, Geschichtssinn, direkte Demokratie und Moral, München 2004.

Mus Musealisierung. Über die Vergangenheitsbezogenheit unserer Gegenwart, Zug 1986.

NdN Der Nationalsozialismus im deutschen Nachkriegsbewußtsein, in: Historische Zeitschrift 236 (1983), S. 579–600.

NeK ›Neokonservative‹ in der Kritik. Eine Metakritik (1983), in: ders., Fortschrittsreaktionen, a.a.O., S. 27–40.

PoM Politischer Moralismus. Der Triumph der Gesinnung über die Urteilskraft, Berlin 1987.

ReA Religion nach der Aufklärung, Graz u. a. 1986.

SuS Selbstbestimmung und staatliche Souveränität im politischen Wandel, in: ders., Modernisierung und Folgelasten. Trends kultureller und politischer Evolution, Berlin u. a. 1997, S. 94–101.

ThE Theorie der Entscheidung (1965), in: ders., Theorie und Entscheidung. Studien zum Primat der praktischen Vernunft, Freiburg 1971, S. 7–31.

TrF Traditionsverlust und Fortschrittskrise. Sozialer Wandel als Orientierungsproblem (1975), in: ders., Praxis der Philosophie, praktische Philosophie, Geschichtstheorie, Stuttgart 1978, S. 123–152.

VnA Vorbemerkung. Nach der Aufklärung, in: ders., Politik nach der Aufklärung, a.a.O., S. 7–9.

VoF Vorwort, in: Fortschrittsreaktionen, a.a.O., S. 7–9.

WiP Der Weg in die Philosophie kraft Ermunterung, ihn fortzusetzen, in: Christine Hauskeller/Michael Hauskeller (Hg.), »... was die Welt im Innersten zusammenhält«. 34 Wege zur Philosophie, Hamburg 1996, S. 40–46.

WoP Wozu Philosophie? (1978), in: ders., Philosophie nach der Aufklärung, a.a.O., S. 11–42.

ZuV Zukunft ohne Verheißung?, Köln 1976.

ZuZ Im Zug der Zeit. Verkürzter Aufenthalt in der Gegenwart, Berlin u.a. [3]2003.

Odo Marquard

AbP Abschied vom Prinzipiellen. Auch eine autobiographische Einleitung, in: ders., Abschied vom Prinzipiellen. Philosophische Studien, Stuttgart 1981, S. 4–22.

AeA Aesthetica und Anaesthetica. Auch als Einleitung, in: ders., Aesthetica und Anaesthetica. Philosophische Überlegungen, Paderborn u.a. 1989, S. 11–20.

AeM Der angeklagte und der entlastete Mensch in der Philosophie des 18. Jahrhunderts (1980), in: ders., Abschied vom Prinzipiellen, a.a.O., S. 39–66.

ApB Apologie der Bürgerlichkeit (1996), in: ders., Philosophie des Stattdessen. Studien, Stuttgart 2000, S. 94–107.

ApZ Apologie des Zufälligen. Philosophische Überlegungen zum Menschen, in: ders. Apologie des Zufälligen. Philosophische Studien, Stuttgart 1986, S. 117–139.

BTU Zur Bedeutung der Theorie des Unbewußten für eine Theorie der nicht mehr schönen Kunst (1968), in: ders., Aesthetica und Anaesthetica, a.a.O., S. 35–46.

EuV Einheit und Vielheit (1987), in: ders., Skepsis und Zustimmung. Philosophische Studien, Stuttgart 1994.

ExH Exile der Heiterkeit (1976), in: ders., Aesthetica und Anaesthetica, a.a.O., S. 47–63.

FrH Frage nach der Frage, auf die die Hermeneutik die Antwort ist (1981), in: ders., Abschied vom Prinzipiellen, a.a.O., S. 117–146.

FuA Futurisierter Antimodernismus. Bemerkungen zur Geschichtsphilosophie der Natur (1987), in: ders., Glück im Unglück. Philosophische Überlegungen, München 1995, S. 94–107.

Fuk Fundamentalkantate für Solostimme und Chor mit gemischten Gefühlen zum zehnjährigen Bestehen des Collegium Philosophicum, in: Ulrich Dierse (Hg.), Joachim Ritter zum Gedenken, Stuttgart 2004, S. 175–184.

GeA Zur Geschichte des philosophischen Begriffs »Anthropologie« seit dem Ende des 18. Jahrhunderts (1965), in: ders., Schwierigkeiten mit der Geschichtsphilosophie, Aufsätze, Frankfurt a.M. 1973, S. 122–144.

HeS Hegel und das Sollen (1964), in: ders., Schwierigkeiten mit der Geschichtsphilosophie, a.a.O., S. 37–51.

IdT Idealismus und Theodizee (1965), in: ders., Schwierigkeiten mit der Geschichtsphilosophie, a.a.O., S. 52–64.

Ink Inkompetenzkompensationskompetenz? Über Kompetenz und Inkompetenz der Philosophie (1974), in: ders., Abschied vom Prinzipiellen, a.a.O., S. 23–38.

KoV Kompensation. Überlegungen zu einer Verlaufsfigur geschichtlicher Prozesse (1978), in: ders., Aesthetica und Anaesthetica, a.a.O., S. 64–81.

KuK Kunst als Kompensation ihres Endes (1981), in: ders., Aesthetica und Anaesthetica, a.a.O., S. 114–121.

LoP Lob des Polytheismus. Über Monomythie und Polymythie (1979), in: ders., Abschied vom Prinzipiellen, a.a.O., S. 91–116.

MeK Menschliche Endlichkeit und Kompensation. Bamberger Hegelwochen '94, Bamberg 1995.

PhS Philosophie des Stattdessen. Einige Aspekte der Kompensationstheorie, in: ders., Philosophie des Stattdessen, a.a.O., S. 30–49.

ScG Schwierigkeiten mit der Geschichtsphilosophie, in: ders., Schwierigkeiten mit der Geschichtsphilosophie, a.a.O., S. 13–33.

SkM Skeptische Methode im Blick auf Kant, Freiburg i. Br./München 1958.

TrI Transzendentaler Idealismus, Romantische Naturphilosophie, Psychoanalyse, Köln 1987.

ÜbW Das Über-Wir. Bemerkungen zur Diskursethik (1984), in: ders., Individuum und Gewaltenteilung. Philosophische Studien, Stuttgart 2004, S. 38–67.

UnG Über die Unvermeidlichkeit der Geisteswissenschaften (1985), in: ders., Apologie des Zufälligen, a.a.O., S. 98–116.

UnÜ Über die Unvermeidlichkeit von Üblichkeiten (1979), in: ders., Glück im Unglück, a.a.O., S. 62–74.

VAe Vorbemerkung, in: ders., Aesthetica und Anaesthetica, a.a.O., S. 7–9.

VoV Vorbemerkung. Verteidigung des Unvollkommenen, in: ders., Glück im Unglück, a.a.O., S. 9–10.

WiG Wie irrational kann Geschichtsphilosophie sein? (1972), in: ders., Schwierigkeiten mit der Geschichtsphilosophie, a.a.O., S. 66–82.

ZdW Zeitalter der Weltfremdheit? Beitrag zur Analyse der Gegenwart (1984), in: ders., Apologie des Zufälligen, a.a.O., S. 76–97.

ZuH Zukunft und Herkunft. Bemerkungen zu Joachim Ritters Philosophie der Entzweiung (1992), in: ders., Skepsis und Zustimmung, a.a.O., S. 15–29.

Günter Rohrmoser

ChD Christliche Dekadenz in unserer Zeit. Plädoyer für die christliche Vernunft, Bietigheim 1996.

EkT Das Elend der kritischen Theorie, Freiburg 1970.

EmF Emanzipation und Freiheit, München 1970.

ErK Der Ernstfall – Die Krise unserer liberalen Republik, Berlin 1994.

GeW Geistige Wende. Christliches Denken als Fundament des Modernen Konservativismus, München 2000.

GlV Glaube und Vernunft am Ausgang der Moderne. Hegel und die Philosophie des Christentums, hg. von Harald Seubert, St. Ottilien 2009.

HeL Hegels Lehre vom Staat und das Problem der Freiheit in der modernen Gesellschaft, in: Der Staat 3 (1964), S. 391–403.

HuV Herrschaft und Versöhnung. Ästhetik und die Kulturrevolution des Westens, Freiburg 1972.

IdZ Ideologie-Zerfall. Nachruf auf die geistige Wende, Krefeld 1990.

KaM Kampf um die Mitte. Der Moderne Konservativismus nach dem Scheitern der Ideologien, München 1999.

KoD	Konservatives Denken im Kontext der Moderne, Bietigheim 2006.
MeS	Die metaphysische Situation der Zeit, Stuttgart 1975.
NiE	Nietzsche und das Ende der Emanzipation, Freiburg 1971.
RePo	Religion und Politik in der Krise der Moderne, Graz u.a. 1989.
ShG	Shakespeare. Erfahrung der Geschichte, München 1971.
SuV	Subjektivität und Verdinglichung. Theologie und Gesellschaft im Denken des jungen Hegel, Gütersloh 1961.
WdG	Die Wiederkehr der Geschichte, Bietigheim 1995.
ZeB	Zeitzeichen: Bilanz einer Ära, Stuttgart 1977.

Hans Jörg Sandkühler

ErT	Erfahrungen mit einer Theorie. Eine Geschichte in West-Ost-Retrospektive, in: Hansgünter Meyer (Hg.), 25 Jahre Wissenschaftsforschung in Ostberlin: Wie zeitgemäß ist komplexe integrierte Wissenschaftsforschung?, Berlin 1997, S. 56–61.
EsA	»... die Erkenntnistheorie ist eine eminent sozialistische Angelegenheit«. Josef Dietzgens Beitrag zum Wissenschaftsbegriff des Sozialismus, in: Deutsche Zeitschrift für Philosophie 29 (1981) 5, S. 485–502.
FrW	Freiheit und Wirklichkeit. Zur Dialektik von Politik und Philosophie bei Schelling, Frankfurt a.M. 1967.
InZ	In den Zeiten der Schwäche. Über die »Krise des Marxismus«, in: Deutsche Zeitschrift für Philosophie 38 (1990) 4, S. 305–318.
KaN	Ka-meh oder das alte Neue – Über epistemische Krise und Emanzipation, in: Deutsche Zeitschrift für Philosophie 39 (1991) 2, S. 113–123.
KnS	Kant, neukantianischer Sozialismus, Revisionismus. Zur Entstehung der Ideologie des demokratischen Sozialismus, in: ders./ Rafael de la Vega (Hg.), Marxismus und Ethik. Texte zum neukantianischen Sozialismus, Frankfurt a.M. 1970, S. 7–44.
KrR	Kritik der Repräsentation. Einführung in die Theorie der Überzeugungen, der Wissenskulturen und des Wissens, Frankfurt a.M. 2009.

LaO »Eine lange Odyssee«. Joachim Ritter, Ernst Cassirer und die Philosophie im ›Dritten Reich‹, in: Dialektik (2006) 1, S. 139–179.

PrG Praxis und Geschichtsbewußtsein. Studie zur materialistischen Dialektik, Erkenntnistheorie und Hermeneutik, Frankfurt a. M. 1973.

RuS Recht und Staat nach menschlichem Maß. Einführung in die Rechts- und Staatstheorie in menschenrechtlicher Perspektive, Weilerswist 2013.

StM Streitbarer Materialismus oder – Streit um den Materialismus?, in: Das Argument 92 (1975), S. 601–628.

UnW Der unendliche Weg in die Philosophie, in: Hauskeller/Hauskeller (Hg.), »... was die Welt im Innersten zusammenhält«, a.a.O., S. 109–115.

VeH Zum Verhältnis von Hermeneutik und Ideologiewissenschaft. Fragen einer materialistischen Interpretationstheorie, Gießen 1972.

Jürgen Seifert

GeV Gefahr im Verzuge. Zur Problematik der Notstandsgesetzgebung, Frankfurt a.M. 1963.

GrR Grundgesetz und Restauration, Neuwied/Darmstadt 1977.

GrV Das Grundgesetz und seine Veränderung, Neuwied/Darmstadt 1983.

JoR Joachim Ritters »Collegium Philosophicum«. Ein Forum offenen Denkens, in: Richard Faber/Christine Holste (Hg.), Kreise – Gruppen – Bünde. Zur Soziologie moderner Intellektuellenassoziationen, Würzburg 2000, S. 189–198.

KaK Karl Korsch und die juristische Aktion, in: ders., Kampf um Verfassungspositionen. Materialien über Grenzen und Möglichkeiten von Rechtspolitik, Köln/Frankfurt a.M. 1974, S. 54–65.

KaV Der Kampf um Verfassungspositionen (1966), in: ders., Kampf um Verfassungspositionen, a.a.O., S. 105–124.

KjE Die Konkretisierung juristischer Emanzipationsformeln und ihre Grenze (1973), in: ders., Kampf um Verfassungspositionen, a.a.O., S. 28–41.

LaW Der lange Weg, Hitler in mir zu überwinden. Antworten an meine Tochter Anna; in: vorgänge 67 (1984) 1, S. 34–42.

NoA Der Notstandsausschuß, Frankfurt a.M. 1968.

UnE Unterwegs zur Ebene über dem Gegensatz, in: Schmittiana. Beiträge zu Leben und Werk Carl Schmitts 5 (1996), S. 121–126.

VeH Verfassungspatriotismus im Licht der Hegelschen Verfassungstheorie, in: ders., Politik zwischen Destruktion und Gestaltung. Studien über Veränderung von Politik, Hannover 1997, S. 67–85.

Vom Vom »58er« zum »68er«. Ein biographischer Rückblick, in: vorgänge 124 (1993) 4, S. 1–6.

VSN Verfassungspatriotismus im Streit um die Notstandsgesetzgebung. Erinnerungen aus der Zeit, in der ich »Notstands-Seifert« genannt wurde, in: vorgänge 155 (2001) 3, S. 93–113.

Robert Spaemann

AkN Die Aktualität des Naturrechts (1973), in: ders., Philosophische Essays. Erweiterte Ausgabe, Stuttgart 1994, S. 60–79.

BüE Bürgerliche Ethik und nichtteleologische Ontologie, in: Hans Ebeling (Hg.), Subjektivität und Selbsterhaltung. Beiträge zur Diagnose der Moderne, Frankfurt a.M. 1976, S. 76–96.

EdM Ende der Modernität? (1986), in: ders., Philosophische Essays, a.a.O., S. 232–260.

EiP Einleitung, in: ders., Philosophische Essays, a.a.O., S. 3–18.

FuR Funktionale Religionsbegründung und Religion (1985), in: ders., Philosophische Essays, a.a.O., S. 208–231.

FWo Die Frage Wozu? Geschichte und Wiederentdeckung des teleologischen Denkens, München 1981 (mit Reinhard Löw).

GlW Glück und Wohlwollen. Versuch über Ethik, Stuttgart 1989.

GoW Über Gott und die Welt. Eine Autobiographie in Gesprächen, Stuttgart 2012.

KiS »Kunst ist immer Simulation«. Gespräch der Herausgeber mit Robert Spaemann, in: Joachim Ritter, Vorlesungen zur Philosophischen Ästhetik, a.a.O., S. 179–195.

LeG Der letzte Gottesbeweis, München 2007.

LRR Die Linke, die Rechte, das Richtige. Gespräch mit Robert Spaemann, in: Claus Leggewie, Der Geist steht rechts. Ausflüge in die Denkfabriken der Wende, Berlin 1987, S. 157–172.

MeC Meditationen eines Christen. Über die Psalmen 1–51, Stuttgart 2014.

NaH Naturteleologie und Handlung (1978), in: ders., Philosophische Essays, a.a.O., S. 41–59.

Nat Natur (1973), in: ders., Philosophische Essays, a.a.O., 1994, S. 19–40.

NaV Das Natürliche und das Vernünftige (1986), in: ders., Grenzen. Zur ethischen Dimension des Handelns, Stuttgart 2001, S. 123–136.

Per Personen. Versuch über den Unterschied zwischen ›etwas‹ und ›jemand‹, Stuttgart 1996.

PhT Zur philosophisch-theologischen Diskussion um die Atombombe (1960), in: ders., Grenzen, a.a.O., S. 281–297.

PiN Philosophie als institutionalisierte Naivität (1973), in: ders., Schritte über uns hinaus. Gesammelte Reden und Aufsätze I, Stuttgart 2010, S. 27–35.

PMG Philosophie zwischen Metaphysik und Geschichte. Philosophische Strömungen im heutigen Deutschland, in: Neue Zeitschrift für systematische Theologie 1 (1959), S. 290–313.

ReS Reflexion und Spontaneität. Studien über Fénelon, Stuttgart 1963.

UnU Über die Unmöglichkeit einer universalteleologischen Ethik, in: ders., Grenzen, a.a.O., S. 193–212.

UrS Der Ursprung der Soziologie aus dem Geist der Restauration. Studien über L. G. A. de Bonald, München 1959.

VGr Vorrede, in: ders., Grenzen, a.a.O., S. 7–12.

ZdG Die Zweideutigkeit des Glücks (1990), in: ders., Grenzen, a.a.O., S. 95–107.

AnL	Die Antwort des Leviathan. Thomas Hobbes' politische Theorie, Neuwied/Berlin 1970.
DeN	Die Deutsche Nation, Köln 1982.
EnK	Entspannung und friedliche Koexistenz, München 1974.
EoS	Einheit oder Separatismus? Die geistige und völkerrechtliche Lage der Deutschen Nation, in: Wir selbst. Zeitschrift für nationale Identität und internationale Politik (1986), S. 30–36.
IdN	Idealismus und Nation. Zur Rekonstruktion des politischen Selbstbewußtseins der Deutschen, Paderborn 1986.
IdW	Identität und Widerstand. Reden aus dem deutschen Elend, Tübingen u.a. 1986.
OfD	Offensives Denken. Philosophie und Politik, Opladen 1978.
Pha	Philosophie, die uns angeht, Gütersloh u.a. 1975.
PlU	Planungsideologie und revolutionäre Utopie. Die zweifache Flucht in die Zukunft, Stuttgart u.a. 1969.
PoI	Die politischen Ideen von Hobbes bis Ho Tschi Minh, Stuttgart 1971.
PoK	Politische Koexistenz. Zur Theorie des Ost-West-Konflikts, Paderborn 1982.
ReL	Thomas Hobbes. Das Reich des Leviathan, München 1987.
RePr	Revolution und Protest oder Glanz und Elend des bürgerlichen Subjekts – Hobbes, Fichte, Hegel, Marx, Marcuse, Stuttgart u.a. 1969.
SeA	Selbstbehauptung und Anerkennung. Grundriss einer politischen Dialektik, Opladen 1977.
ToF	Die totale Freiheit. Fichtes politische Philosophie, Köln/Opladen 1967.
ÜbZ	Überlegungen zur Zukunft der Deutschen Nation, in: Wilfried Fiedler (Hg.), Nation und Selbstbestimmung in Politik und Recht, Berlin 1984, S. 85–108.

Weitere Literatur

Becker, Werner, Das Gegenteil eines Schreibtisch-Denkers. Nachruf auf Joachim Ritter, in: Frankfurter Allgemeine Zeitung (15.8.1974).

Bleek, Wilhelm, Im Schatten von Carl Schmitt. Die merkwürdigen Anfänge der Politikwissenschaft an der Ruhr-Universität, in: Die Henne. Beiträge zur Geschichte der Ruhr-Universität Bochum 2 (2013), S. 7–50.

Brinkmann, Heinrich, Von Demos, Teach-ins, Kinderläden. Die Studentenbewegung der späten 60er und frühen 70er Jahre in Gießen, in: Spiegel der Forschung 24 (2007) 2, S. 63–71.

Fetscher, Iring, Zur Aktualität der politischen Philosophie Hegels, in: Joachim Ritter/Reinhard Heede (Hg.), Hegel-Bilanz. Zur Aktualität und Inaktualität der Philosophie Hegels, Frankfurt a.M. 1973, S. 193–230.

Große Kracht, Hermann-Josef, Fünfzig Jahre Böckenförde-Theorem. Eine bundesrepublikanische Bekenntnisformel im Streit der Interpretationen, in: Hermann-Josef Große Kracht/Klaus Große Kracht (Hg.), Religion – Recht – Republik. Studien zu Ernst-Wolfgang Böckenförde, Paderborn 2014, S. 155–184.

Habermas, Jürgen, Deutscher Herbst (1977), in: ders., Kleine Politische Schriften I–IV, Frankfurt a.M. 1981, S. 364–406.

Ders., Die Kulturkritik der Neokonservativen in den USA und in der Bundesrepublik (1982), in: ders., Die Neue Unübersichtlichkeit. Kleinere Politische Schriften V, Frankfurt a.M. 1985, S. 30–56.

Ders., Die Moderne – ein unvollendetes Projekt (1980), in: ders., Kleine Politische Schriften I-IV, a.a.O., S. 444–466.

Ders., Der philosophische Diskurs der Moderne. Zwölf Vorlesungen, Frankfurt a.M. 1985.

Hacke, Jens, Philosophie der Bürgerlichkeit. Die liberalkonservative Begründung der Bundesrepublik, Göttingen 2006.

Klönne, Arno, Zurück zur Nation? Risiken der Suche nach deutscher Identität, in: Gewerkschaftliche Monatshefte (1986) 1, 5–12.

Nolte, Paul, Konservatismus in Deutschland. Geschichte – und Zukunft?, in: Merkur 55 (2001), S. 559–571.

Ders., Skeptiker der Moderne, in: taz (28.8.2004).

Oelmüller, Willi, Die unbefriedigte Aufklärung. Beiträge zu einer Theorie der Moderne von Lessing, Kant und Hegel. Mit einer neuen Einleitung, Frankfurt a.M. 1979.

Ottmann, Henning, »Antike ohne Ende«. Es ist mehr Altes im Neuen, als manchem bewusst ist, in: Akademie Aktuell 2 (2015), S. 42–44.

Ders., Individuum und Gemeinschaft bei Hegel, Bd. 1: Hegel im Spiegel der Interpretationen, Berlin/New York 1977, S. 299–387.

Pieper, Josef, Über den Begriff der Tradition, Köln/Opladen 1958.

Rorty, Richard, Kontingenz, Ironie und Solidarität, Frankfurt a.M. 1989.

Rüsen, Jörn, Zur Kritik des Neohistorismus, in: Zeitschrift für philosophische Forschung 33 (1979), S. 243–263.

Schnädelbach, Herbert, Was ist Neoaristotelismus?, in: ders., Zur Rehabilitierung des animal rationale. Vorträge und Abhandlungen 2, Frankfurt a.M. 1992, S. 205–230.

Seel, Martin, Eine Ästhetik der Natur, Frankfurt a.M. 1991.

Sohn-Rethel, Alfred, »Einige Unterbrechungen waren wirklich unnötig«. Gespräch mit Sohn-Rethel, in: Mathias Greffrath (Hg.), Die Zerstörung einer Zukunft. Gespräche mit emigrierten Sozialwissenschaftlern, Reinbek b. Hamburg 1979, S. 213–269.

Tugendhat, Ernst, Vorlesungen über Ethik, Frankfurt a.M. 1993.

Ders., Vorrede, in: ders., Philosophische Aufsätze, Frankfurt a.M. 1992, S. 7–18.

Wenzel, Uwe Justus, Dem Menschen fehlt fast gar nichts. Joachim Ritter und die Folgen – eine Tagung in Marbach, in: Neue Zürcher Zeitung (13.12.2013).

Wiese, Benno von, Ich erzähle mein Leben. Erinnerungen, Frankfurt a.M. 1982.

Personen- und Sachregister

Zeittafel

1903	* Joachim Ritter in Geesthacht bei Hamburg
1926	* Hermann Lübbe in Aurich (Ostfriesland)
1927	* Günter Rohrmoser in Bochum
	* Robert Spaemann in Berlin
1928	* Odo Marquard in Stolp (Hinterpommern)
	* Jürgen Seifert in Berlin
1930	* Ernst-Wolfgang Böckenförde in Kassel
1931	* Martin Kriele in Opladen
	* Bernard Willms in Mönchengladbach
1940	* Hans Jörg Sandkühler in Freiburg i. Br.
1946	Aufnahme der Lehrtätigkeit Joachim Ritters an der Universität Münster
1947	Begründung des Collegium Philosophicum an der Universität Münster
1953	Gastprofessur Joachim Ritters in Istanbul
1955	Rückkehr Joachim Ritters nach Münster
1960	Beginn des Projektes *Historisches Wörterbuch der Philosophie*
1968	Emeritierung Joachim Ritter in Münster
1974	† Joachim Ritter
1991	† Bernard Willms
2005	† Jürgen Seifert
2007	Abschluss des *Historischen Wörterbuchs der Philosophie*
2008	† Günter Rohrmoser
2015	† Odo Marquard

Mark Schweda, Dr. phil., ist Fellow am Lichtenberg-Kolleg der Georg-August-Universität Göttingen und wissenschaftlicher Mitarbeiter am Institut für Ethik und Geschichte der Medizin der Universitätsmedizin Göttingen. Er studierte Philosophie und Germanistik in Berlin und Nottingham. Forschungsaufenthalte in Lancaster, San Francisco und Berkeley. Zu seinen Arbeitsschwerpunkten zählen Fragen der angewandten Ethik und der politischen Philosophie.

Veröffentlichungen u.a.: *Entzweite Moderne. Zur Aktualität Joachim Ritters und seiner Schüler*, Göttingen 2016 (hg. mit Ulrich von Bülow); *Entzweiung und Kompensation. Joachim Ritters philosophische Theorie der modernen Welt*, Freiburg i. Br./München 2013; Joachim Ritter, *Vorlesungen zur Philosophischen Ästhetik*, Göttingen 2010 (hg. mit Ulrich von Bülow).